P. MANNS

VIE

DE

MGR JOSEPH-MARIE GRAVERAN

ÉVÊQUE DE QUIMPER ET DE LÉON,

DÉDIÉE

A MGR RENÉ-NICOLAS SERGENT

ÉVÊQUE DE QUIMPER ET DE LÉON,

Avec une notice sur M. l'abbé Dumoulin, émigré en Bohême, en 1793, et le récit de la mort, sur l'échafaud en 1794, de M. Raguénès, prêtre de Crozon.

PAR

M. l'abbé JOSEPH-MARIE TÉPHANY

Chanoine et Secrétaire de l'Évêché de Quimper.

PARIS

LOUIS VIVÈS, LIBRAIRE ÉDITEUR

Rue Delambre, 13

1870

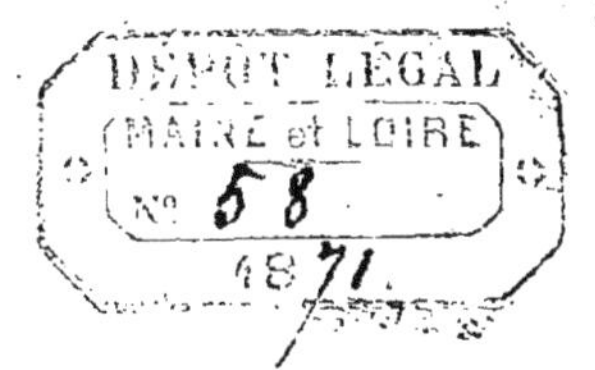

VIE

DE MONSEIGNEUR

JOSEPH-MARIE GRAVERAN

ÉVÊQUE DE QUIMPER ET DE LÉON

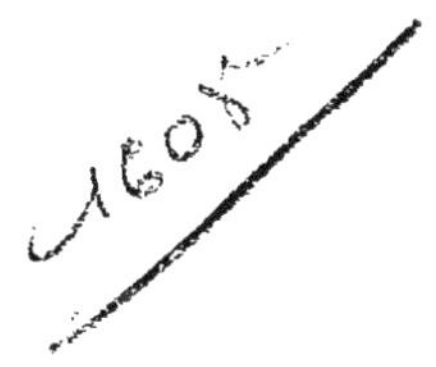

Imprimatur.

Rome, 9 mars 1870.

† RENÉ,

ÉVÊQUE DE QUIMPER ET DE LÉON.

ANGERS, IMPRIMERIE P. LACHÈSE, BELLEUVRE ET DOLBEAU

VIE

DE

MGR JOSEPH-MARIE GRAVERAN

ÉVÊQUE DE QUIMPER ET DE LÉON,

DÉDIÉE

A MGR RENÉ-NICOLAS SERGENT

ÉVÊQUE DE QUIMPER ET DE LÉON,

Avec une notice sur M. l'abbé Dumoulin, émigré en Bohême, en 1793, et le récit de la mort, sur l'échafaud en 1794, de M. Raguénès, prêtre de Crozon.

PAR

M. l'abbé JOSEPH-MARIE TÉPHANY

Chanoine et Secrétaire de l'Évêché de Quimper.

PARIS
LOUIS VIVÈS, LIBRAIRE ÉDITEUR
Rue Delambre, 13
1870

DÉDICACE

A

MONSEIGNEUR RENÉ-NICOLAS SERGENT

ÉVÊQUE DE QUIMPER ET DE LÉON, ASSISTANT AU TRONE PONTIFICAL.

MONSEIGNEUR,

Vous avez daigné accepter la dédicace des œuvres de Mgr Jh-M. Graveran, votre vénéré prédécesseur; vous avez bien voulu accepter aussi l'hommage de sa vie, écrite par votre très-humble serviteur. Cette dédicace et cet hommage vous appartenaient à tous les titres. Vous êtes par vos vertus épiscopales, votre dévouement au Saint-Siége, votre doctrine et votre zèle, le digne successeur de Mgr Graveran. Vous êtes mon père dans le sacerdoce. Vous n'avez cessé, depuis quatorze ans, de me donner les preuves les plus éclatantes d'affection, de confiance et d'estime. Vous avez encouragé cette publication : vous l'avez bénie !

Veuillez donc, Monseigneur, recevoir ce livre que je dépose aux pieds de Votre Grandeur, comme un témoignage de profond respect, de parfaite soumission et de vive gratitude. Béni et patroné par vous, il se propagera, je l'espère, et contribuera ainsi à la gloire de Dieu et au salut des âmes.

De Votre Grandeur
le très-humble et très-obéissant serviteur et fils,

JOSEPH TÉPHANY.

PRÉFACE

Je me suis décidé à écrire la vie et à publier les œuvres de Mgr Graveran : d'abord par un sentiment de respect et de reconnaissance pour un parent vénéré; ensuite, par le désir d'être utile à mes confrères et aux fidèles; enfin, par la pensée d'une légitime fierté : ne pas laisser dans l'ombre une mémoire illustre; ne pas laisser enfouies dans la poussière des œuvres glorieuses pour l'auteur, son pays et sa famille.

J'ai hésité longtemps à entreprendre cette tâche délicate: j'ai attendu longtemps que quelqu'un fît le travail. Personne ne se levant, voyant s'éloigner chaque jour le souvenir du grand évêque, et disparaître les personnes qui l'ont le plus connu et aimé, j'ose aujourd'hui me mettre en avant. J'avais d'abord pensé à faire précéder les œuvres de l'auteur de sa vie, écrite par M. le docteur Maupied, ne me dissimulant pas que je ne pourrais réussir à l'écrire aussi bien moi-même.

Mais ayant, par ma position de secrétaire de l'évêché et de parent de Mgr Graveran, été à même de me procurer beaucoup de documents et de détails que ne pouvait avoir M. Maupied, j'ai cru devoir vaincre mes hésitations et écrire moi-même cette biographie.

Puissé-je avoir réussi à le faire assez bien connaître! Puissé-je avoir réussi à répandre sur les pages de sa vie l'intérêt qui fait lire sans fatigue ni dégoût!

En considération du but que je me suis proposé et des motifs qui m'ont engagé à écrire la vie et à publier les œuvres de Mgr Jh-M. Graveran, le lecteur sera, je l'espère, indulgent pour moi, et me pardonnera les incorrections qui auraient pu se glisser dans ce travail.

VIE

DE MONSEIGNEUR

JOSEPH-MARIE GRAVERAN

ÉVÊQUE DE QUIMPER ET DE LÉON

PREMIÈRE PARTIE

I

Joseph-Marie Graveran naquit à Crozon [1], le 16 mars 1793. Son père, Pierre-Marie Graveran, était un homme d'une foi mâle et robuste. Juge de paix de Crozon, à cette époque terrible où la révolution sévissait avec le plus de fureur, il sauva la vie à beaucoup de prêtres persécutés pour la foi, en favorisant leur fuite ou en les cachant dans la demeure de ses parents et de ses amis.

Quand on lui disait qu'il se compromettait lui-même en sauvant les autres, et qu'il s'exposait ainsi à perdre sa place, il répondait : « Fais ce que dois, et advienne que pourra. » Les vieillards du pays de Crozon parlent encore du dévouement à l'Église et à ses ministres de leur ancien juge de paix, et dans les veillées de l'hiver, on raconte toutes les industries dont il usait pour arracher à

[1] Voir la *Note A* après l'*Appendice*.

la mort les prêtres fugitifs. Qui ne sait dans tout ce canton la peine profonde que lui causa l'arrestation de M. l'abbé Raguénès, prêtre originaire de la paroisse qu'il avait su cacher pendant plusieurs mois aux recherches des agents révolutionnaires? Qui ne sait tout ce qu'il fit même alors pour le sauver?

Tel était le caractère du père de Joseph-Marie Graveran.

Sa mère, Anne-Françoise Le Breton, était digne de son mari par cet esprit de charité compatissante et de dévouement à la religion. Loin de lui conseiller certaines précautions que la prudence semblait lui dicter, en ces temps difficiles; loin de l'engager à ne pas oublier qu'il était père de famille, elle était la première à l'encourager dans ses visites et tournées secrètes qui avaient pour but la conservation des jours des prêtres fidèles. Ce sentiment du devoir, elle le puisait dans la solide piété, qu'on rencontre fréquemment chez les femmes de cette presqu'île hérissée de rochers, et qui leur donne une force d'âme toute particulière.

La mère de Joseph Graveran avait eu des relations d'intimité avec la mère de M. l'abbé Raguénès, mort sur l'échafaud à Quimper, en 1794. Cette femme forte avait eu l'héroïsme de suivre son fils jusqu'à Quimper et jusque dans sa prison : elle voulait même assister à sa mort, disant que la sainte Vierge avait été présente à la mort de son Fils. A l'école de cette femme héroïque, on comprend que l'âme d'Anne Le Breton dut se former à la vraie piété, à la piété qui se dévoue et se sacrifie. Au reste, cet amour profond du devoir, qui sera aussi la marque distinctive du caractère de son fils, elle n'avait pas besoin d'aller le chercher au dehors : elle le trouvait dans sa famille où il naissait tout naturellement, comme sur son propre terrain. En effet, à l'époque même où nous nous reportons, son oncle maternel, Alain Dumoulin, mort depuis curé de la cathédrale de Quimper et vicaire général, émigrait en Allemagne, afin de ne pas trahir son devoir. Un autre parent de son mari, M. Graveran, alors recteur de Roscanvel et mort aumônier de l'hôpital maritime de Brest, était déporté sur les pontons de Rochefort, victime aussi de son attachement à sa foi et à ses devoirs de prêtre.

Privé de bonne heure de son père qu'il perdit à l'âge de onze ans, Joseph-Marie Graveran fut confié aux soins de son oncle, M. l'abbé Dumoulin, qui connaissant son intelligence précoce et ses heureuses dispositions le mit au collége de Quimper. Le jeune élève ne tarda pas à se faire remarquer parmi ses condisciples par son esprit vif et pénétrant, par une mémoire qui *apprenait tout de suite* et *retenait toujours* [1], par une rectitude de jugement qu'on rencontre rarement chez des enfants de cet âge. On entrevoyait déjà dans le petit écolier de onze ans l'homme supérieur par sa science et sa sagesse! Il fit des progrès si rapides dans ses premières études qu'à treize ans il put entrer en troisième au collége de Léon. Là, comme à Quimper, il obtint les plus brillants succès, et il marcha si vite qu'à l'âge de quinze ans il avait terminé ses études littéraires.

II

Quand il entra au grand séminaire de Quimper, au mois d'octobre 1808, Mgr Dombideau de Crouseilhes, alors évêque de Quimper, l'accueillit avec une bienveillance toute particulière. Il connaissait déjà le jeune séminariste sur le front duquel il avait placé bien des couronnes pendant le cours de ses études classiques, qu'il avait souvent vu et entretenu chez son vicaire général, l'abbé Dumoulin [2].

[1] Lorsqu'il était à l'école à Crozon, à l'âge de neuf et dix ans, son instituteur vint un jour dire à ses parents qu'il n'avait plus rien à lui apprendre, qu'il fallait lui donner un maître plus instruit.

Le vénéré M. Kermel, mort il y a deux ans, chanoine honoraire, curé doyen de Châteauneuf, aimait à raconter qu'il commença avec lui à étudier le latin au presbytère de Crozon. Le curé, M. Doucin, leur donnait des leçons à apprendre. Le petit Joseph Graveran les lisait une fois ou deux, puis il accourait vers son maître, en disant : Je sais ma leçon. — Déjà! Mais ce n'est pas possible, répondait le bon curé. Voyons cependant. — Alors l'enfant montait sur un petit banc qui se trouvait dans la classe et récitait sa leçon, sans faute, en présence de ses camarades ébahis et émerveillés.

[2] Un jour Mgr de Crouseilhes, étant venu visiter M. Dumoulin dans son presbytère de Saint-Corentin, y rencontra Mme Graveran et son fils Joseph, encore

Aussi juste et profond appréciateur des hommes, l'illustre prélat vit ce que pouvait devenir ce jeune homme, quels services il pourrait rendre à son diocèse, dans ces temps où l'Église avait tant besoin de prêtres instruits et capables. On sortait en effet de la Révolution, et Dieu sait les ruines que les évêques de France avaient alors à relever!

Promenant son œil d'aigle sur les villes et les campagnes les plus reculées de son immense diocèse, Mgr de Crouseilhes embrassa d'un seul coup toute l'étendue du mal porté à la foi et à la religion dans ce pays d'ailleurs si catholique. Comprenant que le meilleur moyen d'y remédier était de former un noyau de prêtres éminents par leur connaissance des sciences humaines et théologiques; des prêtres qui fussent aptes à enseigner les autres et à leur communiquer l'amour de l'étude, le savant évêque envoya les sujets d'élite de son diocèse étudier dans les meilleurs colléges de Paris et au séminaire de Saint-Sulpice. L'abbé Graveran fut un des premiers à mériter cette faveur insigne, et au mois d'août 1809, il entra avec M. l'abbé Mével [1] au célèbre collége Stanislas, fondé par M. l'abbé Liautard. Il y suivit pendant trois ans les cours de mathématiques avec ceux du lycée Napoléon. Il étudia avec ardeur cette science qui allait si bien à son esprit droit et juste, et il obtint les plus brillants succès dans les concours publics, notamment au concours du 23 juillet 1811 auquel prirent part tous les colléges de Paris [2]. Il gardait soigneusement toutes ses compositions, et, à sa mort, on a trouvé dans ses papiers tous ses cahiers de mathé-

écolier. — Ah! c'est votre fils, Madame, lui dit-il. Eh bien, moi, je veux être son père. — L'heureuse mère, vivant auprès de son fils élevé plus tard sur le siége de son protecteur, aimait à raconter ce trait qui faisait à la fois l'éloge de Mgr de Crouseilhes et de son enfant.

[1] Voir la *Note B*.

[2] C'est sans doute à la suite de ce concours où il obtint le premier prix que l'empereur Napoléon lui fit proposer un brevet d'officier d'artillerie, en le dispensant de passer par l'école polytechnique. Le jeune mathématicien répondit qu'il avait le désir de poursuivre la carrière ecclésiastique et de répondre ainsi aux vues de son évêque sur lui. Plein d'admiration pour sa science et sa modestie, l'Empereur qui se plaisait à honorer le talent, mit à sa disposition, pour toute une journée, une voiture de la cour, afin de lui faire visiter les principaux monuments de Paris.

matiques qui sont rédigés avec cet esprit d'ordre qu'il apportait en tout ce qu'il faisait.

Le 9 février 1810, sept mois après son entrée au collége Stanislas, il écrivait à son oncle, M. Dumoulin :

« Je profite de la circonstance de notre examen pour vous donner « de mes nouvelles. Cet examen dont je vous parle, a eu lieu le 5 « du présent mois. Nous avons répondu sur l'arithmétique, la « géométrie et cent soixante-dix pages de l'algèbre. Nous avons « été interrogés par M. Binet, répétiteur à l'école Polytechnique. Il « a été très-content de nous. Nous voyons, depuis quelques jours, « la trigonométrie, en même temps que l'algèbre. Depuis le com- « mencement de cette année (1810), nous n'assistons plus à l'his- « toire, ce qui nous donne un peu plus de temps pour les mathé- « matiques. Notre professeur a été quelque temps, assez mal; et « je faisais alors pour lui une classe de géométrie..... »

D'après ces lignes où l'âme simple et modeste du jeune clerc se peint tout entière [1], on voit quels progrès il avait déjà fait dans l'étude des mathématiques, puisque malgré son jeune âge (il avait à peine dix-sept ans), on l'appelle parmi tous les autres à suppléer son professeur malade.

Mais l'étude des mathématiques ne faisait pas négliger au jeune breton l'étude des belles-lettres; il cultivait à la fois, avec un égal succès, la littérature et les sciences exactes. Un petit agenda laissé après lui et écrit de sa main, énumère les différentes places qu'il obtint dans les diverses compositions littéraires données, soit à la pension de M. Liautard, soit au lycée Napoléon, depuis son arrivée à Paris jusqu'au 12 mars 1812. Et au collége Stanislas comme au lycée Napoléon, il figure toujours aux premiers rangs à côté des Casimir Delavigne, des Salvandy, des Casabianca, des Trognon, des Royer, des Poiloup.....

[1] Il parle des succès de tous ses condisciples en général, sans parler des siens en particulier.

III

Après avoir passé trois ans à Paris, le lauréat du collége Stanislas et du lycée Napoléon, fut rappelé dans son diocèse et nommé professeur de mathématiques au collége de Léon qui jouissait à cette époque, comme aujourd'hui, d'une réputation de fortes études justement méritée. C'était en l'année 1812. Ses anciens élèves, dont plusieurs vivent encore, ont gardé le souvenir de la clarté de son enseignement : il excellait à faire comprendre à ses élèves les problèmes les plus abstraits et les plus difficiles.

Cependant Joseph-Marie Graveran avait vingt et un ans, et il n'avait étudié la théologie que pendant une année, au séminaire de Quimper. Comme il devait être prêtre et que les sciences humaines ne suffisent pas au prêtre, Mgr de Crouseilhes, voulant couronner son œuvre, l'envoya de nouveau à Paris pour étudier la théologie et les autres parties de la science ecclésiastique. C'était en 1814, après deux années de professorat au collége de Léon. Je n'essaierai pas de dire tous les regrets et le vide qu'il laissa dans cette maison où tous, maîtres et élèves, le chérissaient, à cause de sa bonté, de sa douceur, de son esprit fin et enjoué qui faisait le charme de tous ceux qui avaient des relations avec lui.

Entré au séminaire de Saint-Sulpice à Paris, il se livra à l'étude des sciences sacrées avec la même ardeur et la même aptitude (cet esprit vaste embrassait tout avec succès), qu'il avait mises à l'étude des sciences humaines. Les nombreux cahiers de notes trouvés dans ses papiers, témoignent du travail sérieux et constant du laborieux séminariste, pendant les quatre années qu'il passa à Saint-Sulpice. Il se distingua si bien parmi ses condisciples, par sa facilité à saisir les questions les plus difficiles de la théologie et à résoudre les objections les plus subtiles contre nos dogmes sacrés, qu'au bout d'un an on le nomma maître des conférences.

« Telle était [1] l'opinion qu'avait le docte M. Boyer, son professeur de morale, de la capacité théologique du jeune abbé Graveran qu'il s'adressait le plus souvent à lui, quand il s'agissait de répondre aux questions épineuses. Permettez-moi un trait. Les distractions de M. l'abbé Boyer sont assez connues : un jour, faisant sa classe et trouvant qu'on ne répondait pas à son gré, il dit assez haut pour être entendu : « Voyons, le petit breton (il dé- « signait M. Graveran); cette question n'est pas au-dessus de vos « forces. » Le bon professeur oubliait que *son petit breton* n'était plus son élève et qu'il enseignait la théologie dogmatique au séminaire de Quimper depuis un an [2]. »

Le cours de ses études théologiques terminé, Mgr de Crouseilhes qui, on se le rappelle, avait dit un jour à la mère de M. Graveran : *Je veux être son père*, voulut être vraiment son père, en lui conférant le sacerdoce. Il le fit donc venir de Paris, et le samedi des Quatre-Temps de l'Avent de l'année 1817, il ordonna prêtre dans la chapelle de son palais épiscopal celui qu'il appelait *son cher enfant*. Le même jour, le vénéré prélat mettait le comble à son affection et à son estime pour lui, en le nommant professeur de théologie dogmatique et directeur dans son grand séminaire.

On sait combien importante est la mission d'un professeur et d'un directeur dans un grand séminaire. Il est appelé à instruire la jeunesse cléricale et à la former au sacerdoce ; il doit lui enseigner les sciences sacrées ; il doit la préparer *à l'art des arts, à la conduite des âmes*. Quelle science donc, quelle piété, quel tact et quelle prudence exigent ces délicates fonctions de la part de celui qui en est investi !

M. Graveran, on peut le dire, n'était pas *improvisé* professeur et directeur de séminaire ; il s'était préparé de longue main à cette double mission par de solides études théologiques, scientifiques et

[1] Oraison funèbre inédite de Mgr Graveran, par M. l'abbé Alexandre, chanoine de la cathédrale de Quimper.

[2] Étant allé, un jour, visiter la solitude d'Issy, j'y rencontrai le vénérable M. Renaudet, son ancien condisciple. Apprenant que j'appartenais à sa famille, il me dit : Ah ! M. l'abbé, vous êtes le parent de Mgr Graveran : je vous en félicite ; il était par sa capacité la gloire de Saint-Sulpice, pendant qu'il était séminariste, comme il l'a été plus tard par sa science et ses vertus épiscopales !

littéraires, par le contact et le commerce avec des hommes d'autres pays, de diverses classes, de caractères différents et de haute capacité. Avec l'esprit profond d'observation qui lui était propre et sa grande intelligence, il avait su profiter du milieu dans lequel il avait vécu pour acquérir une connaissance des hommes plus qu'ordinaire à son âge.

Voilà dans quelles conditions se présentait au séminaire le nouveau professeur. Il avait alors près de vingt-cinq ans, et il y avait dix ans qu'il avait terminé ses humanités. Quand la nouvelle de sa nomination parvint dans le diocèse, il n'y eut qu'une voix pour applaudir au choix de l'évêque, car tout le clergé reconnaissait la capacité et les talents supérieurs du jeune prêtre. Que dire de la joie des séminaristes, lorsqu'ils virent paraître au milieu d'eux le maître dont tous connaissaient d'avance les qualités de l'esprit et du cœur, dont tous avaient entendu vanter le savoir! Fiers tout d'abord de devenir les disciples d'un tel maître, ils le furent encore davantage, lorsqu'ils le virent à l'œuvre.

Avec quelle clarté et quelle précision il leur enseignait les questions les plus difficiles de la théologie! avec quelle méthode il résumait une thèse! avec quel ordre il divisait une matière! Il exposait si nettement la doctrine que tous pouvaient le suivre; il enseignait avec tant d'aisance et de facilité qu'il semblait se jouer au milieu des plus grandes difficultés de la science sacrée, si bien qu'on eût dit que son cours ne lui coûtait ni peine ni fatigue.

S'il arrivait qu'un élève, pour une raison quelconque, ne fût pas en règle en classe, il n'avait jamais pour lui devant ses condisciples une parole de reproche ou de blâme : il traitait les jeunes clercs comme des hommes, trouvant plus convenable et plus utile de les reprendre au besoin, en particulier, tout doucement et sans témoins.

Et maintenant, comment remplissait-il son mandat de directeur? — Sainte Thérèse avait une grande confiance dans les directeurs instruits et éclairés; elle prétendait même, et en cela elle disait ce qu'enseignent tous les docteurs, qu'eux seuls peuvent diriger sûrement les âmes, surtout celles qui aspirent à la vie religieuse. — Ici encore, M. Graveran est à la hauteur de ses fonctions. Tous ceux qui ont suivi sa direction pourraient dire avec quelle sûreté il tranchait la question des vocations à l'état ecclésiastique et à la vie religieuse; avec quelle netteté il résolvait les doutes, avec quelle douce fermeté il guidait les consciences portées au scrupule. Esprit droit et juste, il savait tenir le milieu entre une direction trop relâchée et trop étroite, sachant que la meilleure conscience est celle qui n'est ni trop large ni trop sévère.

IV

Il y avait neuf ans que M. l'abbé Graveran exerçait au séminaire les fonctions de professeur et de directeur. Cette vie d'étude, de calme et de recueillement, convenait bien à son esprit sérieux et avide de savoir : il avouait souvent lui-même que ces années furent les plus heureuses de sa vie sacerdotale.

Cependant la cure de Saint-Louis, de Brest, vint à vaquer par le décès de M. l'abbé Labous, au mois de juillet 1826. Mgr de Poulpiquet, alors évêque de Quimper, appréciant comme son prédécesseur les talents et les vertus de M. Graveran, le nomma curé de cette paroisse, la plus importante et la plus difficile de son diocèse.

Brest est en effet une ville de quatre-vingt mille âmes (elle en avait alors environ quarante mille), composée de gens de tous les pays, — où les autorités maritimes, civiles et militaires abondent. — On se figure immédiatement les difficultés que présente le gouvernement spirituel d'une paroisse dans une ville formée d'éléments si divers. Que de conflits peuvent surgir tous les jours dans les rapports avec ces différentes autorités, avec ces habitants venus de partout, apportant dans un pays breton des idées et des mœurs trop souvent en désaccord avec celles du fond de la vieille population! Que de tact, que d'intelligence, que de prudence, il faut au curé chargé de conduire une telle paroisse! Malgré sa jeunesse (il n'avait que trente-trois ans), M. Graveran fut trouvé à la hauteur de cette mission, et il n'y eut encore dans tout le pays qu'une voix pour ratifier le choix de l'évêque.

Pour lui, effrayé de la responsabilité qui lui incombait, épouvanté du fardeau qu'on imposait à sa jeunesse, il ne put s'empêcher d'exprimer ses craintes la première fois qu'il parla à ses paroissiens[1] : « Caché, dit-il, à l'ombre de ces murs où l'on forme « les enfants du sanctuaire, je ne m'attendais pas à devenir le « pasteur d'un troupeau si nombreux ; mais, ô mon Dieu, puisque « vous me réserviez un fardeau si pesant, que ne m'avez-vous « accordé quelques années de plus ! »

« Rassurez-vous, jeune pasteur, la réputation si bien méritée de savoir qui vous précède dans cette grande ville, où l'on trouve tant d'hommes éminents, tant d'esprits élevés, tant d'administrateurs habiles, va suppléer à votre âge et vous conquérir bientôt l'estime générale. En effet, le nouveau curé ne tarde pas à se révéler par ses œuvres... »

A peine arrivé à Brest, il dut commencer et mener à bonne fin une œuvre bien délicate. Une mission avait été arrêtée par son prédécesseur pour l'époque même où il mourut. Qui dira les difficultés de cette entreprise à Brest, quand on saura surtout que, peu d'années auparavant, une pareille œuvre y avait été empêchée et que les missionnaires avaient été renvoyés de la ville, aux cris d'une foule gagnée et soudoyée par les sociétés secrètes ? Cette fois-ci, les meneurs voulurent encore entraver et arrêter la mission. Quelques jeunes gens firent du tapage autour de l'église. On lança même dans l'intérieur de l'édifice sacré des pétards et des fusées qui émurent les fidèles et faillirent même atteindre plusieurs personnes. L'autorité civile en fut intimidée et épouvantée ; aussi, le 19 septembre 1826, M. le maire de Brest écrivit au curé pour lui exprimer ses craintes de ne pouvoir comprimer le désordre et lui demander de supprimer les réunions du soir et de clore, au plus tôt, le jubilé, « pour que les intérêts, les soins et les habitudes domestiques rentrent dans l'ordre habituel. »

[1] Extrait d'une oraison funèbre inédite de Mgr Graveran, faite par M. l'abbé Alexandre, chanoine de la cathédrale de Quimper, ancien secrétaire de l'évêché.

Calme et ferme en face de cet orage naissant, M. Graveran répondit au maire par une lettre qui le posa immédiatement dans la ville comme un homme de devoir et d'énergie. Nos lecteurs nous sauront gré de citer cette lettre, celle qu'il eut occasion d'écrire dans la suite de cette affaire et celles qu'il adressa, dans d'autres circonstances de sa vie, à diverses personnes et aux autorités de la ville de Brest. Ce sera la meilleure manière de faire connaître celui dont nous essayons de tracer le caractère. Comme *le style c'est l'homme*, il se peindra ainsi lui-même.

« Brest, 20 septembre 1826.

« Monsieur le Maire,

« J'ai reçu, hier à six heures du soir, la lettre que vous m'avez fait l'honneur de m'écrire et dont vous avez adressé copie à M. le préfet et à M. l'abbé Guyon.

« Je ne puis que m'affliger des craintes qu'elle manifeste comme des instances réitérées qu'elle renferme pour changer l'ordre de nos exercices. Ainsi le théâtre pourra retentir toute l'année, jusqu'au milieu de la nuit, des maximes de la scène ; mais avec les ténèbres, le silence descendra sur la chaire chrétienne.

« Si les magistrats sont animés du meilleur esprit, et nous en avons la confiance et la preuve, quels sont les sentiments de la ville? Mais comment en douter? le trouble n'est excité que par quelques « jeunes gens sans expérience, des enfants sortant à peine des bancs de l'école » (expressions de votre lettre). Et tout doit reculer devant leur jeune audace : religion, magistrats, force armée ; tout doit reculer, car si nous tenons ferme, des imprudents « s'exposeront à la rigueur des lois. »

« Non, vous ne reculerez pas, j'en ai la certitude. Mais, magistrat citoyen, vous voulez mettre à couvert l'honneur des familles.

« Monsieur le Maire, je ne suis pas juge de la gravité des circonstances. Je vous ferai seulement observer que ce n'est point par mon autorité que l'exercice du soir a été fixé à sept heures.

Mgr l'évêque l'a réglé ainsi lui-même, et il ne m'appartient pas de rien changer aux dispositions que lui ont dictées sa sagesse et son amour pour la ville de Brest. C'est à Sa Grandeur que j'en ai référé par une lettre dont j'attends la réponse. Avant de me la donner, je ne doute pas que Monseigneur ne se concerte avec M. le préfet, et j'espère que tout s'arrangera pour le bien de la paix et l'avantage spirituel des habitants.

« Agréez, etc.

« GRAVERAN,

« *Curé de Brest.* »

Malgré tout, cette réponse pleine de fermeté apostolique ne rassura pas le maire, dominé qu'il était par la crainte et les menaces des factieux. Ceux-ci en effet s'agitaient et se démenaient..... Afin d'intimider cette fois le curé et les missionnaires eux-mêmes, ils pendirent en effigie sur le cours d'Ajot, le directeur de la mission, M. Guyon, revêtu d'une robe noire à boutons figurant une soutane, avec le rabat et le bonnet carré. Des bottes bien cirées indiquaient le désir des *faiseurs* de les voir hors des murs et un écriteau portait le nom du condamné.

Cette pendaison en effigie fut considérée comme un enfantillage et une espièglerie; la ville resta parfaitement tranquille, sans attroupements et sans troubles.

« Certaines autorités, écrivit, à cette occasion, M. Graveran à son évêque, ne cessent pourtant de crier à la clôture, comme si elles avaient peur; les pères de famille sont déroutés; plus de femmes, plus de filles, plus de servantes; on mange sur le pouce, et le soir le lit n'est pas fait. On a cependant tout le jour pour y penser. Puis viennent les rapports. Comme les discours de M. Guyon ne prêtent pas à la censure, on a placé les batteries de l'autre côté de l'eau, et tous les jours le sous-préfet, le maire, etc., reçoivent des rapports où la sottise le dispute à la malveillance. Brest est tranquille : on tâche de faire naître des craintes pour Recouvrance, dans l'espoir sans doute que le trouble arriverait promptement de notre côté. MM. Bréno, Rouby, Guillermé, sont l'objet de dénonciations journalières. — M. Rouby n'a-t-il pas dit que les *rois sont soumis aux prêtres;* ce qui est contre la déclaration de 1682, dit le dénonciateur, et il s'agit du pouvoir d'absoudre. — M. Bréno a fait sur le sixième précepte un discours admiré par les ecclésiastiques pour la mesure, le choix, la décence des expressions. Un homme se trouve là *ut caperet eum in sermone*, qui déclare que ses chastes oreilles et celles de toutes les mères de famille se sont dressées d'horreur. Par bonheur, M. Inisan a donné une attestation par écrit du contraire pour les oreilles des mères de famille. — Autre grief, au lieu de prêcher la bonté de Dieu, les missionnaires parlent de l'enfer, du jugement, d'abord avec feu, bientôt *avec emportement;* puis pour augmenter la terreur, on chante les cantiques analogues; et les femmes de trembler, les filles de pleurer. — Voilà les rapports quotidiens des agents de la police. On rirait de bon cœur, si l'on n'entrevoyait dans tout cela certaines menées pour nuire au succès du jubilé.

« Les troupes qui arrivent journellement sont on ne peut plus tranquilles. Nous ne nous sommes pas encore aperçus de leur séjour [1]. Pas un cri, pas un mot. Aussi le général Avisard prie Monseigneur de se tenir parfaitement en repos.

« Le nombre des hommes qui se confessent augmente insensiblement, et ce ne sont plus seulement des ouvriers; des officiers de marine, des employés des administrations abordent chaque

[1] « Le soir de ce jour, le trouble fut porté à son comble au théâtre. On y fit entrer pour rétablir l'ordre, la gendarmerie de marine qui mollit, puis les grenadiers d'Hohenlohe qui furent assaillis à coups de bancs et de tabourets et répondirent à coups de crosse de fusil. Par malheur, le maire effrayé, se mit à parlementer, et sur ce que les turbulents demandèrent, que les soldats sortissent du théâtre, avec promesse d'en sortir eux-mêmes, l'ordre fut donné à la troupe d'évacuer. Cette faiblesse attira sur le maire une nuée d'injures et de sifflets, et décidément il fallut fermer le théâtre jusqu'à nouvel ordre.

« Le général Avisart m'a dit, que lorsqu'il apprit la concession faite par l'autorité, il adressa ces paroles à M. le Maire : Voilà deux occasions manquées : vous êtes noyé : vous n'aurez jamais d'influence morale sur Brest.

« Du théâtre, les agitateurs se portèrent à l'église et firent charivari pendant une demi-heure, avant qu'aucun détachement ne vînt les dissiper; une pierre fut jetée aux vitres de l'église. Cependant le plus grand calme se maintint dans l'église, quoique l'on entendît le frémissement d'indignation d'une partie de l'auditoire qu'un mot aurait précipité sur les factieux, et tout se termina sans accidents. » (*Extrait d'une lettre écrite par M. Graveran à Mgr de Poulpiquet.*)

jour, et l'ébranlement se communique de proche en proche. Aussi nos missionnaires ne cessent de répéter que partir dans quinze jours, c'est laisser périr sur pied une moisson déjà mûre. Je m'unis à eux, Monseigneur, pour vous prier instamment de prolonger le jubilé..... »

Cependant M. le maire de Brest écrivit le 13 octobre à M. Graveran, deux lettres plus pressantes encore que la première ; il lui demandait avec instance la suppression des exercices du soir, et, comme pour lui communiquer la frayeur qui le dominait lui-même, il lui dit qu'en prévision de désordre, *un bataillon entier serait sous les armes devant l'église avec un officier supérieur, pour en diriger les mouvements.*

D'autant plus ferme que les meneurs s'agitaient davantage et que l'autorité semblait faiblir de plus en plus, M. Graveran adressa une seconde fois carrément son *non possumus* au maire en ces termes :

« Brest, le 13 octobre 1826.

« Monsieur le Maire,

« Nous sommes donc vaincus ! Le génie du mal l'emporte, et l'impiété va célébrer son triomphe; triomphe sans gloire, dira-t-on peut-être, car il n'a pas offert de périls. Je ne puis vous exprimer la peine que j'ai ressentie en lisant vos deux lettres de ce jour. Il faut céder, il faut que l'autorité se retire; l'énergie n'est plus de saison, et la soumission la plus prompte peut seule prévenir les derniers malheurs.

« Je ne puis partager ces alarmes, et je persiste à croire que l'on peut encore faire comprendre aux factieux que ce qu'ils prennent pour la faiblesse qui cède n'est que la bonté qui attend, avant de laisser agir la justice.

« Cette manière de voir n'est pas la vôtre, et voilà ce qui rend ma position pénible, désirant vous obliger, mais craignant de trahir mon devoir. Je ne sais, mais une concession me paraît toujours dangereuse : céder est bien dur, surtout lorsque l'on a de son côté le droit et la force, et, dans une telle extrémité, la main tremble toujours de signer son déshonneur.

« Nous attendons l'évêque. S'il n'arrive pas pour lundi, il faudra bien me déterminer de moi-même. Mais aujourd'hui, il n'est pas possible de supprimer l'exercice ; personne n'est prévenu, et il serait par trop dur que nous fussions obligés de nous tenir à la porte ou de monter en chaire pour congédier les fidèles qui se rassemblent dans cinq heures. Demain et dimanche, il n'y aura point d'exercice du soir, et M. le sous-préfet, M. le général sont sans inquiétude pour ce jour. Excusez, Monsieur le Maire, si aujourd'hui je n'entre pas dans vos vues. En toute autre circonstance, je me ferai un devoir de vous témoigner toute déférence.

« Agréez, etc.

« GRAVERAN,

« *Curé de Brest.* »

Mgr de Poulpiquet vint en effet clore la mission qui fut couronnée par la plantation d'une croix sur la place Saint-Louis. Cette croix fut portée solennellement par dix-huit cents hommes, au milieu du concours de toute la population.

L'évêque profita de sa présence à Brest pour installer lui-même le nouveau curé et le présenter aux diverses autorités et aux principales familles de la ville.

C'est ainsi que le jeune curé fit réussir envers et contre tout une œuvre qui eût pu échouer entre ses mains, sans qu'on eût été en droit de le taxer de faiblesse ou d'inhabileté, tant étaient grandes les difficultés de l'entreprise et les terreurs des autorités civiles [1] !

[1] Ces difficultés paraissaient si grandes, que non-seulement le préfet, mais aussi le ministre des cultes, crurent devoir en écrire à l'évêque, Mgr de Poulpiquet, pour l'engager, au nom de l'ordre menacé, à clore au plus tôt la mission et à supprimer les réunions du soir.

Se confiant dans la sagesse et la fermeté de son curé qui lui rendait compte de tout ce qui se passait, Monseigneur tint bon, et grâce à Dieu la mission se termina pour la plus grande gloire de Dieu et le plus grand bien des Brestois.

Voilà ce que peut dans les moments les plus difficiles l'énergie d'un seul homme !

M. Graveran regardait la mission comme étant le moyen le plus efficace pour régénérer sa paroisse. Son devoir était donc de la mener à bonne fin, quoi qu'il dût lui en coûter.

Rien ne pouvait dès lors l'arrêter : ni les cris, ni les menaces des factieux, ni les conseils, ni les supplications des prudents du siècle. Il disait aussi, comme son père s'exposant pour sauver les prêtres fidèles en 93 : Peu m'importe ce qui m'arrivera, — je veux avant tout faire mon devoir. — Fais ce que dois, et advienne que pourra !

V

Maître de son terrain, M. Graveran se mit à le travailler avec toute l'ardeur d'un pasteur jeune et zélé. Afin d'y conserver et d'y développer les fruits de la mission, il s'occupa activement de l'instruction de son peuple, persuadé que l'ignorance est la source de tous les maux et l'obstacle à tout bien dans une paroisse.

Il consacra surtout ses soins à l'instruction de l'enfance et de la jeunesse. Pour cela, il donna une nouvelle vie aux catéchismes de première communion, en stimulant le zèle des parents, des instituteurs et des institutrices; en visitant lui-même fréquemment les écoles où il se plaisait à interroger les enfants et à leur donner quelques petites récompenses. De plus, il fonda un catéchisme de persévérance pour les jeunes personnes.

Mais là ne s'arrêta pas l'œuvre de son zèle. Préoccupé du salut de tous ses paroissiens, il voulut surtout étendre sa sollicitude sur les pauvres familles délaissées après des fautes. De concert avec Mlle de Goësbriand, il ouvrit à Brest un asile aux filles repenties et un abri à celles que leur position exposait au danger de tomber dans le mal.

Cette maison fut toujours l'objet de ses soins les plus empressés. C'est là qu'il aimait à venir prêcher et catéchiser; c'est là qu'il fit pendant longtemps ses conférences sur le Symbole, le Décalogue, les sacrements, etc... C'est là qu'il établit l'association de l'archiconfrérie pour la conversion des pécheurs.

Pareil au bon père de famille, il témoignait plus d'affection à la partie de ses enfants qui était la plus malheureuse et la plus délaissée.

Mais il est une classe de la société plus malheureuse encore et plus délaissée : c'est celle des condamnés aux travaux forcés. Brest avait alors un bagne, et ce bagne était sur la paroisse de Saint-Louis. M. Graveran n'oublia jamais qu'il était le curé des pauvres forçats, qu'il devait en être, à ce titre, le père et l'ami. Aussi les visitait-il souvent. On le voyait s'échapper, après son repas de midi, se diriger vers le port et entrer seul, sans rien dire, dans les salles où se tenaient ses chers condamnés. Là il causait amicalement avec eux, les entretenait de leurs familles, les encourageait, ne les quittant jamais sans leur dire un mot du bon Dieu, sans leur laisser l'espérance d'une vie meilleure. Qui dira combien de ces malheureux il a réconciliés avec Dieu ! Qui dira combien d'entre eux il a rendus à leurs familles, meilleurs et corrigés ! Un grand nombre de lettres trouvées dans ses papiers accusent tout le soin qu'il prenait du bagne, tout le bien qu'il y fit. Ces lettres, écrites en partie par les condamnés qu'il avait consolés et convertis, en partie par leurs parents, sont pleines des sentiments de la plus vive reconnaissance pour celui qu'ils appelaient *leur père*, *leur bienfaiteur*, *leur sauveur*.

VI

Il y avait environ cinq ans que M. Graveran travaillait ainsi paisiblement au bien de sa paroisse, lorsque l'heure de la lutte sonna encore pour lui. Il avait débuté au milieu des péripéties de la mission, et il avait montré ce qu'il était : l'homme du devoir ! Nous le verrons tel encore au milieu des divers combats qu'il va soutenir, sans relâche, pendant sept ans.

La première querelle lui fut suscitée, au commencement du mois d'août 1830, à l'occasion des fleurs de lys qui ornaient la croix de mission, la grille du chœur et le banc de l'œuvre de son église.

Charles X était tombé. Louis-Philippe était au pouvoir. On regardait ces emblèmes qui rappelaient une dynastie déchue comme dangereux et de nature à exciter des regrets, des récriminations et des troubles. On fit donc du zèle, et on proscrivit les fleurs de lys.

Quelques habitants manifestèrent l'intention de détruire ces emblèmes. Des menaces furent faites à ce sujet à M. le curé qui en écrivit immédiatement à l'autorité municipale, en protestant avec énergie contre cette coupable intention et déclarant qu'il s'opposerait, à tout prix, à son exécution.

Mais citons l'abrégé des motifs sur lesquels il appuya son refus; citons la protestation elle-même :

« Plusieurs raisons s'opposent à ce que je consente à l'enlèvement des fleurs de lys, indépendamment de mes opinions particulières :

« 1° Aucune loi n'en ordonne la destruction.

« 2° Le nouveau roi les a conservées dans ses armes.

« 3° Les employés des administrations et les militaires de toute arme en portent sur leurs boutons et plaques, sans être inquiétés. Que l'autorité commence par interdire celles-là, alors nous verrons pour les nôtres.

« 4° Puisqu'on tolère les fleurs de lys aux militaires et administrateurs, les fidèles, qui verront détruire par un triste privilége celles de la croix, ne pourront l'attribuer qu'à la haine de la croix elle-même. Est-ce un moyen de calmer les esprits et de détruire les inquiétudes sur l'avenir de la religion?

« 5° Si la vue de la croix choque quelques individus poursuivis vers l'époque de son érection, toute atteinte qui lui sera portée n'est-elle pas de nature à soulever dix-huit cents hommes faits qui l'ont portée sur leurs épaules avec les démonstrations du plus vif enthousiasme?

« 6° L'autorité croit-elle prévenir l'anarchie et les désordres qu'elle entraîne en cédant, contre toute raison, aux démonstrations emportées et déraisonnables de quelques têtes exaltées et les accoutumer ainsi à croire qu'avec du bruit elles obtiendront toutes leurs demandes, même les plus extravagantes? »

« Le soussigné, chanoine honoraire de Quimper, curé de la ville de Brest, considérant que depuis quelques jours le bruit s'est répandu que des personnes auxquelles il ne reconnaît ni autorité, ni mission, devaient détruire les fleurs de lys qui décorent la croix élevée sur la place Saint-Louis et les monuments de l'église; que plus tard (hier 3 août) une demande formelle lui a été adressée, à cet effet, par MM. Du Thoya, Lacrosse, Derrien et Pouliquen, les deux premiers se disant colonel et lieutenant-colonel de la garde nationale;

« Ledit curé, s'en tenant à la réponse qu'il a faite à ces Messieurs, déclarant qu'il protestera contre toute tentative d'enlever ou d'effacer tout emblème religieux ou politique adhérant à ladite croix ou servant de décoration dans ladite église, proteste et demande acte de sa protestation.

« Ledit curé, en déposant la présente protestation à l'hôtel de la mairie, demande en outre que l'autorité, momentanément reconnue dans la ville, déclare positivement si elle est décidée à employer la force dont elle dispose pour empêcher la destruction des fleurs de lys de la croix et de celles de l'intérieur de l'église Saint-Louis.

« En tout état de cause, ledit curé, n'ayant pour lui que son bon droit et la justice, rejette la responsabilité tout entière des événements sur les personnes qui disposent à cette heure de la force publique. »

Le comité provisoire ne croyant pas qu'il lui appartînt de recevoir cette protestation, la renvoya au sous-préfet. M. Graveran la lui adressa donc et lui écrivit une lettre ainsi conçue :

« Monsieur,

« Je viens de me présenter à l'hôtel de la mairie pour y déposer la protestation écrite d'autre part. En l'absence de MM. Keros et

Faure, M. de Bourghes a voulu en référer à ce qu'il a nommé, je crois, le comité provisoire. Ces Messieurs réunis (je ne les connais pas tous personnellement), m'ont déclaré qu'à vous seul appartenait de recevoir ma protestation, parce que vous seul êtes légalement revêtu de l'autorité par délégation de M. de Guenet, sous-préfet. Je vous l'adresse donc, pour ma décharge, vous priant de vouloir bien répondre à son contenu. Il est de ma loyauté de déclarer que depuis deux nuits on a fait la garde près de la croix pour la préserver de toute atteinte. Je me suis assuré que cette protection continuera tant qu'il en sera besoin.

« Recevez, etc.

« Graveran.

« *Curé de Brest.* »

M. Boëlle, sous-préfet de Brest à cette époque, lui répondit par la lettre suivante :

« Brest, le 5 août 1830.

« Monsieur le Curé,

« J'ai reçu la lettre par laquelle vous m'avez adressé une protestation relative à une prétendue intention, de la part de quelques habitants, de détruire les fleurs de lys qui décorent la croix élevée sur la place Saint-Louis et les monuments de l'église. A la réflexion, cette protestation me semble sans objet, puisqu'elle ne concerne pas un fait arrivé ou tenté, mais un simple bruit.

« Cependant, Monsieur, j'ai donné des ordres et fait toutes les recommandations convenables, pour qu'il ne soit provisoirement et jusqu'à l'arrivée d'ordres supérieurs, porté aucune atteinte aux fleurs de lys confondues aux signes extérieurs de la religion. Je vous promets donc d'y apporter toute la surveillance possible et de m'opposer à toute tentative de cette nature qui viendrait, à temps, à ma connaissance. Je vous prierai seulement, dans l'intérêt sacré de la religion et de la paix, d'en référer à Mgr l'évêque et de l'engager à prendre de lui-même des mesures propres à éviter tout scandale.

« Recevez, etc. « *Le sous-préfet,*

« BOELLE. »

A la réception de cette lettre, M. Graveran écrivit immédiatement à son évêque, pour l'informer des événements. Mgr de Poulpiquet lui répondit, le 28 août 1830 :

« Monsieur et cher Pasteur,

« Vous raisonnez toujours à merveille, et si j'avais un procès, je ne voudrais pas vous avoir pour avocat adverse. Il est impossible de répondre aux observations que vous avez faites sur les fleurs de lys de votre croix de mission ; mais cédera-t-on à la force de vos raisonnements? C'est ce qu'on ne peut prévoir dans le vertige qui s'est emparé des têtes et dans l'irritation des esprits. Mais quoi qu'il arrive, vous aurez toujours défendu votre croix de mission avec tout le talent et tout le zèle qu'on peut désirer dans un pasteur.

« Notre préfet est arrivé depuis quatre ou cinq jours. Il m'est venu voir deux fois. Dans sa première visite il s'est borné à une conversation indifférente. Dans la seconde il m'a annoncé qu'il se proposait de proclamer l'avénement de Louis-Philippe Ier au trône, avec la plus grande solennité, et cela le dimanche 5 septembre ; qu'il inviterait toutes les autorités à la grand'messe, et qu'il me priait de chanter un *Te Deum ;* c'est ce que j'ai refusé formellement de faire, alléguant que les *Te Deum* ne se chantaient que sur les ordres du roi. Alors il s'est rabattu sur le *Domine salvum fac.* Je lui ai répondu que cette demande n'offrait pas les mêmes difficultés et que je l'aurais fait chanter s'il m'y invitait officiellement et par lettre, c'est ce qu'il vient de faire. Je le satisferai sur cet article. Voilà une première demande, ne sera-t-elle pas suivie d'autres auxquelles on ne pourra répondre que d'une manière négative? Il faudra, sans doute, faire les concessions que la conscience permettra de faire, mais il y aura des points auxquels il faudra s'arrêter et sur lesquels il faudra se montrer inflexibles. A-t-on le droit de demander autre chose d'une religion qui n'est plus religion de l'État, que la soumission passive au nouvel ordre de choses? Environnés comme nous sommes d'ennemis et de dénonciateurs, il sera nécessaire de s'abstenir dans ses prônes et instructions, de rien dire qui fasse allusion aux nouveaux événements, mais même d'être très-circonspect dans ses conversations. Ce sont des avis que je vous engage à donner aux ecclésiastiques avec lesquels vous pourriez vous trouver en rapport.

« J'autorise donc à chanter désormais le *Domine salvum fac* dans les églises de mon diocèse, et je me propose d'écrire la semaine prochaine une lettre circulaire à MM. les curés de canton, qui voudront bien en faire part à leurs confrères voisins.

« Recevez, Monsieur et cher Pasteur, la nouvelle assurance de mon bien sincère attachement.

« † J.-M.-D., *évêque de Quimper.* »

Cependant les sacriléges événements de Saint-Germain-l'Auxerrois avaient ému la capitale et plus encore les villes de province. Le sous-préfet de Brest, M. Thiessé, en prit occasion pour demander de nouveau l'enlèvement des fleurs de lys. Il écrivit donc au curé la lettre suivante :

« Brest, le 18 février 1831.

« Monsieur le Curé,

« Vous aurez appris par les journaux de ce matin la tentative absurde et coupable qui a plongé la capitale dans un désordre momentané.

« Si des scènes affligeantes pour la religion ont eu lieu dans un monument consacré au culte catholique, les conséquences en doivent retomber sur ceux qui les ont provoquées. On ne blesse pas impunément les lois de son pays et les sentiments d'une population tout entière.

« Vous aurez remarqué, Monsieur le curé, que le ressentiment des citoyens a été particulièrement excité par la vue de signes et d'emblèmes qui rappellent un pouvoir justement déchu. La croix n'aurait pas éprouvé d'attaques si elle n'avait paru aux yeux du peuple avec des fleurs de lys.

« J'ai lieu de craindre que celles que l'on voit encore sur les siéges et dans divers endroits de l'église Saint-Louis de Brest, ne donnent lieu à des mécontentements ; déjà plus d'une fois elles ont excité de vives réclamations. Ministre de paix et de concorde, vous ne balancerez point, je l'espère, à faire disparaître le plus tôt possible les emblèmes qui n'ont rien de religieux, et qui, sans être utiles au culte, peuvent devenir le prétexte de scènes fâcheuses. Vous imiterez un grand nombre de vos collègues qui ont été, à cet égard, au-devant des vœux de l'autorité. Vous profiterez de l'avertissement que nous ont donné les événements de Paris.

« Vous ne voudrez pas que l'autorité fasse disparaître d'office ce qui peut devenir un sujet de trouble et de division.

« Recevez, Monsieur le Curé, l'assurance de ma considération très-distinguée.

« *Le sous-préfet de Brest*,

« L. Thiessé. »

Le jour même où il reçut cette lettre, M. Graveran répondit en ces termes :

« Monsieur le Sous-Préfet,

« Vous avez bien voulu m'écrire à l'occasion des événements de Paris que je ne connais que bien imparfaitement n'ayant pas reçu mon journal.

« Je déplore franchement tout ce qui peut troubler l'ordre public. Mais je ne crois pas qu'un tumulte momentané, dans une église de Paris, soit un motif pour dégrader l'église de Brest. Les fleurs de lys ne réveillent certainement aucune idée de révolte dans l'âme des nombreux fidèles qui suivent les cérémonies du culte catholique. Elles sont sculptées au banc de l'œuvre. Au-dessus se trouve le chiffre de saint Louis. Sera-t-il défendu, dans un temple dédié sous son invocation, de présenter aux yeux l'écu qu'il portait à Damiette et sur le pont de Taillebourg? Un écusson semblable surmonte le nom de Louis XVIII, bienfaiteur de notre église. Ce nom et ce souvenir nous seront-ils imputés à crime? Ce n'est point ici un signe de ralliement pour l'avenir, mais un monument du passé, qui est bien le passé quoi qu'on fasse. Détruire ces écussons, serait donc une mesure ridicule. Mais voici qui serait odieux : l'église étant dédiée à saint Louis, on a fait entrer les fleurs de lys comme ornement et comme dessin dans les grilles et balustrades en fer. Elles en font, à la lettre, partie intégrante; faudra-t-il tout mettre en pièces pour plaire à quelques individus qui viennent dans le temple, à ce qu'il paraît, pour tout autre chose que pour adorer Dieu? En vérité, bientôt il faudra exhiber sa bourse pour prouver que l'on n'est pas nanti d'espèces aux fleurs proscrites.

« Vous êtes trop éclairé, Monsieur le Sous-Préfet, et trop ami de l'ordre, pour ne pas sentir ce qu'aurait d'odieux un privilége de persécution pour les croix et les monuments religieux. Tous les jours nos soldats portent les armes aux fleurs de lys des décorations militaires, sans que personne menace de tumulte et d'insurrection. N'est-il pas au moins singulier que le dépit de certaines gens ne s'allume qu'en présence des saints autels, où l'on croirait qu'ils viennent prier et demander la paix de l'âme? Je ne puis admettre que l'autorité fasse alliance avec la haine de toute piété qui les dévore : c'est bien assez pour nous d'avoir vu détruire, sans aucune espèce de dédommagement, un monument [1] élevé à nos frais et notre propriété incontestable. Je me refuse à croire que la hache entre jamais dans le sanctuaire.

« Agréez, etc.

« GRAVERAN, *curé de Brest.* »

[1] L'enlèvement de la croix de mission. P. 28.

Mécontent de ce que le curé ne se rendait pas à ses raisons et à son désir, M. Thiessé lui écrivit, le lendemain, la lettre suivante :

« Brest, le 19 février 1831.

« Monsieur le Curé,

« J'avais espéré, en vous écrivant ma lettre d'hier, que vous comprendriez qu'elle m'était dictée à la fois par l'intérêt de l'ordre et par celui de la religion. Je déplore toutes les profanations des lieux saints, et je vois avec douleur le clergé devenir, par ses imprudences, le premier auteur de ces profanations. A tout prix, je veux éviter qu'il arrive à Brest rien de semblable à ce que la révolte des carlistes a provoqué dans les églises de Paris.

« Il n'est pas question de détruire ou seulement d'endommager une grille dont les ornements peuvent, jusqu'à un certain point, passer pour une sorte de couleur historique, donnée à l'église Saint-Louis. Mais il est indispensable de ne pas maintenir plus longtemps l'écusson du banc de l'œuvre, et celui qui surmonte le tableau donné par Louis XVIII. Ces deux écussons ne sont pas, quoi que vous en puissiez dire, ceux de saint Louis, qui en portait d'une forme tout autre. Ce sont les écussons de Louis XVIII et de Charles X. Ils sont aussi déplacés dans l'église que le serait le portrait de ces deux rois. Le gouvernement actuel ne peut donc permettre qu'un édifice, quel qu'il soit, porte ces emblèmes d'un pouvoir déchu, et qui jurent avec le drapeau tricolore.

« Il n'y aura ni dégradation ni profanation à enlever ces deux signes qui peuvent jeter le trouble et la division dans les esprits. Ce ne sont point des signes religieux. Ce sont des ornements de circonstance qui doivent disparaître avec la circonstance.

« Le clergé de Brest, en insistant plus longtemps pour conserver des signes de ce genre, s'exposerait à donner une fâcheuse idée de son attachement au roi actuel; il pourrait être justement suspecté de regrets coupables, il deviendrait responsable des suites.

« Vous vous plaignez, Monsieur le Curé, de la translation de la croix de mission dans l'intérieur de l'église. Je pense, moi, que les événements des jours derniers devraient vous inspirer un tout autre sentiment. Si, en effet, la croix fût restée au lieu qu'elle occupait, et avec ses ornements primitifs, qui nous assure qu'après les scènes de Paris, elle eût été respectée, et que, pour me servir de l'expression un peu vive de Mgr l'évêque de Quimper, *la hache n'eût pas touché à l'arbre sacré de la Rédemption?* L'autorité qui a eu plus de prévoyance que vous, méritait vos remerciements et non vos reproches.

« Monsieur le Curé, j'ai l'honneur de vous prévenir que si vous ne croyez pas devoir déférer à mon invitation, l'autorité, plus attentive à vos intérêts que vous-même (croyez qu'elle parle en connaissance de cause) est décidée à faire disparaître lundi matin, avec le plus grand ordre et le plus grand respect pour la sainteté du lieu, les deux écussons qui ne doivent pas rester dans un édifice public, sous le régime où nous vivons.

« J'attends votre réponse.

« Recevez, etc.

« *Le sous-préfet de Brest,*

« L. Thiessé. »

Obligé de céder aux menaces et à la violence qu'on n'eût pas manqué d'employer dans la circonstance, M. Graveran répondit à M. Thiessé :

« Monsieur le Sous-Préfet,

« Mon esprit ne peut se faire à l'idée de céder aux bruyantes exigences de la multitude, quand la loi n'a pas prononcé. Cependant, pour vous prouver mon désir de conserver la paix, je cesse de m'opposer extérieurement à l'enlèvement des fleurs de lis des deux écussons mentionnés dans votre lettre, persuadé, sur l'assurance que vous m'en donnez vous-même, qu'on ne viendra pas nous chicaner pour quelques autres fleurs de lis, qui ne peuvent être effacées sans une énorme dégradation. Voulant même épargner à l'autorité une apparence de violence, je ferai savoir à notre trésorier que je ne m'oppose pas à ce qu'il emploie à cette opération les ouvriers ordinaires de l'église. Mais, comme je crois convenable que la chose se fasse secrètement, je ne vois aucun moyen de l'exécuter avant *lundi soir*, après tous les exercices de la journée.

« Recevez, etc.

« GRAVERAN,

« *Curé de Brest.* »

Qui n'admirerait la dignité et la sagesse de cette réponse? Il cède non point par faiblesse (il ne tremble jamais devant l'orage), mais par nécessité et prudence. Il avait la force contre lui, et ceux qui auraient pu le soutenir étaient effrayés!

Au reste, il le déclare formellement dans une lettre qu'il écrivit à son évêque, le 23 février 1831, et dont voici la teneur :

« Monseigneur,

« Les événements de Paris ont produit quelqu'effervescence dans Brest. Dès l'arrivée du courrier, M. le Sous-Préfet m'a écrit, pour enlever les écussons et fleurs de lis de mon église, menaçant de les détruire d'autorité. Je m'y suis d'abord refusé, tant à cause des dégradations que par la considération péremptoire que des fleurs de lis dans une église dédiée à saint Louis, ne sont pas un signe de ralliement, mais un monument du passé. Enfin, après une deuxième injonction, voyant que la fabrique ne me soutiendrait pas, j'ai levé mon opposition, tout en déclarant à M. le Sous-Préfet que mon esprit ne pouvait se faire à l'idée de céder aux bruyantes exigences de la multitude. Mais, je le répète, les fabriciens étaient effrayés; la profanation était imminente. J'ai donc autorisé le trésorier à faire disparaître les fleurs de lis, pendant la nuit de samedi à dimanche. J'avais même recommandé d'adjoindre un peintre aux menuisiers, pour masquer sur-le-champ les dégradations. Le matin, grand nombre de curieux ont visité l'église; et maintenant on est assez tranquille. Il n'y a pas eu le moindre désordre à notre sermon du soir, hier mardi.

« J'ai l'honneur, etc.

« GRAVERAN,

« *Ch. h., curé de Saint-Louis.* »

VII

Pendant que l'intrépide curé soutenait ce combat, un autre vint s'y mêler. Les mêmes hommes qui demandaient la suppression des fleurs de lis, s'en prirent à la croix de mission elle-même : ils résolurent de la faire disparaître de la place où elle s'élevait, comme souvenir de la victoire remportée par la religion sur les méchants, et comme un signe de reproche et de défaite pour les factieux.

Instruit que l'on recrutait des signatures pour une pétition contre la croix de la place Saint-Louis, il écrivit immédiatement à M. le Sous-Préfet :

« Brest, le 15 septembre 1830.

« Monsieur le Sous-Préfet,

« J'ai promis de me renfermer strictement dans mes fonctions spirituelles, sans mêler la politique aux enseignements que je dois comme pasteur aux habitants de Brest; cet engagement je l'ai fidèlement tenu et le tiendrai toujours avec la même fidélité. Je crois pouvoir en donner pour garant ma conduite, durant les quatre années que j'ai déjà gouverné cette paroisse. Elle n'a jamais passé pour celle d'un perturbateur et d'un brouillon. Je croyais en revanche avoir droit de compter que l'autorité civile s'abstiendrait d'intervenir dans la religion, se bornant à l'entourer de ses respects et, selon le besoin, à protéger ses droits légitimes. Cependant il m'est revenu que des registres sont ouverts pour recevoir des signatures contre la croix élevée sur la place Saint-Louis. Ce n'est pas le moment de discuter la valeur de ces signatures, ni d'apprécier les moyens employés pour les obtenir. Je me borne à rappeler que la croix est un signe purement religieux sans nul rapport à la politique; que celle de la place Saint-Louis est la propriété de l'église; que, d'ailleurs, elle ne gêne en aucune manière la circulation. Depuis son érection, qui date de quatre ans, elle n'a été l'objet d'aucune insulte; il serait bien triste, et vous-même le jugerez ainsi, que votre arrivée fût le signal des premiers outrages qu'elle aura essuyés. Non, vous ne répudierez pas le titre de premier magistrat de ce noble arrondissement pour descendre au rôle d'émissaire d'une bande de démolisseurs.

« Ne regardez pas, Monsieur, cette lettre comme une dénonciation, mais comme le cri d'une conscience qui s'alarme à l'idée d'une profanation sans motifs et sans excuses. Vous vous hâterez sans doute de me rassurer. Que si vos soins n'arrêtent pas l'exécution d'une criminelle entreprise, je proteste ici, et je protesterai comme je le dois, devant mes paroissiens rassemblés, contre cette violation des lois de la piété et des lois qui les protégent.

« Agréez, etc.

« GRAVERAN,

« *Curé de Brest.* »

Non content d'écrire à la première autorité de la ville, le zélé pasteur voulut aussi faire un appel aux Brestois, ses paroissiens, pensant que, mieux éclairées, les brebis égarées rentreraient, à sa voix, dans le droit chemin. Voici l'avis qu'il rédigea à cet effet :

« Brestois,

« Votre enthousiasme était beau, lorsque, réunis par la foi et le souvenir des grâces divines, vous souteniez sur vos épaules, fières de ce noble fardeau, le signe révéré du salut. C'est du milieu de vos saintes acclamations qu'il s'éleva sur cette place, où tous les jours encore il reçoit les hommages des cœurs fidèles. Et voici qu'un bruit s'est répandu que vous voulez abattre le monument de votre piété, détruire l'ouvrage de vos mains. Mais ceux qui parlent ainsi ne vous connaissent pas. Ils ignorent combien la religion est vivante dans vos âmes. Quel avantage d'ailleurs ou quelle gloire vous reviendra de ce lâche attentat? Qu'on fasse un appel à votre valeur ou à votre générosité pour soulager les malheureux ou repousser les ennemis de la France, votre cœur l'entendra. Mais il sera sourd aux provocations de l'impiété contre l'image sacrée du Sauveur du monde. Brestois, bientôt vos frères et vos amis reviendront de cette plage Africaine illustrée par leur courage; ils vous raconteront leurs dangers et leurs triomphes, leur savoir et leur audace maîtrisant les vents et les flots, les barbares expirant sous leur glaive ou fuyant loin de leurs brillantes phalanges, et le drapeau de la France se déployant avec orgueil sur les remparts d'Alger. Que répondrez-vous, quand ils vous adresseront cette demande : Que faisiez-vous alors? Oserez-vous bien leur dire : Nous attendions que le soleil eût disparu sous l'horizon, que la lune ne brillât plus au firmament; et quand la nuit avait étendu ses sombres voiles, quand nos concitoyens dormaient, nous sortions la hache sur l'épaule, comme les héros des grands chemins, et nous allions faire la guerre aux croix. Oh! les nobles exploits! Oh! le bel honneur pour les fiers Brestois!

« Mais mon cœur se refuse à rien craindre de semblable de votre part. Si je dois être le témoin d'une horrible profanation, ce n'est pas au milieu de vous que votre pasteur cherchera les coupables. Il se dira : Non, cette croix n'a pas été renversée par les mains d'un enfant de Brest. Si quelques-uns de vous, dans un moment de faiblesse, ont appuyé de leur signature une sacrilége pétition, qu'ils se hâtent d'en effacer la trace. Quand la première effervescence sera calmée, ce sera pour eux et leurs enfants une bien triste recommandation de voir leurs noms conservés dans un pareil catalogue. »

Mais, comme il ne faisait rien d'important sans consulter son évêque, M. Graveran, en homme sage, lui communiqua tout d'abord cet appel à ses paroissiens, lui demandant s'il trouvait opportun et utile qu'il le publiât.

Mgr de Poulpiquet, plein d'admiration pour le zèle et la verve spirituelle qui brillent dans cette pièce, crut cependant qu'il valait mieux s'abstenir, dans la circonstance, de cet avis au peuple de Brest.

En lui émettant ce sentiment, Sa Grandeur lui écrivit la flatteuse lettre que l'on va lire :

« 21 septembre 1830.

« Monsieur et très-cher Pasteur,

« Je ne saurais que vous exprimer ma vive satisfaction de toutes les démarches que vous avez faites pour vous opposer à l'enlèvement de votre croix de mission de la place qu'elle occupe. Votre lettre à M. le Sous-Préfet est tout ce qu'elle devait être, c'est-à-dire pleine de force et de dignité. Sa réponse, en d'autres temps, serait très-rassurante; mais nos autorités sont d'une timidité à encourager les méchants. Ont-elles même la conscience d'être en mesure pour les comprimer? Quoi qu'il en soit, mon très-cher Pasteur, je pense que vous avez rempli vos devoirs dans toute leur étendue. Vous avez protesté entre les mains de l'autorité contre l'enlèvement de la croix, maintenant c'est à elle à faire son devoir et à protéger ce monument du culte.

« Votre avis aux Brestois fait sourire par sa malignité; mais je craindrais qu'au lieu de faire honte aux impies, il ne les irritât davantage et ne les animât d'une nouvelle rage pour l'exécution de leur infâme complot. Quoi! se diraient-ils, nous laisser vaincre par un prêtre, ce serait le dernier degré du déshonneur. Je crois donc que vous devez vous borner à ce que vous avez déjà fait. Si, ce qui est très-possible, un certain nombre de fidèles venait à se réunir pour s'opposer à l'enlèvement de la croix, et qu'il s'en suivît un combat, on ne manquerait pas de l'attribuer à l'avis aux

Brestois. Je verrais donc des inconvénients dans l'impression de cet écrit. — Après tant de chagrins et de contradictions, vous avez bien mérité de prendre quelques jours de vacances, et je vous verrai avec grand plaisir à Quimper.

« Recevez, mon cher monsieur Graveran, la nouvelle assurance de mon bien sincère attachement.

« † J. M. D., *évêque de Quimper.* »

Malgré tout, l'autorité civile, cédant encore, cette fois, aux cris de l'impiété enhardie par un premier succès, déclare que la croix de mission doit disparaître de la place d'honneur où elle s'élève.

Des ordres sont donc donnés en conséquence, et des hommes armés de haches, de cordes, d'échelles et de poulies s'avancent, au milieu d'un peuple immense, pour consommer l'œuvre d'iniquité.

Déjà tous les plans sont dressés : les préparatifs sont faits. Encore quelques instants, et la croix va être à terre.

Tout à coup une rumeur se fait entendre parmi la foule qui couvre la place Saint-Louis. On s'écrie de toutes parts : C'est lui! c'est M. le Curé! — C'était lui, en effet, qui, se frayant avec peine un passage à travers la multitude, se dirigeait résolument vers la croix.

Arrivé au pied de cette croix qui lui était chère à lui surtout, puisqu'elle lui rappelait les débuts de son ministère pastoral, ses premiers combats et ses premières victoires, M. Graveran s'agenouille, baise avec effusion l'arbre sacré, puis, se tournant vers le peuple, il dit d'une voie émue, mais ferme, les yeux baignés de pleurs : « Messieurs, on répandra peut-être que j'ai consenti à « l'enlèvement de la croix : je crois donc devoir déclarer que loin « de là, j'ai protesté contre, regardant cette mesure comme une « violation de la propriété de l'Église et une impiété gratuite. » Puis, s'agenouillant de nouveau au pied de la croix, et la baisant, il prie Dieu de pardonner à ses enfants égarés le sacrilége qu'ils vont commettre.

La croix est en effet renversée et portée dans l'église Saint-Louis.

Honteuse sans doute de son facile et lâche triomphe, furieuse de la solennelle protestation de l'homme qu'elle rencontrait toujours sur son passage, pour lui dire : *Non possumus!* l'impiété voulut écraser cet homme, en portant contre lui une plainte mensongère à M. le procureur du roi.

La calomnie fut toujours l'arme des méchants : tous les moyens leur sont bons, pourvu qu'ils se débarrassent de ceux qui s'opposent à leurs mauvais desseins.

Instruit que cette plainte avait été déposée contre lui au parquet de Brest, M. Graveran adressa au procureur du roi la lettre suivante :

« Monsieur,

« On m'apprend qu'une plainte contre moi a été déposée à votre parquet, laquelle contient deux griefs : 1° D'avoir lacéré une proclamation de M. le maire ; 2° d'avoir provoqué à la révolte et à la résistance à l'autorité.

« Quant au premier grief, j'ai en effet lacéré, en l'enlevant de la porte intérieure du tambour latéral de l'église, une pièce signée Keros, maire.

« Mais à l'accusation que l'on croit devoir en déduire contre moi, j'opposerai :

« 1° Que je doute que M. Keros soit maire ; au moins sa nomination n'était que provisoire. Il aurait donc dû signer : maire provisoire. D'ailleurs, cette nomination provisoire a été périmée de droit par la nomination définitive et officielle de M. Chochard ; et la démission de celui-ci n'a pu revalider la nomination éteinte de M. Keros. Je prie M. Keros de ne pas prendre ces observations en mauvaise part ; si je suis en désaccord sur un point avec l'administrateur, j'estime le particulier.

« 2° Il me semble que des règlements positifs autorisent les administrateurs ecclésiastiques à s'opposer à ce que l'on mette des affiches aux portes des églises. Si j'ai le droit de m'opposer à leur placement, n'ai-je pas celui de les enlever, quand ce placement a été fait sans me prévenir? Si j'en ai le droit, n'est-ce pas un devoir, dans cette circonstance, puisque ladite proclamation annonçait la destruction immédiate d'un monument religieux appartenant à l'église, sans qu'on eût même daigné consulter ou prévenir la Fabrique? car moi seul ai reçu avis, non par écrit, mais verbalement, à six heures du soir, la veille de cette détermination si majeure pour nous, et qui recevait son exécution dès six heures du matin, le lendemain.

« C'est pendant que je rassemblais à la hâte le conseil de Fabrique, que l'on est venu placarder cette pièce dans l'intérieur de l'église, sur le passage par où le clergé a coutume d'entrer et de sortir. Ne pourrais-je voir là une insulte personnelle, puisqu'on n'ignorait pas combien j'étais affligé du déplacement de la croix? Aussi, après ce premier mouvement, je me suis tenu en repos, et ai laissé à leur place les affiches collées sur les deux autres portes. Je ne sais si tout cela entraîne la prison, mais ma conscience n'y voit pas un délit.

« Quant au second grief, il est si absurde que s'il ne s'agissait que de vous convaincre personnellement, j'alléguerais la conduite que j'ai constamment tenue depuis que je gouverne la paroisse Saint-Louis. Mais s'il est des personnes plus difficiles en fait de justification, je les prierai de préciser le fait de la provocation à une coupable résistance. Tout ce que j'ai fait pour sauver la croix s'est passé entre les autorités et moi, sans témoins ni auditeurs, à l'exception des paroles que j'ai prononcées sur le perron de la croix. Ces paroles les voici, non quant au sens seulement, mais littéralement, je les avais bien pesées et les ai bien retenues :

« Messieurs, on répandra peut-être que j'ai consenti à l'enlèvement de la croix; je crois donc devoir déclarer que, loin de là, j'ai protesté contre, regardant cette mesure comme une violation de la propriété de l'Église et une impiété gratuite. »

« Je n'ai pas ajouté une syllabe.

« Dira-t-on que ces paroles renferment une provocation à la révolte? Mais quand je les ai prononcées, la place n'était occupée que par la garde nationale, chargée sans doute de protéger l'opération, et par des curieux qui paraissaient l'approuver. Et j'aurais voulu soulever ces personnes-là ! En vérité, je suis humilié qu'on m'ait cru si bête. Je ne pouvais les soulever, et ne les ai soulevées en effet que contre moi. Mais pourquoi donc ai-je parlé ? Parce qu'on répandait le bruit que j'avais consenti à l'enlèvement de la croix, et que ce bruit pouvait m'ôter la confiance des paroissiens, confiance nécessaire pour le succès de mon ministère ; — parce que l'on en viendra peut-être à renverser les croix dans les campagnes (on dit que déjà le fait a eu lieu sur Guiler) et j'aurais été désolé que l'on se fût étayé contre l'opposition trop juste des curés, de ma prétendue accession à une pareille mesure.

« J'ajoute une dernière réflexion. Je suis pleinement disculpé par la franchise que j'ai mise dans toute ma conduite. J'avais annoncé que je protesterais sur la croix, lorsque j'eus une conférence à la mairie avec MM. Lacrosse et Duthoya (je crois que vous étiez présent). Depuis, j'ai fait positivement la même déclaration à M. le sous-préfet, dans ma lettre du 15 courant.

« Décidez maintenant ce que votre conscience vous ordonne à mon égard.

« Recevez, etc.

« GRAVERAN,

« *Curé de Brest.* »

Il n'est pas besoin de dire que l'accusation portée contre M. Graveran tomba d'elle-même et qu'après la réponse de l'inculpé, l'odieux en retomba tout entier sur ceux qui avaient eu la lâcheté et l'impudence de la produire. Les coupables furent en butte, non-seulement aux reproches des citoyens honnêtes de la ville ; bien plus, ils devinrent l'objet des sarcasmes des impies eux-mêmes. « Allez donc, leur répétaient-ils, allez donc vous attaquer à M. le curé. — Il n'a pas peur de vous. — Il sait déjouer vos manœuvres. — Il ne fait pas beau s'en prendre à lui ! »

VIII

Mais ce n'est pas tout. Continuons le récit des autres luttes ou tracasseries qu'eut à subir M. Graveran.

Le 14 décembre 1830, on se plaignit à lui de ce que le vicaire chargé de dire la messe militaire, avait omis d'y faire chanter le *Domine salvum fac regem* et de chanter lui-même l'oraison pour le roi [1]. On se mêlait ou de donner à M. le curé une leçon de liturgie, ou de lui imposer une nouvelle rubrique à suivre. L'une et l'autre chose étaient parfaitement inconvenantes ! Mais le vent soufflait à le vexation du prêtre, et les zélés ne manquaient jamais de saisir avec empressement le moindre prétexte pour le tracasser.

M. le sous-préfet de Brest dénonça le premier, *le méfait* à M. le Curé, en ces termes :

« Brest, le 14 décembre 1830.

« Je reçois à l'instant de M. le maréchal-de-camp commandant le Finistère, une lettre contenant la vive expression de la *surprise* et de l'*indignation* que les régiments, en garnison à Brest, ont éprouvées dimanche dernier, à la messe militaire, lorsqu'ils ont vu le célébrant s'abstenir, non-seulement de l'oraison canonique pour le roi et la famille royale, mais même du *Domine salvum fac regem.*

« M. le général de Vaudoncourt m'annonce que, ne voulant pas que les troupes qu'il a l'honneur de commander, paraissent sanctionner un tel scandale par leur présence, il a défendu qu'aucun corps de la garnison assistât à la messe, à Brest, jusqu'à ce qu'il

[1] La musique du régiment exécutait à la messe militaire qui avait lieu, tous les dimanches, à Saint-Louis, le *Domine salvum fac regem.* Le prêtre ne s'en mêlait jamais : on laissait à ce sujet toute latitude au chef de musique.

Quant à l'oraison pour le roi, le prêtre de service ne l'avait jamais chantée, puisque la messe militaire était une messe basse.

ait acquis la garantie positive que le clergé remplira les devoirs qui lui sont imposés comme Français, et comme rétribué par l'État.

« M. de Vaudoncourt ajoute qu'il a rendu compte à l'autorité supérieure des faits dont il se plaint.

« Je ne puis, Monsieur le Curé, que partager les sentiments exprimés avec une noble vivacité par M. le général commandant le Finistère. Il me semble inconcevable que le clergé de Brest diffère à se rallier à un gouvernement protecteur de tous les droits, aimé du pays, et reconnu par toute l'Europe. L'exemple qu'un grand nombre d'ecclésiastiques français donne chaque jour, et qui procède de tous les rangs, depuis l'archevêque jusqu'au simple desservant, ne devrait-il pas suffisamment avertir les autres qu'il est plus que temps de cesser des oppositions dont les conséquences pourraient devenir très-fâcheuses pour leurs auteurs? Je ne puis donc trop vous inviter à donner aux ecclésiastiques sous vos ordres l'avis paternel de se soumettre à un gouvernement qui protége tous les cultes, mais qui a droit d'exiger que les ministres de tous les cultes ne l'outragent point par des omissions qui ne peuvent que scandaliser les vrais chrétiens.

« Recevez, Monsieur le Curé, etc.

« *Le Sous-Préfet.* »

Le même jour, M. Graveran répondit :

« Monsieur le Sous-Préfet,

« Il n'est pas d'usage que le prêtre qui célèbre le saint sacrifice de la messe chante lui-même le *Domine salvum*. Nous le faisons toujours chanter au *chœur*, et je crois que jusqu'ici la musique militaire s'en chargeait : cela me semble bien naturel. Nous prions pour le roi à la messe de paroisse, comment serions-nous si inconséquents que de refuser la même prière pendant la messe militaire?

« Quant à l'oraison, je réponds à M. Gélibert [1] qui nous traite de

[1] Colonel commandant Brest.

factieux au nom du commandant du département, nous qui n'avons jamais conspiré et ne conspirons pas en ce moment, que dans aucun temps nous n'avons chanté cette oraison à la messe. Non, Monsieur, dans aucun temps, ni à Brest, ni dans aucune paroisse du diocèse, du moins à ma connaissance. Quand l'évêque donnera des ordres, nous ferons notre devoir. Mais quand il s'agit de prières, nous ne recevons d'ordres que de notre évêque.

« Je suis étonné, Monsieur le Sous-Préfet, que vous ayez cru devoir me rappeler que le clergé est rétribué par l'État. Je suis donc obligé de vous apprendre qu'à part le curé, le clergé de Brest n'est rétribué ni par l'État ni par la ville; si donc la prière est la conséquence du salaire reçu, mes vicaires sont hors de cause, cherchez ailleurs les salariés priants.

« Recevez, etc.

« Graveran,

« *Curé de Brest.* »

Le même jour aussi, M. Gélibert, commandant de place à Brest, écrivit de son côté à M. le Curé :

« Brest, 14 décembre 1830.

« Monsieur le Curé,

« J'ai l'honneur de vous prévenir, que la troupe stationnée à Brest, ne s'assemblera plus en corps, pour aller à la messe le dimanche, tant que le gouvernement n'aura pas désigné un aumônier pour la ville de Brest.

« Cette mesure est nécessitée par le refus qu'a fait le prêtre, appartenant au clergé de Brest, de chanter l'oraison pour le roi après la messe qu'il a célébrée dimanche dernier pour la troupe, ce que doit faire tout prêtre français fidèle à sa patrie.

« Des officiers français, Monsieur le Curé, ne peuvent être les témoins d'un pareil scandale, ni permettre que les troupes sous leurs ordres donnent par leur présence, *un* (sic) espèce d'assentiment aux *oppinions* (sic) de quelques prêtres factieux.

« Je suis chargé, par M. le général commandant la subdivision, de vous témoigner tout son mécontentement sur le refus du prêtre de réciter l'oraison pour le roi, et de vous faire part des motifs qui l'ont déterminé à donner des ordres pour que les troupes qui tiennent garnison à Brest n'aillent plus en corps à la messe dite par un individu appartenant au clergé de Brest, jusqu'à ce qu'il ait acquis la certitude qu'il remplira les devoirs que sa qualité de Français et surtout de salarié de l'État lui impose.

« Agréez, etc.

« *Le colonel commandant la place de Brest.* »

Dès la réception de cette lettre, le curé répondit :

« Monsieur,

« Le vicaire qui a célébré la messe militaire, dimanche 12 décembre, n'a pas refusé de chanter l'oraison pour le roi, puisqu'on ne l'a pas demandée. Nous chantons tous les dimanches le *Domine salvum* à la messe de paroisse, mais nulle part à ma connaissance (je parle de notre diocèse) on ne chante à la messe l'oraison pour le roi. Cela n'a jamais eu lieu sous le gouvernement de Charles X. En s'abstenant de réciter l'oraison, mon vicaire n'a donc pas innové. Il ne pouvait même en agir autrement; car, en cette matière, toute innovation doit être ordonnée par l'évêque.

« Vous parlez de salaire. Apprenez, Monsieur, qu'à part le curé, pas un prêtre de la paroisse ne reçoit un écu ni du gouvernement ni de la ville; si la prière suit le salaire, vous voyez qui doit prier.

« Recevez, etc.

« GRAVERAN,

« *Curé de Brest.* »

Toujours fidèle à sa louable habitude de mettre ses supérieurs au courant de ce qui se passait dans sa paroisse, M. Graveran transmit immédiatement à son évêque et les lettres de ces messieurs et ses propres réponses. En lui faisant cet envoi, il lui écrivit les lignes suivantes :

« Brest, 14 décembre 1830.

« Monseigneur,

« A l'occasion de la messe militaire que j'ai fait célébrer dimanche, par l'un de mes vicaires, je viens de recevoir deux lettres d'un style assez acerbe. J'ai l'honneur de vous les adresser avec les réponses que j'y ai faites sur-le-champ. Je me flatte qu'elles auront votre approbation. Quant au point en litige (l'oraison *pro Rege*, à la messe militaire), je vous prie de me tracer la règle de conduite que je dois tenir.

« Je suis, avec un profond respect, etc.

« GRAVERAN,

« *Ch. hon., curé de Brest.* »

Mgr de Poulpiquet lui répondit le 17 décembre 1830, par la lettre qui suit :

« Monsieur et cher Pasteur,

« La profession de foi politique la plus solennelle comme la plus belle prière pour le roi, est celle qui se fait à la messe, lorsqu'on y chante le *Domine salvum fac* et que toute l'église retentit de ce chant répété par le clergé et par tous les fidèles. Quelle petitesse donc de venir nous demander d'y ajouter une oraison particulière prononcée par le prêtre seul, d'une voix plus ou moins élevée, et presque à l'insu des assistants !

« Après avoir autorisé le chant du *Domine salvum fac*, il serait peut-être inconséquent de se refuser à celui de l'oraison *pro Rege*. J'y autorise donc le prêtre que vous chargerez de la messe militaire. Si quelque considération avait pu me détourner d'accorder cette autorisation, c'eussent été les lettres si inconvenantes, pour ne rien dire de plus, que vous ont écrites M. le sous-préfet de Brest et le commandant militaire. Ils y supposent que j'ai quelques prêtres factieux dans mon diocèse. Je les défie de le prouver, malgré les dénonciations qu'on leur adresse ou qu'ils se font adresser. Les vrais factieux sont ceux qui, par de continuelles tracasseries, voudraient porter le clergé à des sentiments qui refroidiraient son zèle pour le maintien de l'ordre et de la paix. Un clergé comme le mien, qui remplit si bien ses devoirs envers Dieu et la patrie, devait s'attendre à un tout autre langage de la part des autorités de Brest. Au reste, il peut s'en consoler par l'éloge que m'en a fait le général Bigaré, en me félicitant de l'ordre et de la tranquillité qui règnent dans mon diocèse; mais, ajoutent ces messieurs, les ecclésiastiques sont des salariés, auxquels ils croient sans doute être, à ce titre, en droit de tout commander. Non, le clergé n'est pas salarié du gouvernement. Il reçoit une faible indemnité pour tous les biens dont il a été si injustement dépouillé. La crainte d'être privé de ce qu'on appelle, en d'autres termes un peu plus polis, un traitement, ne lui fera jamais perdre son indépendance dans l'ordre spirituel. Il l'a prouvé dans les temps qui ne sont pas encore très-éloignés.

« Je ne puis, mon cher Curé, qu'applaudir aux observations que vous avez faites, dans vos réponses, au sous-préfet et au commandant. Je suis heureux de n'avoir jamais que des compliments à vous faire sur votre administration aussi sage, aussi ferme qu'éclairée.

« † J. M. D., *évêque de Quimper.* »

Dès la réception de cette lettre si honorable pour lui, M. Graveran écrivit au général de Vaudoncourt une lettre dont le lecteur appréciera le ton digne et ferme. Il ne craint pas de dire clairement au général (dans les meilleurs termes de politesse), que cette querelle avait été uniquement suscitée pour molester le clergé.

« Général,

« Mgr l'évêque de Quimper me fait savoir que, pour le bien de la paix et le maintien de la bonne harmonie entre les autorités de Brest et le clergé, il m'autorise à faire chanter l'oraison pour le roi à la messe militaire. Sa Grandeur n'a pas vu, sans une pénible surprise, le titre de factieux appliqué à ses prêtres. Elle n'avait pas lieu de s'attendre à une si grave accusation, après l'éloge que lui avait fait M. le lieutenant-général Bigaré, du bon esprit de son diocèse.

« Oserai-je, Général, vous présenter, de mon chef, quelques observations? Il me semble qu'en voyant le prêtre chargé de la messe militaire se retirer sans chanter l'oraison pour le roi, on pouvait raisonnablement présumer un oubli involontaire de sa part ou des règlements quelconques supérieurs à sa volonté, plutôt que le projet arrêté d'insulter publiquement au pouvoir. Je ne crois pas m'être jamais montré intraitable en fait d'explications, et la franchise avec laquelle je me suis expliqué sur des événements qui ont froissé mes sentiments et mes opinions, n'a pas dû laisser de nuages sur ma volonté bien arrêtée de me soumettre au nouvel ordre de choses, dans l'intérêt général de la paix comme dans l'intérêt particulier de mon ministère. Quel a donc été mon étonnement à la réception des lettres de M. le sous-préfet et de M. le commandant de place, lettres remplies d'accusations et de menaces, lettres évidemment concertées, supposant dès lors une sorte de délibération commune; écrites d'ailleurs, non pas dans la chaleur d'un premier mouvement, mais après quarante-huit heures de réflexion, et sans explications ou enquête préalable!

« Général, je ne croyais pas mériter un traitement si sévère, ni moi ni aucun de mes prêtres. Du reste, j'aime à me flatter que ce sera le dernier malentendu.

« Agréez, etc.

« GRAVERAN,

« *Curé de Brest.* »

Le général répondit, cette fois, au curé de Brest une lettre où sans avouer carrément ses torts, il laisse cependant voir qu'il ne serait plus disposé à soutenir une aussi misérable chicane et qu'il regrette de s'y être laissé entraîner. Voici sa lettre :

« Monsieur le Curé,

« J'ai reçu la lettre que vous m'avez fait l'honneur de m'écrire aujourd'hui, pour m'annoncer que Mgr l'évêque de Quimper vous avait autorisé à faire chanter l'oraison pour le roi des Français, à la messe militaire. Je n'attendais pas moins d'un prélat éclairé, et c'est avec une satisfaction réelle que j'apprends qu'il a fait cesser ainsi ce que vous appelez un malentendu.

« Quant aux observations qui terminent votre lettre, Monsieur le Curé, la réponse que j'aurais à y faire serait plutôt l'objet d'un entretien particulier que d'une correspondance, qui porte toujours un caractère officiel et qui prête peu à l'esprit de modération et de conciliation, dont je ne m'écarterai jamais volontairement. Soyez seulement persuadé, Monsieur le Curé, que l'amour de la patrie et du roi des Français, et la sévère exactitude des devoirs de citoyens soldats, ne portent aucune atteinte, chez nous, à l'esprit vrai et sincère de la religion, que nous respecterons et protégerons partout.

« Croyez donc, Monsieur le Curé, que c'est avec un vrai plaisir que je donne l'ordre que les troupes de la garnison se rendent demain à la messe militaire, avec la pompe accoutumée; j'y assisterai moi-même à l'église paroissiale de Saint-Louis. Veuillez, je vous prie, déléguer un de vos vicaires pour y célébrer l'office divin.

« Agréez, Monsieur le Curé, l'expression de ma haute considération.

« *Le général commandant le Finistère,*

« G. de Vaudoncourt.

« *A M. Graveran, chanoine honoraire, curé de la ville de Brest.* »

IX

Après cette dernière attaque, peut-être le curé de Saint-Louis va-t-il goûter un peu de repos! Il n'en est rien. Pareil au soldat en temps de guerre, M. Graveran ne termine une lutte que pour se trouver, un instant après, aux prises avec une autre. Et comme le soldat, il se tient toujours sur ses gardes de crainte d'être surpris par l'ennemi. Sentinelle vigilante, il veille..., il prête l'oreille aux moindres bruits du dehors, afin de pouvoir signaler et conjurer le danger. *Custos, quid de nocte?* C'est bien à lui qu'on pourrait adresser cette question! — Gardien du troupeau, sentinelle avancée, que vois-tu dans la nuit sombre? — Car il pouvait répondre : Je vois tout ce qui se passe; rien n'échappe à mon œil vigilant.

C'est pour cela qu'il s'empressa de signaler à son évêque un nouvel orage, une nouvelle attaque d'un autre genre.

Le général commandant la place de Brest avait demandé que la garnison de la ville fût considérablement augmentée. Or, le nombre de soldats qu'il sollicitait était trop grand pour qu'on pût songer à les loger à Brest. *Le Finistère*, journal de la localité, proposa dans ses colonnes un moyen de loger ces troupes sans gêner les citoyens. C'était de transformer en caserne la maison des dames de la Retraite de Lesneven. « Nous allons recevoir sous peu de « jours, disait l'auteur de l'article, un renfort de troupes qui sera « logé sur la ville pendant un temps qu'on ne peut préciser, mais « qu'on croit pouvoir fixer à *six* ou *huit mois*. Si quelque chose « peut alléger cette charge, c'est le parti qu'a pris l'autorité de « caserner les recrues aussitôt leur arrivée, et de loger de préférence chez les citoyens les militaires appartenant aux compa- « gnies d'élite des différents corps de la garnison; s'il arrivait que « le séjour de ces militaires dût se prolonger au delà du terme « présumé, ne serait-il pas possible de concilier les besoins du « service avec les intérêts et la commodité des habitants, en main- « tenant la garnison dans les casernes qu'elle occupe actuelle- « ment et en affectant au logement des recrues quelqu'édifice « public, tel par exemple que *celui de Lesneven*, connu sous le nom « de *Maison de Retraite*? Ce bâtiment, *propriété de l'État*, n'a été « concédé que *temporairement* aux religieuses qui l'habitent; et ce « serait *une mesure louable* que celle qui aurait pour résultat de « procurer à toute une ville une diminution de charges pécu- « niaires et d'embarras domestiques. Dans le cas où, contre *notre* « *opinion*, on ne croirait *pas devoir détourner* la maison de Retraite

« *de sa destination* actuelle, on pourrait se servir de l'*ancien couvent* « *des Récollets*, qui a déjà été affecté au logement de la gendar- « merie, et que les propriétaires *sont disposés à louer* ou *à vendre*... »

Déjà au courant d'ailleurs de ce que projetait dans ce sens l'autorité militaire de Brest, informé de la visite faite dans la maison de la Retraite de Lesneven par le général commandant le département, M. Graveran, sur la prière des religieuses de la communauté, n'hésita pas à accepter la mission de défendre leurs droits. Il entrevoyait une longue lutte à soutenir ; mais peu lui importait, puisqu'il s'agissait de défendre le faible contre le fort, empêcher l'expulsion de ces dames d'une maison et d'un pays où elles faisaient le plus grand bien. Lutteur infatigable, il monte encore sur la brèche et attaque de front son adversaire, le journal *le Finistère*, en lui adressant cet article :

« Monsieur le Rédacteur,

« On vient de me communiquer un article de votre feuille du 31 décembre dernier, relatif au casernement des troupes qui doivent renforcer la garnison de Brest. Je n'ai rien à dire aux mesures que vous indiquez à l'autorité militaire, pour décharger les citoyens d'une obligation d'autant plus pesante que vous croyez difficile d'en assigner le terme. Je pense, comme l'auteur de l'article, que les moyens de casernement régulier sont très-suffisants. Peut-être a-t-il grossi outre mesure les facilités que présente Quélern. On a bien eu le projet d'y bâtir un logement pour 1,200 hommes ; mais les trois cinquièmes des constructions ne sont parvenues qu'à la hauteur du premier étage, et, sans doute, il se passera bien des années avant que ces murs délabrés ne supportent charpente ni toiture. Ce mécompte, cependant, n'est pas sans compensation ; car votre feuille n'a pas tout calculé.

« 1° A la porte de Lesneven qui offre les *Récollets*, au Folgoët existe une ancienne collégiale qui peut être mise, sans grandes dépenses, en état de recevoir deux cents hommes.

« 2° Le Porzic et le fort Montbarré peuvent en loger chacun 250 à 300.

« 3° Camaret a possédé longtemps un détachement de quelques centaines d'hommes, distribués dans ses forts (le Château, Toulingouet, etc., et le grand magasin au bord de l'étang).

« 4° Des détachements de quarante à cinquante hommes ne pourraient-ils pas être répartis dans les différents forts de la rade et de la côte de Léon, jusqu'à saint Mathieu (Corbin, Lanvaux, l'Ile-Longue, Pointe-Espagnole, Mingam, les Minou, Berthomme, etc.)? Ouessant même en a reçu plusieurs fois.... Enfin le gouvernement possède à Saint-Renan une ancienne communauté. J'ignore dans quel état elle se trouve aujourd'hui; mais, si l'on m'a dit vrai, on y a compté, avant la révolution, jusqu'à quatre cents personnes à la fois.

« Je ne suis entré dans ces détails que pour mieux faire sentir ce qu'aurait d'inexplicable la mesure que l'on semble préparer contre la maison de Retraite de Lesneven. Cette mesure, sans doute, ne recevra pas d'exécution. L'autorité voudra y regarder à deux fois avant de déployer contre quelques religieuses un pouvoir si sévère. Cependant il ne sera pas inutile de prouver que l'existence de cet établissement ne tient pas uniquement à la bienveillance; et que l'expulsion des personnes qui l'occupent serait une violation manifeste des règles de la justice et des droits de la propriété. Ce bâtiment, dites-vous, propriété de l'État, n'a été concédé que temporairement aux religieuses qui l'habitent. Il y a dans ces paroles plusieurs inexactitudes :

« 1° Ce bâtiment n'est pas propriété de l'État. Il ne l'était pas quand il a été concédé aux Filles de la Retraite. Le Conseil général du département en avait fait l'acquisition avec l'intention, formellement exprimée, de l'affecter à cette congrégation religieuse. Je crois inutile de déduire les motifs de cette détermination. Il suffit de constater le fait. Aussi l'ordonnance du 5 mars 1828 porte textuellement :

« Art. I. Le préfet du Finistère est autorisé à affecter *au nom du Conseil général du département*, à la congrégation des Filles de la Retraite de Quimperlé, l'ancienne maison des Ursulines de Lesneven.

« 2° Ces paroles sont claires et précises. Celles qui suivent ne le sont pas moins :

« Art. II. En cas de suppression, ou d'abandon volontaire de l'établissement, le département rentrera dans ses droits de propriété et jouissance des bâtiments. — *Dans ses droits de propriété*, l'État n'a donc rien à réclamer...

« 3° La concession faite par le département est absolue, et constitue en faveur de ces religieuses un titre inviolable. Le département ne s'est pas réservé le droit de reprendre ce qu'il abandonnait : et cette clause, *en cas de suppression*, etc., ne peut recevoir une pareille interprétation. Ne parlons pas, et pour cause, de l'abandon volontaire. Que signifie ce mot *suppression*, sinon la suppression légale de la congrégation des Filles de la Retraite et de leurs établissements? Mais une telle suppression ne peut s'opérer par ordonnance. Cette congrégation existe en vertu de la loi du 24 mai 1825. L'ordonnance du 27 janvier 1828, qui reconnaît spécialement la maison de Lesneven, n'est qu'une forme, un moyen de lui assurer les bénéfices de la loi précitée. Tout a été consommé par cette ordonnance, et l'établissement se trouve en possession d'un droit que le pouvoir exécutif ne saurait lui ravir. — La ville de Brest, se référant aux lois sur la matière, alloue, dans son budget, 60,000 francs à l'administration de l'hospice. Une ordonnance royale est nécessaire pour régulariser cette allocation. Dira-t-on qu'une nouvelle ordonnance annulant la première, le ministre des finances a le droit de faire entrer les 60,000 francs dans les coffres de l'État? — Au lieu de conseil municipal, mettez conseil général; à 60,000 francs, substituez une maison; l'identité est parfaite.

« Permettez-moi une réflexion : quelques filles dévouées à la prière et à l'instruction des pauvres, reçoivent de leurs concitoyens une maison délabrée, et presque tombant en ruines; par l'épuisement de leurs ressources, par leurs privations personnelles, en chargeant leur avenir de rigoureuses obligations, elles la réparent de manière à pouvoir s'y loger. La paix de leur retraite, et peut-être une économie nécessaire, y attirent plusieurs personnes qui ne rentreraient dans le monde que pour y trouver des chagrins et des privations; et voici qu'au premier embarras, si embarras il y a, on propose de les mettre sur la rue, en inscrivant sans doute au-dessus de la porte qui se refermera sur elles : *Liberté, ordre public.*

« Recevez... GRAVERAN,

« *Curé de Brest.* »

Ne pouvant réfuter par aucun argument solide les invincibles raisons de M. le Curé de Brest, le journal *le Finistère* voulut y répondre par la plaisanterie et le ridicule. M. Graveran, plus fort que son adversaire sur le terrain du droit et de la logique, et aussi fort que lui sur le terrain de la réplique spirituelle et plaisante, lui adressa la réponse qu'on va lire :

« Monsieur,

« Je vous dois des remerciements pour l'obligeance avec laquelle vous avez inséré dans votre journal ma lettre du 4 janvier. Vous le dirai-je, cependant, en me voyant présenté sous des formes si grêles [1], je me suis senti mal à l'aise. Je me trouvais comme étouffé entre ces deux masses de beaux caractères dont j'étais flanqué à droite et à gauche, et j'ai presque envié les lettres majuscules des annonces judiciaires.

« Je voulais établir deux points : 1° Les droits de propriété des Dames de la Retraite sur la maison de Lesneven; 2° la suffisance des moyens de casernement, sans recourir à leur expropriation. Il paraît que mes preuves sont concluantes; qu'en particulier le deuxième chef est parfaitement établi, puisque sur mon simple exposé vous m'expédiez le brevet d'intendant militaire; je le conserverai soigneusement. Qui sait, si par le temps qui court, il ne sera pas un jour mon gagne-pain?

« Aujourd'hui, abandonnant la première question, vous en soulevez une nouvelle. La sagacité de vos lecteurs jugera la force

[1] Sa lettre avait été insérée en petits caractères.

de vos raisons; permettez seulement que je rectifie quelques faits inexacts ou mal exposés.

« *On reçoit*, dites-vous, *continuellement de cinq à six cents personnes*. — Rarement au delà de quatre cents, quelquefois de soixante à quatre-vingts. Il y a sept retraites par an, de sept jours chacune. Quarante-neuf jours sur l'année. Pendant les dix mois et demi qui restent, une douzaine de religieuses, à peu près autant de pensionnaires, composent tout le personnel du quartier-général de l'armée contre-révolutionnaire.

« On prêche *portes fermées... à huis clos... sous le secret du serment...* (expressions du journal). — Les retraites s'annoncent publiquement dans toutes les parties du diocèse. On reçoit indistinctement toutes les personnes qui se présentent, sans examen, sans engagement. Le merveilleux secret! et l'admirable prudence qui le confie tous les ans à un millier d'hommes et à trois bataillons de femmes! *Credat Judæus apellæ!*

« Cette maison deviendra *un foyer redoutable* de complots contre les libertés, etc... (expressions du journal). — Nos devots Bretons sont-ils allés, au sortir de la retraite, lacérer les registres du fisc? Nos conscrits se donnent-ils le passe-temps de s'assommer en chemin? comme on le dit des Basques et des Béarnais.

« *De malheureux paysans, esclaves*, etc. (expressions du journal). — Ils seraient plus libres, sans doute, enchaînés par la misère, employés comme des machines dans une filature ou une fonderie.

« *Viennent dépenser dans une retraite...* (expressions du journal). — Les plus avides de sermons ne viennent pas à la retraite une fois en quatre ans. La dépense de la semaine est de huit francs quelques centimes; elle sera bientôt couverte, si on leur apprend à ménager quelques verres d'eau-de-vie.

« *Nourriture insuffisante et malsaine* (expressions du journal). — Qui s'en plaint? Pour huit francs un homme ne peut être nourri pendant huit jours comme à l'*hôtel de Provence*.

« *Leur santé est exposée...* (expressions du journal). — Le commandant militaire [1] a cru, dit-on, le logement suffisant pour huit

[1] Le journaliste n'était donc que la trompette.

cents hommes, et quatre cents paysans n'y seraient pas sainement pendant huit jours? Le journal parle de douze ou quinze cents, vraiment il faut que cette maison soit élastique.

« *Leurs forces s'usent*... (expressions du journal). — Je ne conseillerais pas l'essai à ceux qui auraient retrempé les leurs dans une salle de spectacle.

« *Mais le trouble dans toutes les classes de la société... le désespoir des femmes*... (expressions du journal). — Ceci devient presque tragique. Heureusement, elles sont rares dans nos climats, les femmes qui se désespèrent parce que leurs maris vont écouter un sermon sur la damnation; il est beaucoup de choses qu'elles craignent plus que cela.

« *Mais pourquoi quittent-ils leur charrue? Qui travaille prie, a dit l'Écriture* (expressions du journal). — Vous l'avouerai-je, Monsieur, je ne connais pas ces paroles de l'Écriture; cependant cela convient plus à un curé que le savoir d'un intendant militaire. — Qui travaille prie, dit l'Écriture; je vois bien cela dans l'écriture du journal, mais dans l'Écriture sainte? Quoi qu'il en soit, je n'admets la maxime qu'avec une distinction, et ne l'applique qu'à ceux qui ennoblissent leurs travaux par de pieuses considérations et de hautes pensées; j'en refuse le bénéfice à ceux qui travaillent, *sicut equus et mulus quibus non est intellectus* (comme le cheval et le mulet privés d'intelligence), pardonnez ce trait d'érudition biblique : je ne prétends pas faire assaut avec *le Finistère*.

« *Spéculation* (expression du journal). — En effet, des femmes qui, pendant un mois et demi chaque année, nourrissent et logent des paysans de robuste appétit à un franc par jour pour trois repas, doivent rivaliser avec les premiers établissements d'industrie. Cependant tel est leur luxe personnel que ces immenses profits n'y suffisent pas, et la plupart, sinon toutes, reçoivent de leurs familles une pension alimentaire. Elles appartiennent évidemment à la classe des consommateurs oisifs. Malgré ces graves reproches, la charité saura restreindre comme trop dure certaine expression de votre article; et ces pauvres religieuses seront vivement affligées de se voir traiter de filles d'hôtellerie. — Conservons, ce fut toujours mon avis, cette rudesse bretonne, notre type originel, —

mais n'allons pas rompre trop brusquement en visière à l'urbanité française.

« En lisant votre feuille, une pensée m'est venue; c'est sûrement ici l'essai d'un jeune écrivain, qui, sur un thème donné, a laissé carrière à son imagination, croyant qu'il ne s'agissait pas de frapper juste mais de frapper fort, suivant le mot profond de Voltaire. Cette méthode excellente, avec certains esprits, a des inconvénients avec d'autres. Je me rappelle à ce sujet qu'un jour il parut dans une feuille renommée certain article sur une fête célébrée à Montrouge. L'auteur, cousin-germain, assure-t-on, de l'abbé *Penfur* [1], paraît avoir été chargé d'en dresser le programme, tant il était au courant des moindres détails. — La fête avait été magnifique; aussi saurez-vous que c'était la fête d'Ignace de Loyola. Ainsi du moins l'expliquait le véridique historien. — Mais quoi! il n'avait fait qu'un rêve! un nouveau Joseph en donna l'interprétation. Le narrateur avait lu dans son almanach : *premier février*, *saint Ignace ;* saint Ignace! voilà de quoi remplir deux colonnes, et il écrit... Hélas! ce n'était pas Loyola, fondateur de la Compagnie de Jésus au XVIe siècle; c'était le vieux Ignace, évêque d'Antioche, livré aux bêtes sous Trajan. — Et puis faites des amplifications.

« *Nous conjurons le ministère*, *etc*... (expressions du journal). — Vous paraissez jeunes, Messieurs ; quand vous avez émis un vœu semblable, vous étiez pleins de joie pour le présent, d'espérances pour l'avenir, et vous ne pensiez pas que plusieurs des personnes dont vous provoquiez avec une si triste ardeur, l'expulsion, la spoliation, ressentent déjà le poids des années et les infirmités de la vieillesse. Ce sont nos compatriotes ; j'aperçois au milieu d'elles plus d'une ancienne habitante de Brest. Elles avaient acheté de quelques débris de fortune le droit de mourir en paix dans l'asile de leur choix. — Il serait affligeant, Messieurs, il serait profondément affligeant l'acharnement que l'autorité mettrait à tourmenter leur inoffensive existence. Mais on aimera mieux voir

[1] L'article du journal *le Finistère* était mis sous le nom de l'abbé *Penfur, curé de Plougarantez,* à ce qu'il paraît. Ce qui veut dire : *Tête sage, curé de peuple de charité.*

dans vos paroles la bouillante effervescence de l'âge que les froides combinaisons d'une dureté réfléchie.

« *Penfur, curé de Plougarantez* (pseudonyme signataire de l'article du journal *le Finistère*). — Je n'ai pas l'honneur de connaître ce vénérable ecclésiastique. J'ignore même la position de sa paroisse, omise, je ne sais comment, sur la carte du diocèse. Le bon curé n'est pas fort sur le dogme ; mais en revanche il moralise bien. — Du reste, son style ne sent pas le terroir.

« J'ose espérer de votre loyauté l'insertion de cette lettre dans votre premier numéro. Vous sentez que je tiens beaucoup à calmer promptement les inquiétudes qu'aura fait naître votre article. Je ne crois pas que votre déférence à mes désirs puisse vous faire tort dans l'esprit de vos abonnés, et cette réclamation sera probablement la dernière [1].

« Recevez, etc.

« GRAVERAN.

« *Curé de Brest.* »

[1] Quelques jours après avoir adressé cet article au journal de Brest, M. l'abbé Graveran écrivait à ce sujet la lettre suivante à Mgr de Poulpiquet. Comme elle complète ce que nous avons déjà cité de lui sur cette intéressante querelle, nos lecteurs nous sauront gré de la publier ici :

« *Brest, le* 23 *janvier* 1831.

« Monseigneur,

« Votre Grandeur connaît déjà la réponse fulminante qu'a reçue sans instruction et sans procès ma deuxième lettre au *Finistère*. Il paraît que j'avais trouvé la fibre sensible de mon antagoniste (on dit que c'est un capitaine de génie). Après avoir essuyé une si vigoureuse bordée, ne faut-il pas amener pavillon? J'avais cependant dans la tête de nouvelles observations pour Lesneven, et le plan d'une troisième lettre, dans un genre plus sérieux, pour la croix de cuivre. Mais me voilà sans imprimeur. Vous aurez observé, Monseigneur, que M. P. revient deux fois au deuxième paragraphe de l'art. 6 de la loi du 24 mai 1825, pour prouver que la maison de Lesneven peut être supprimée par ordonnance, même contre votre gré : car, dit-il, prendre votre avis n'est pas s'obliger à le suivre. Je comptais observer à M. P. : 1° que tous ses raisonnements tendent à détruire la *Congrégation*, même de la Retraite, et qu'il y aurait de l'inconséquence à tolérer Quimperlé, en supprimant Lesneven ; 2° que le paragraphe cité dit textuellement qu'il faut observer pour la suppression les formes indiquées dans l'article 3, pour l'établissement. Or, cet article 3 dit que l'on doit

Grâce à l'habile défense du zélé curé, la mesure projetée contre la maison de retraite de Lesneven ne fut pas exécutée. On n'osa pas violer d'une manière aussi flagrante le droit des religieuses, car l'opinion publique, éclairée par le plaidoyer si net et si solide de leur avocat, se prononça tout à fait pour ces dames, déclarant hautement que ce serait une iniquité de les déposséder de leur propriété.

X

Mais poursuivons. — Le redoutable athlète a beau vaincre, la victoire ne lui donne pas le repos. — On eût dit que ses adversaires s'obstinaient à l'attaquer avec d'autant plus d'acharnement qu'ils avaient toujours le dessous dans leurs luttes avec lui : semblables en cela aux joueurs qui jouent avec d'autant plus d'opiniâtreté qu'ils perdent davantage.

Une nouvelle série de querelles va commencer ; un nouveau genre de combats va lui être livré. Jusqu'ici M. l'abbé Graveran a combattu généralement pour soutenir des questions particulières intéressant son église et sa paroisse. Dans la phase de sa vie où

produire le consentement de l'évêque. Ces réflexions n'exigeaient pas un grand développement.

« Maintenant M. P. prétend que le département n'a pu devenir *propriétaire* de Lesneven. Pour répondre sur ce point, j'aurais eu besoin de quelques données que je n'ai pas. J'ignore quand et comment, et à quelles conditions le département a acquis. Peut-être M. du Marchallach, ancien président du Conseil général, aurait-il pu donner là-dessus des renseignements précis.

« J'ai donné à ma deuxième lettre une tournure de plaisanterie, ne croyant pas pouvoir réfuter *gravement* des choses aussi bizarres, pour ne pas dire aussi sottes que celles auxquelles je répondais. D'ailleurs ces messieurs paraissaient tendre avec moi au ton facétieux. J'ai cru devoir leur montrer que sur ce terrain-là aussi, je ne craignais pas de me mesurer avec eux. Les lettres suivantes eussent été plus sentencieuses.....

« Je suis, avec un profond respect, etc...

« GRAVERAN,

« *Ch. h., curé de Saint-Louis.* »

nous entrons, il combattra pour défendre des causes qui touchent plus directement au bien général de l'Église et spécialement au libre exercice du culte. La première querelle de ce genre ne fut, grâce à sa vigilance et à son énergie, qu'un jeu pour lui. Il vainquit pour ainsi dire, sans coup férir. Il lui suffit de faire briller ses armes, pour mettre son antagoniste en fuite.

M. le maire de Brest, s'appuyant sur une circulaire de M. Mérilhou, voulut, de sa propre autorité, empêcher la sonnerie des cloches, les jours de fêtes supprimées. En effet, le jour de la Chandeleur, il donna l'injonction au bedeau chargé des cloches de ne pas les sonner à vêpres.

M. Graveran s'opposa carrément à cette mesure, déclarant au maire qu'il ne lui reconnaissait pas le droit de donner de pareils ordres. Au reste, citons la lettre qu'il écrivit, à cette occasion, à son évêque ; elle résume clairement tout le débat :

« Brest, le 2 février 1831.

« Monseigneur,

« Un commis de la mairie m'est venu trouver aujourd'hui, à l'issue de la grand'messe, pour me présenter de la part de M. le maire, copie imprimée dans une gazette de la circulaire de M. Mérilhou sur les fêtes supprimées. J'ai prié ce Monsieur de répondre de ma part à M. le maire que je connaissais déjà par les *feuilles publiques* la circulaire en question ; mais que je n'avais reçu à cet égard aucune communication officielle de Votre Grandeur. Je croyais tout fini, lorsqu'un peu après midi, voici venir mon sonneur de cloches, pour m'apprendre qu'il a été appelé à la commune et qu'injonction lui a été faite par M. le maire en personne, de ne pas sonner pour les vêpres. Ne voulant pas compromettre ce brave homme qui reçoit 300 fr. de la ville, je l'ai renvoyé à l'église, pour attendre mes ordres ; et après avoir mangé quelques morceaux, pour prendre de l'aplomb, je me suis rendu à la mairie. J'ai trouvé M. le maire dans la compagnie de deux de MM. les adjoints, et sans préambule je lui ai témoigné ma surprise de la mesure qu'il venait de prendre si brusquement. Il s'est excusé sur la nécessité de faire respecter la loi et de satisfaire aux réclamations de plus de vingt personnes qui étaient venues se plaindre du son des cloches. J'ai répondu en substance :

1° Qu'en supposant la mesure fondée en droit, j'aurais encore à me plaindre qu'on l'eût prise sans m'en prévenir, et après avoir laissé sonner les cloches, le matin, comme pour rendre la leçon plus piquante.

« 2° Qu'il était au moins douteux que la loi eût jamais concédé aux maires un droit si étendu.

« 3° Que si une pareille loi a jamais existé de fait, il y aurait encore à examiner si elle n'a pas été virtuellement abrogée par une coutume contraire, qui remonte jusqu'à l'époque du concordat.

« 4° Qu'il conviendrait d'examiner encore si l'existence d'une loi semblable est compatible avec l'article de la Charte qui proclame la pleine liberté des cultes.

« J'ai observé à M. le maire que ce n'était ni à lui ni à moi, administrateurs subalternes, à décider de pareilles questions; que le ministre, ayant adressé sa circulaire aux évêques et aux préfets, avait reçu sans doute leurs réponses et leurs observations ; mais que notre devoir à nous était de conserver le *statu quo* et de nous conformer aux anciens usages, tant que nos chefs n'auraient pas parlé ; que c'était la ligne de conduite que j'observerais toujours, et que sans doute, pour ce qui le concernait, il ne voudrait pas s'en départir. Là-dessus, il est allé chercher, pour la forme je crois, un paquet d'arrêts de la Préfecture ; et s'étant facilement assuré qu'ils ne faisaient aucune mention de l'objet en litige, il est revenu sur ses pas. Quand je lui ai demandé la défense *par écrit* de sonner les cloches, en lui observant que l'homme qu'il avait admonesté n'était qu'un serviteur à nos gages, auquel je pouvais ôter les clefs de la tour, il m'a dit qu'il retirait son opposition et se bornerait à faire son rapport au sous-préfet.

« Ainsi s'est terminée l'entrevue, sans sortir des bornes de la politesse.

« Je désirerais bien, Monseigneur, que vous me donnassiez là-

n'avait pas voulu recevoir. Afin de lui obtenir la sépulture ecclésiastique, la famille de cette personne fit semblant d'appeler M. Graveran, quand elle n'existait plus. Instruit de cette odieuse supercherie, ce dernier refusa les honneurs de la sépulture chrétienne à la défunte. Un des parents de cette dame, celui-là même qui était venu, après son décès, chercher M. le curé soit-disant pour la confesser, écrivit dans *le Finistère* un article très-méchant contre lui; il le représentait comme ayant refusé de visiter sa belle-mère mourante, bien qu'on l'eût appelé deux fois, etc... Se souvenant de ce précepte de la sainte Écriture : *Curam habe de bono nomine :* Prenez soin de votre réputation; se rappelant qu'un pasteur des âmes surtout a besoin de toute sa considération pour faire le bien au milieu de son peuple, M. Graveran, dont l'honneur était en jeu, se crut obligé de se défendre. Il adressa donc à son calomniateur la lettre suivante :

« Monsieur,

« Je comprends la peine que vous ressentez de la perte que vous venez de faire et de la sévère détermination que j'ai dû prendre, bien qu'à mon grand regret. J'attribue à vos chagrins l'amertume de la lettre que vous avez insérée dans *le Finistère*, et la dureté de ces accusations qui contrastent si fort avec la politesse de vos premiers procédés; car je me plais à reconnaître que vous vous êtes tenu dans les bornes de la plus louable modération, quand j'ai opposé à vos désirs le refus que me dictait mon devoir. Vous ne songiez pas alors à m'incriminer. Je vous excuse néanmoins : la douleur a ses égarements; mais souffrez que je vous soumette quelques observations.

« Vous m'êtes venu chercher inutilement, dès la veille de la funeste catastrophe, c'est-à-dire le 1er novembre. Vous ne soupçonniez peut-être pas que je me trouvais à l'église. Mes fonctions ne me permettaient guères de m'en éloigner, en cette grande solennité. J'y étais à mon poste, dès avant six heures du matin; depuis longtemps il ne faisait plus jour, et j'y étais encore. Vous m'y auriez rencontré. Après tout, d'autres ecclésiastiques sont aussi chargés du service de la paroisse et pouvaient, sur votre première demande, se rendre chez votre belle-mère. Quand un malade est en péril de mort, à défaut du médecin qui a sa confiance, n'en appellera-t-on pas un autre, plutôt que de le laisser périr sans secours ?

« Vous êtes parvenu à me rencontrer, le mercredi, à 7 heures, dans la sacristie. Votre mémoire vous a mal servi : il était neuf heures ; nous nous préparions pour l'office (vingt témoins l'attesteraient). Je vous interrogeai sur l'état de la malade, vous proposant formellement d'envoyer quelqu'un sur-le-champ, si la chose ne souffrait pas le moindre retard, mais vous observant que si vous n'y aperceviez pas de danger, j'attendrais à la fin de l'office. Des six vicaires qui m'aident dans l'exercice de mes fonctions, deux remplissaient ailleurs leur ministère, trois devaient m'accompagner à l'autel. Le sixième devait donner une instruction sur l'objet de la fête. Si vous aviez insisté, j'aurais eu recours à l'obligeance de quelqu'un de MM. les aumôniers ; mais j'affirme que vous ne me fîtes ni observations ni instances. L'office à peine fini, je me rendis en toute hâte chez la malade. Je la trouvai morte. — J'avais trop tardé, dites-vous. — Je n'avais pu me rendre plus vite ; il était onze heures et demie, et Mme F. avait cessé de vivre à onze heures et quart. Non, Monsieur, il n'était pas onze heures et demie, j'en suis certain. Sans doute, dans le trouble de vos esprits, vous avez mal calculé la marche du temps. — Mme F. n'est pas morte à onze heures et quart ; elle ne vivait plus à onze heures, elle ne vivait plus à dix heures et demie. Elle ne vivait plus à dix heures ; elle ne vivait plus..... pardon, Monsieur ! mais il est moins pénible pour moi de vous supposer un défaut de mémoire, que de regarder comme des *faussaires* les hommes honnêtes dont mes yeux ont vu la signature... Voulez-vous une nouvelle preuve de l'infidélité de votre mémoire : au moment où vous me quittiez, affligé de mon refus, vous me dîtes avec émotion : Ma religion est plus tolérante ; la vôtre est une religion de fer. Votre récit m'attribue cette réflexion, tout en la présentant d'une manière différente...

« Je ne vous entretiendrai pas de la question de droit : j'ai des supérieurs ; ils sont mes juges, et en pareille matière, je ne puis reconnaître un autre tribunal. »

Le lecteur aura remarqué le premier alinéa de cette lettre. L'auteur a une dure vérité à dire à son détracteur ; il sera obligé de l'accuser de mensonge ! Il commence par louer sa politesse et sa modération dans les relations qu'il a eues avec lui dans cette affaire. Il excuse sa manière d'agir à son égard dans cette circonstance ; *la douleur a ses égarements !*

Ces précautions oratoires prises, l'offensé n'a plus besoin de ménagements ; il ne doit pas en user, il faut qu'il dise la vérité : il y va de sa réputation !

Cette lettre dut singulièrement contraster par son ton plein de modération avec celle de l'accusateur.

Quelques mois auparavant, M. Graveran avait été encore obligé de refuser la sépulture ecclésiastique à un malheureux garde chiourme qui était mort dans l'ivresse. Les frères et amis menacèrent de faire du tapage. Le maire s'en émut et en prévint le curé, le priant d'y obvier, en enterrant le défunt. Ne connaissant, dans la circonstance, que les règles de l'Église ; ne voyant que son devoir à accomplir, M. Graveran tint bon, déclarant qu'il regrettait de ne pouvoir agir autrement : *dura lex*, *sed lex*.

Au reste dans cette affaire, comme dans la précédente, tout se passa bien. Les obsèques eurent lieu sans bruit ni rumeur. C'est que l'on savait que M. le curé n'agissait jamais par passion ou mauvaise humeur, mais toujours par principe et par devoir.

XII

Mais voici surgir une nouvelle guerre. Poussé par un catholique qui avait abjuré sa religion et était devenu ministre protestant, le maire de Brest voulut supprimer les processions publiques de l'Église et spécialement celles du Saint-Sacrement. Il le notifia aux deux curés de Saint-Sauveur et de Saint-Louis de Brest, les premiers jours du mois de mai 1833.

M. Graveran, au nom de son collègue et au sien, adressa au maire le rapport suivant dont il envoya copie à son évêque.

« Brest, le 5 mai 1833.

« *MM. les curés de Saint-Sauveur et de Saint-Louis à M. le Maire de Brest.*

« Monsieur le Maire,

« Vous avez cru devoir vous opposer *d'autorité*, cette année, pour la première fois, aux processions prescrites par l'Église catholique, processions momentanément interrompues sur la paroisse Saint-Louis, pour des raisons de prudence, mais continuées à Saint-Sauveur où les mêmes inconvénients ne paraissaient pas à redouter. Vous appuyez votre décision sur l'art. 45 de la loi organique du 18 germinal an X....

« Puisque vous prononcez une pareille défense, vous croyez en avoir le droit et remplir un devoir, car nous sommes assurés que la haine de la religion et le besoin de tracasser le clergé n'ont pas eu la moindre influence sur votre détermination. Mais vous aurez pensé qu'un magistrat ne doit pas hésiter à faire exécuter la loi, lors même qu'il en coûte à son cœur. Cette pensée nous enhardit à vous présenter quelques observations, qui ébranleront peut-être votre conviction présente, et vous engageront, si ce n'est à révoquer, du moins à suspendre la décision exprimée dans votre lettre du 28 avril dernier.

« Vous le savez, Monsieur le Maire, les habitants de Brest ont joui de temps immémorial, et sans obstacles ni réclamations, du droit naturel de parcourir processionnellement les rues et places de leur cité, pour attirer les bénédictions célestes sur leurs biens et sur leurs personnes. Or, avant de les priver d'un droit consolant pour ceux qui croient, et inoffensifs pour les autres, n'avez-vous pas dû vous assurer que l'article 45 ne laisse pas l'ombre du doute sur les devoirs qui vous sont tracés, et les mesures qu'ils vous prescrivent impérieusement? Êtes-vous certain que l'article 45, littéralement interprété, présente le sens que vous lui donnez et ne peut en présenter un autre? Êtes-vous également certain que cet article est obligatoire encore aujourd'hui? Et, pour finir, êtes-vous bien certain qu'il vous impose le devoir rigoureux de vous opposer sans ménagement comme sans retard à toute cérémonie extérieure du culte catholique? Nous le répétons : la possession est en notre faveur; pour nous en priver, le doute est insuffisant : c'est à vous à mettre hors de toute contestation la validité du titre que vous opposez à notre jouissance, et les conséquences que vous prétendez en tirer contre nous.

« Maintenant, veuillez bien suivre les réflexions que nous avons puisées, non pas dans les profondeurs de la jurisprudence qui nous est totalement étrangère, mais dans les simples lumières du bon sens. Si ces réflexions font seulement poindre le doute dans votre esprit, notre cause est gagnée.

« I. Est-il certain que l'article 45 soit applicable, dans la circonstance, à la ville de Brest?

« Cet article ne regarde que les localités où il y a des *temples* consacrés à différents cultes. L'oratoire protestant, établi à Brest, peut-il s'appeler un temple? car ce n'est pas sans réflexion que le législateur a fait choix de ce mot : il l'oppose dans le même article aux *édifices consacrés* au culte catholique. Il est donc évident que cette appellation désigne quelque chose de plus qu'une simple chapelle. Autrement, un seul individu, en plaçant dans une chambre une bible, une chaire et quelques bancs, pourrait s'opposer, en vertu de l'article 45, à l'exercice extérieur de la religion catholique; prétention absurde, et à laquelle de sages législateurs n'ont sûrement pas voulu donner un appui. Que faut-il donc entendre par ces temples, sinon les églises consistoriales? Ainsi l'interprète l'usage.... Or, d'après la loi organique des cultes protestants (8 avril 1802), titre II, articles 16 et 28.... il y a une église consistoriale par six mille âmes de la même communion, dans un même arrondissement; et, dans aucun cas, la dite église ne peut s'étendre d'un département dans un autre. M. le ministre protestant compte-t-il six mille âmes de sa communion dans le département du Finistère? S'il ne les trouve pas, il n'a pas d'église, aux yeux de la loi. C'est un particulier auquel se joignent d'autres particuliers qui pensent ou ne pensent pas comme lui, et l'article 45 est ici sans application.

« II. L'article 45 a-t-il encore force de loi?

« Il y a au moins quelques raisons d'en douter. Toute loi s'abroge de fait par la non-observation continue. Or, il est notoire que les cérémonies extérieures du culte catholique ont eu lieu dans toute la France aussitôt après le concordat, sans que les protestants en aient paru choqués. Paris seul, à ce que nous croyons, a fait exception pendant quelques années; et cette exception a cessé depuis 1814, sans que personne se soit avisé de mettre en avant cet article 45. Peut-on invoquer, après trente-un ans, contre un droit établi, une disposition qui n'a pas été observée même aux premiers jours qui ont suivi sa promulgation?... Mais il est une autre observation plus concluante. La charte de 1830 proclame, pour tous les Français, le libre exercice de leur religion. Cette disposition ne peut s'entendre que de l'exercice extérieur, car la croyance intérieure n'a rien à démêler avec la charte. Chacun, en vertu de la loi fondamentale, professe librement sa religion, même à l'extérieur. Mais les processions font partie intégrante du culte extérieur de la religion catholique.

« Elle ne se borne pas à les permettre, elle les ordonne; donc la charte les permet, et si l'article 45 organique y est contraire, cet article 45 est désormais comme non avenu. Notre droit ne reconnaît d'autres limites que les lois d'une charitable prudence, et les exigences de la tranquillité publique.

« III. Mais supposons que l'article 45 ait conservé toute sa force, et nous soit en effet contraire, êtes-vous obligé d'en provoquer la rigoureuse exécution antérieurement à toute réclamation légale des personnes intéressées? La disposition exprimée en cet article a été stipulée en faveur des communions dissidentes (et nullement pour la satisfaction de quelques incrédules isolés; car ceux-ci ne forment pas d'église, et n'ont pas de temple). Ce serait donc à leurs adhérents qu'il appartiendrait d'en réclamer le bénéfice. Il serait absurde de croire que la loi ait voulu imposer à un magistrat catholique la pénible obligation d'interdire toute manifestation extérieure de sa propre croyance, sans y être contraint par les exigences formelles des populations protestantes. Ces exigences se sont-elles hautement manifestées? Les protestants se sont-ils ouvertement prononcés contre les cérémonies extérieures du culte catholique? Ont-ils, à cet effet, adressé aux magistrats chargés de la police intérieure une demande précise et péremptoire? Nous augurons mieux de leur bon esprit. Malgré leur petit nombre, jamais la moindre insulte n'est venue troubler leurs actes religieux, au milieu d'une population toute catholique; et, sans doute, il est loin de leur pensée de répondre à cette tolérance par de haineuses tracasseries. Non, il ne marche pas avec les protestants, celui qui dénonce la religion de ses propres concitoyens.

« Reprenons, Monsieur le Maire, les réflexions que nous venons de vous exposer. Ont-elles, nous ne disons pas renversé, mais seulement ébranlé vos convictions? Ne croyez-vous pas qu'il y ait au moins lieu de douter? Si le doute est permis, notre droit est sauvé; car il est protégé par une possession jusqu'ici incontestée et jamais interrompue.

« Nous attendons votre réponse. Si vous ne jugez pas à propos de nous la donner par écrit, nous interpréterons votre silence en notre faveur; si vous vous prononcez contre nous, nous ne lutterons pas avec les agents de la force publique : mais pour l'accomplissement de notre devoir, et l'acquit de nos consciences, nous annoncerons aux fidèles que notre condescendance est une concession à la paix, et non la reconnaissance d'un droit.

« En tout état de cause, nous nous réservons la faculté de donner aux observations précédentes toute la publicité que nous semblent requérir les intérêts de la religion.

« Agréez les sentiments du respect, etc. »

Malgré les solides arguments exprimés dans ce rapport, M. le maire de Brest persista dans sa manière de voir, s'appuyant sur des raisons dont l'étonnante faiblesse n'échappera à personne. Citons sa réponse :

« *A Messieurs les curés de Brest et de Recouvrance.*

« Messieurs,

« Je regrette de ne pouvoir partager votre opinion au sujet de la réponse que vous m'avez fait l'honneur de m'adresser. Vous me rendez justice en pensant que ma conviction est consciencieusement établie, et s'il n'en était pas ainsi, je n'élèverais, sur votre droit, aucune contestation.

« Le temple protestant de Brest n'est pas, comme vous le donnez à entendre, un oratoire placé dans une chambre particulière : c'est un lieu consacré à une réunion publique des protestants de la ville. Ce n'est même pas une chapelle; c'est un temple au même titre que tous les temples qui ne sont pas des églises consistoriales.

« Vous sentez, Messieurs, qu'il m'est impossible d'admettre votre définition du mot *temple,* qui, selon vous, ne serait qu'une église consistoriale. Vous n'ignorez pas que l'on compte en France beaucoup de villes et autres communes, dont la moitié de la population est protestante, et qui ont, par conséquent, des temples, lesquels ne sont pas des églises consistoriales, mais dépendants de ces églises, qui sont des établissements d'un ordre supérieur.

« Ainsi, nul doute que l'article 45 de la loi organique de germinal an X, ne soit applicable à la circonstance.

« Quant aux autres réflexions contenues dans votre lettre, j'aurai l'honneur de vous faire observer, Messieurs, qu'une loi ne saurait être abrogée que par une loi qui la remplace, que sans doute on peut tenir plus ou moins à sa stricte exécution, selon les circonstances, mais qu'un magistrat n'est lié que par la loi et non par la conduite de ses prédécesseurs, à des époques si différentes les unes des autres, et qu'il ne doit pas attendre que le citoyen ou les événements se présentent pour l'avertir de la nécessité de remplir les devoirs qui lui sont imposés comme magistrat.

« Telle est, Messieurs, la marche que je suis moralement obligé de suivre; en dehors de cette ligne, il me serait trop difficile de justifier mes actes.

« Recevez, etc.

« *Le Maire de Brest.* »

Le 10 mai 1833, M. l'abbé Graveran répondit ainsi :

« Monsieur le Maire,

« La question débattue, à l'occasion des processions extérieures, se trouvait réduite à ces termes :

« 1° Est-il certain que l'article 45 des lois organiques, dans son sens naturel, et suivant l'interprétation généralement adoptée, soit applicable à la ville de Brest?

« 2° Est-il certain que cet article n'ait pas été abrogé, soit par la non-observation continue à dater de sa promulgation, soit par la charte qui proclame la pleine liberté des cultes?

« 3° Est-il certain qu'un maire catholique soit obligé d'interdire d'autorité les cérémonies extérieures du culte catholique dans une commune où elles ont eu lieu en tous les temps, lorsque les protestants eux-mêmes, fournissant à peine un habitant sur trois cents, ne réclament pas?

« Si l'on peut douter, je ne dis pas de ces trois points, mais d'un seul, les catholiques, qui ont en leur faveur une possession jamais interrompue, peuvent-ils et doivent-ils être dépossédés sans aucun jugement et par simple mesure administrative?

« Il me semble, Monsieur le Maire, que votre lettre ne résout pas ces questions, et mon esprit se refuse à croire, qu'en laissant accomplir librement, comme par le passé, les actes extérieurs de votre propre religion, quand les dissidents n'y mettent aucun obstacle, vous puissiez engager le moins du monde votre responsabilité *morale*. Je trouve ce poids très-léger pour une conscience catholique; car, Monsieur le Maire, vous êtes catholique avant tout, et en communion de croyance avec celui qui a l'honneur d'être, etc.

« GRAVERAN,

« *Curé de Brest.* »

M. le maire de Brest répondit par la lettre qui suit : nous la reproduisons telle que nous l'avons trouvée manuscrite.

« Brest, le 11 mai 1833.

« *A Monsieur le Curé de Brest.*

« Monsieur le Curé,

« Aux questions posées dans votre lettre en date d'hier, j'ai l'honneur d'y (*sic*) répondre de la manière suivante :

« *Première question.* Est-il certain que l'article 45 des lois organiques soit applicable à la ville de Brest dans son sens naturel, et suivant l'interprétation généralement adoptée?

« *Réponse.* Oui, l'article 45 est applicable à Brest comme à toutes les villes, la loi est la même pour tous, sans exception de rang, d'opinion et de croyance, un magistrat consciencieux et juste doit la faire exécuter.

« *Deuxième question.* Est-il certain que cet article n'ait pas été abrogé, soit par la non-observation continue à dater de sa promulgation, soit par la charte qui proclame la pleine liberté des cultes ?

« *Réponse.* Non, cet article n'est point abrogé; il est vrai que la loi a proclamé la liberté des cultes, avec des conditions *auxquels* (sic) tout homme sage et ami de son pays doit se conformer.

« *Troisième question.* Est-il certain qu'un maire catholique soit obligé d'interdire d'autorité les cérémonie (*sic*) du culte catholique dans une commune où elles ont eu lieu de tout temps, lorsque les protestants eux-mêmes, fournissant à peine un habitant sur trois cents, ne jugent pas à propos de réclamer?

« *Réponse.* Un magistrat doit être un homme juste, quelle que soit sa religion, il ne doit connaître que la loi et la faire exécuter.

« Un cas absolument semblable vient d'être décidé par M. le préfet de police. Ce magistrat, ayant été informé que les adhérents à diverses sectes ne se bornaient pas à célébrer leurs rites dans les divers édifices qui leur sont destinés, mais avaient tenté, à diverses reprises, de pratiquer ces cérémonies dans les rues et places publiques, a pris un arrêté qui interdit expressément dans les communes rurales du département de la Seine et dans celles de Saint-Cloud, Sèvres et Meudon du département de Seine-et-Oise, où il existe des temples destinés à différents cultes ou sectes, toutes cérémonies religieuses hors des édifices qui leur sont destinés, ainsi que l'exercice extérieur d'un culte ou d'une secte quelconque.

« Recevez, etc.

« *Le Maire provisoire de Brest.* »

En même temps que cette réponse de son maire, M. le curé de Saint-Louis recevait aussi de son évêque, à qui il avait communiqué son rapport, une lettre bien différente. Le vénéré prélat ne trouve rien à dire à son travail sur les processions : il le garde *comme la meilleure réponse à faire dans tous les cas semblables.*

Citons également cette lettre :

« 10 mai 1833.

« Monsieur et cher Pasteur,

« J'ai lu et relu, et toujours avec le même intérêt, la lettre que vous avez écrite en commun avec M. le curé de Recouvrance, à M. le Maire de Brest. Il est impossible de traiter la matière des processions à l'extérieur, avec plus de clarté et une plus grande force de logique. Je conserverai cet écrit comme la meilleure réponse à faire dans tous les cas semblables. Votre maire a dû être déconcerté. Il ne peut opposer le moindre prétexte aux processions. Il faut que ces maires soient de la plus honteuse lâcheté et de la plus coupable indifférence pour la religion, pour chercher à en entraver l'exercice sur le plus léger prétexte. Est-ce bien à un maire qui a à ses ordres toute la garnison d'une ville comme Brest, qu'il appartient de craindre des troubles et des émeutes qu'il lui serait facile de comprimer? Cela soulève vraiment de mépris et d'indignation. Mais peut-être l'aurez-vous converti! Quoi qu'il en soit, suivez le parti que votre sagesse et votre prudence accoutumées vous inspireront.

« Quoique Brest ne soit pas dans l'ordre de la visite diocésaine que je devrais faire chaque année, je me détermine à visiter cette partie de mon diocèse; je me propose de me rendre, le 21 juin, pour coucher à Brest.

« Recevez, etc.

« † J. M. D., *évêque de Quimper*. »

XIII

Au commencement du mois de juin 1833, le conseil municipal de Brest avait décidé que les enfants de l'hospice iraient aux enterrements des protestants de la ville. Informé officieusement de cette décision dont il aperçut immédiatement tous les inconvénients, au point de vue de la religion et de la foi, M. l'abbé Graveran sut habilement empêcher qu'elle ne fût exécutée.

L'église de Saint-Louis avait cédé temporairement à l'hospice civil les fournitures des pompes funèbres que la loi accorde aux fabriques. Cet arrangement avait été consenti tout à l'avantage de l'hospice.

N'ayant pas d'autre moyen d'arrêter le mal, M. le curé déclara que si on obligeait les enfants de l'hospice à assister aux convois des protestants, il provoquerait la dissolution de l'acte passé entre la fabrique et cet établissement.

La municipalité, paraît-il, eut peur, car elle n'osa pas aller plus loin.

C'est ainsi que par sa vigilance et l'ascendant de sa supériorité, le curé de Saint-Louis empêcha l'introduction dans sa paroisse d'un usage dont la première conséquensce eût été d'égarer la foi des fidèles et surtout celle des pauvres enfants de l'hôpital.

En effet, assistant officiellement aux convois funèbres des hérétiques, eux élevés par des religieuses, eux spécialement entourés des soins du prêtre catholique, ces enfants ne se seraient-ils pas habitués à regarder comme bonne la religion de ceux dont ils contribuaient par leur présence à relever les funérailles? De plus, forcer ces enfants à assister à ces enterrements, n'était-ce pas, même aux yeux des indifférents, porter atteinte à ce qu'ils appellent la liberté des cultes? N'était-ce pas une violation réelle de la liberté de conscience?

Si vous dites : tous les cultes sont libres, — chacun peut professer la religion qui lui plaira, — chacun peut surtout penser au for de la conscience comme il le croira. Alors pourquoi voulez-vous imposer à des enfants, libres comme vous de penser et d'agir, suivant leur croyance, une obligation, un acte religieux que leur conscience et leur foi condamnent? — Ils sont catholiques : respectez donc leurs convictions. Ne les forcez donc pas à violer les règles de l'Église qui prescrit aux fidèles de ne pas communiquer avec les hérétiques dans les choses sacrées.

Étrange manière d'agir! Les libres penseurs réclament à grands cris la liberté religieuse pour eux, et ils la refusent aux autres. Ils accusent l'Église catholique d'intolérance, lorsqu'invoquant ses lois, elle dit : *Non licet; cela n'est pas permis;* et ils ne voient pas que les intolérants sont précisément ceux qui, au seul nom de leur volonté tyrannique, oppriment la liberté d'autrui.

On comprend donc quel grand service M. le curé de Saint-Louis rendit encore, dans cette circonstance, à ses paroissiens. En protégeant la foi de la partie la plus humble de son troupeau, il protégeait la foi de tous; il sauvait un principe!

S'il avait dormi ou fermé les yeux, l'*homme ennemi* aurait semé dans son champ la mauvaise semence, et l'ivraie n'aurait pas tardé à y pousser parmi le bon grain. Si le gardien du troupeau avait gardé le silence, comme les chiens muets dont parle la sainte Écriture; s'il n'avait pas crié, à l'approche du danger, n'aurait-on pas été en droit de lui reprocher tout le mal qui serait provenu de sa faiblesse? Quelle autorité aurait-il eue, pour défendre aux fidèles la fréquentation des hérétiques dans un siècle où tant de catholiques d'ailleurs pratiquants, mais à coup sûr peu éclairés, se laissent aller si facilement à prendre part à leurs cérémonies religieuses!

XIV

Depuis cette époque jusqu'au mois de juillet 1837, c'est-à-dire pendant quatre ans, M. l'abbé Graveran jouit d'un peu de repos. Aucune lutte ne marqua cette période de sa vie.

Il profita de ce temps de calme pour développer les œuvres qu'il avait établies dans sa paroisse, et pour en fonder d'autres encore. C'est dans cet intervalle qu'il fonda la bibliothèque paroissiale. Il fit bâtir, au moyen de dons volontaires recueillis par lui, un petit local destiné à cette fin.

Il regarda toujours la fondation de cette bibliothèque comme une de ses meilleures œuvres, et il exhortait souvent les curés des villes à en établir dans leurs paroisses. C'était, suivant lui, le plus puissant moyen de moraliser une population dans un siècle où les mauvais livres abondent et s'introduisent partout; c'était l'auxiliaire le plus utile du prêtre pour instruire les fidèles des vérités de la religion!

Mais si le zélé pasteur n'eut pas à soutenir alors des luttes publiques et directes contre l'impiété, il luttait sans cesse contre elle par son enseignement et ses avis à la jeunesse surtout, par ses conversations dans les familles.

Comme on avait grande confiance en son savoir, comme il savait discuter avec calme et avec esprit, on comprendra facilement combien il devait servir la cause de la vérité religieuse, lorsqu'on l'attaquait devant lui. Aussi peu d'hommes possédèrent-ils, comme lui, le talent de faire accepter et aimer la religion. S'il haïssait l'erreur, il n'eut jamais de haine pour les personnes qui en étaient infectées. S'il combattait le péché, il eut toujours une grande charité pour le pécheur.

A ceux qui lui reprochaient de visiter les gens sans religion et de s'asseoir quelquefois à leur table, il disait : « Ce reproche a été « aussi adressé à mon divin Maître, lorsqu'il mangeait chez les « publicains, et Jésus leur répondait qu'il était venu appeler non « les justes, mais les pécheurs à la pénitence. »

XV

L'amiral Grivel, préfet maritime de Brest, voulant célébrer l'anniversaire de l'avénement de Louis-Philippe au trône, invita, le 25 juillet 1835, avec toutes les autorités de la ville, M. le curé de Saint-Louis à venir dîner chez lui le 29, jour où s'était opérée la révolution de 1830.

Ne croyant pas devoir se rendre à cette invitation, M. Graveran s'en excusa, en écrivant à l'amiral la noble et digne lettre qui suit :

« Monsieur le Préfet,

« Je suis infiniment peiné de ne pouvoir accepter l'invitation dont vous avez bien voulu m'honorer pour mercredi prochain. Le chagrin que j'en éprouve est d'autant plus vif que, n'ayant pu me rendre à vos invitations précédentes, ma conduite aujourd'hui semblera confirmer l'opinion émise, m'a-t-on dit, par quelques personnes, que je décline tout rapport avec votre famille et votre autorité. Dieu sait que de telles pensées ne furent jamais les miennes, et personne n'apprit avec plus de plaisir que moi votre nomination au poste élevé auquel vos talents et vos services vous appelaient depuis longtemps.

« Mais je sais qu'en cette circonstance il ne s'agit pas de prouver à M. l'Amiral mon respect et ma profonde estime. Mercredi est le 29 juillet, le jour des grandes réjouissances pour un mémorable événement. Ce sont ces réjouissances que mon cœur repousse invinciblement.

« Le malheureux Charles X fut renversé surtout pour l'ascendant qu'on lui reprochait de laisser prendre au clergé. Que cela soit ou non, si nous avons été la cause ou le prétexte de sa chute, nous convient-il d'en célébrer l'anniversaire comme une fête? pour un prêtre, n'est-il pas vrai, ce serait une lâcheté. Nous aussi nous réclamons notre part dans les trois journées : des prières pour les morts, une pitié profonde pour les vivants. Qui donc pourrait s'offenser de ces sentiments pacifiques?

« Bien convaincu, Monsieur le Préfet, que votre loyauté appréciera convenablement les motifs de ma conduite, je vous présente avec confiance l'hommage de mon respect, etc.

« GRAVERAN,

« *Curé de Brest.* »

Plein d'admiration pour les sentiments élevés exprimés si franchement dans cette lettre, l'amiral Grivel lui adressa, le même jour, une réponse qui fait autant d'honneur à l'auteur qu'au destinataire. Il est impossible de penser plus grandement et dire plus dignement. Nous citons cette réponse avec bonheur :

« Monsieur le Curé,

« Il est impossible de n'être pas touché de la candeur avec laquelle vous exprimez vos sentiments et de ne pas honorer l'homme qui en professe d'aussi généreux. Il ne s'agit point ici de nos manières de penser, qui peuvent différer comme le ciel et la terre, sans que nous nous en estimions moins pour cela.

« Je trouve donc vos raisons bonnes et valables; puisqu'elles vous viennent du cœur, elles doivent être appréciées par le cœur et non d'après les convictions de l'esprit. Abstenez-vous puisque vous pensez devoir le faire en cette circonstance; mais faites-moi l'honneur de venir chez moi à la première occasion qui n'aura rien de politique. Vous y serez reçu avec la bienveillance à laquelle votre franchise vous donne des droits et aussi avec tout le respect que nul ne peut refuser à votre caractère élevé.

« Veuillez agréer, Monsieur le Curé, l'assurance de tous mes sentiments d'estime profonde et de cordialité.

« V. GRIVEL. »

XVI

Moins d'un an après ce petit événement, qui donna occasion à M. Graveran de montrer la noblesse de son caractère, Charles X vint à mourir en exil. Ministre d'une religion qui enseigne la compassion pour le malheur, surtout quand il touche des personnes qui ont été au pouvoir; se souvenant que le décret royal qui agréait sa nomination à la cure de Saint-Louis de Brest avait été signé par le monarque défunt, M. Graveran le recommanda, au prône de la grand'messe, aux prières de ses paroissiens; puis il ajouta, avec le tact qui le distinguait, quelques mots qui ne devaient porter ombrage à personne. Il se trouva cependant dans l'auditoire un personnage qui, voyant de la politique là où il n'y avait qu'un sentiment de piété compatissante, et de juste reconnaissance, osa blâmer dans un journal de la localité sa conduite dans cette circonstance.

L'auteur finissait son article par ces mots : « Vous avez brisé votre crosse, Monsieur le Curé. »

M. l'abbé Graveran lui fit la réponse suivante :

« Monsieur,

« Je vous remercie de la mesure avec laquelle vous avez critiqué les paroles que j'ai prononcées dans une occasion récente. Si je ne puis souscrire à vos observations, je n'en suis pas moins touché de la manière honnête dont vous les avez présentées.

« Voici textuellement ma briève allocution : « Avant de nous séparer nous réciterons ensemble un *De profundis* pour le roi Charles X que la Providence vient de rappeler de ce monde. Poursuivi sur la terre par l'injustice et l'ingratitude, puisse-t-il trouver dans le ciel le terme et le dédommagement de ses longues infortunes ! »

« Je ne pense pas que vous condamniez cette dénomination de roi, appliquée à Charles X ; vous savez que le gouvernement lui-même, dans la discussion du projet de loi relatif à la famille exilée, fit rejeter le mot *ex-roi*, observant avec raison que si le pouvoir se perd, le titre est imprescriptible..... Et puis le roi Charles X, comme je l'appelais au 27 novembre dernier, ne pouvait signifier Charles X qui règne encore ; mais Charles X qui a régné..., vérité qui ne demande pas de démonstration.

« Mais votre blâme retombe plus fortement sur les mots d'injustice et d'ingratitude..... Votre erreur à cet égard provient de ce que vous prenez mes paroles dans un sens politique, tandis que, dans ma bouche, elles ont un sens religieux et se renferment dans le domaine de la conscience. Je ne m'adresse pas au public, par la voie de la presse, mais à mes seuls paroissiens auxquels je dois la vérité. Je sais, de science certaine, que quelques-uns d'entre eux ont de graves reproches à se faire par rapport à ce malheureux prince ; je sais, à n'en pas douter, que plusieurs personnes employées par son gouvernement et qui lui devaient honneur et fortune ont abusé de la position qu'il leur avait faite pour le noircir par les plus odieuses calomnies, notamment dans les moments où les limites du budget exigeaient le renvoi de quelques ouvriers de l'arsenal maritime, attribuant cette mesure au projet arrêté par ce monarque d'enrichir les hommes les plus méchants et les plus méprisables au détriment du peuple. Au jugement de la conscience, les auteurs de ces tristes propos sont coupables d'injustice et d'ingratitude ; et j'ai cru qu'il était de mon devoir de leur donner, à cet égard, un sincère mais bien doux avertissement, au moment où la tombe se refermait sur le monarque qu'ils ont poursuivi de leurs calomnies. Et cet avertissement serait interprété dans le domaine de la politique ; et je me serais déclaré l'ennemi de la chose publique ? Loin de là, j'affirme sans crainte que tout gouvernement m'approuvera ; car tout gouvernement a le plus grand intérêt à n'être pas calomnié par les hommes auxquels il délègue, avec sa confiance, une partie de son pouvoir.

« Je ne puis donc me repentir de mes paroles, trembler de prononcer devant des fidèles le nom d'un prince qui n'est plus et que nous fêtions ensemble aux jours de ses prospérités. C'eût été, vous en conviendrez, montrer une lâcheté insigne, et la couardise ne sera jamais une recommandation même pour un curé près des habitants de Brest. Je devais d'ailleurs ce dernier souvenir au monarque qui, en ratifiant le choix de notre vénérable Pontife, m'a procuré l'inappréciable honneur de devenir le pasteur de cette bonne ville, et l'honneur, que je prise aussi bien haut, de vous renouveler à l'occasion de ce léger débat, l'hommage de mon profond respect, etc.

« GRAVERAN,

« *Curé de Brest.* »

XVII

Les autorités chargées de régler à Brest le programme des fêtes de juillet, en l'année 1837, ordonnèrent, sans avoir préalablement consulté les curés, que les cloches seraient sonnées à la volée, le matin, à midi et le soir des 28 et 29, dans les églises de Saint-Louis et de Saint-Sauveur.

Ces messieurs furent en effet très-surpris d'entendre sonner leurs cloches, le premier jour de ces fêtes. Ils croyaient qu'ils auraient dû, au moins, savoir à l'avance ce que signifiait cette sonnerie qui avait lieu dans leurs églises. Voyant dans ce procédé un mépris de leur autorité et une usurpation de leurs droits, MM. les curés de Saint-Louis et de Saint-Sauveur adressèrent une lettre commune aux auteurs du programme, pour se plaindre de leur manière d'agir et protester contre cet acte illégal.

M. Graveran rédigea la lettre que son collègue signa avec lui. Ils l'adressèrent au sous-préfet et au maire de Brest.

« 28 juillet 1837.

« Monsieur,

« C'est avec une pénible surprise que nous avons lu l'article 9 du programme des fêtes de juillet, qui ordonne que les cloches de Saint-Louis et de Saint-Sauveur seront sonnées à la volée, le matin, à midi et le soir des 28 et 29. Nous nous croyons obligés d'adresser à cet égard une respectueuse réclamation aux différentes autorités qui ont arrrêté cette disposition.

« En droit, nous ne pouvons reconnaître aux autorités civiles, judiciaires ou militaires, le droit de disposer des cloches en toute circonstance et pour tout objet sans notre aveu ou l'agrément de nos supérieurs ecclésiastiques[1].

« En fait, il nous a paru qu'il y avait une sorte d'irrévérence, non pas envers nous, mais envers la religion, à disposer, sans daigner nous en prévenir, des cloches, qui sont la propriété des Fabriques, et consacrées au service divin par une bénédiction spéciale et solennelle.

« Cependant, pour ne pas mettre le public dans le secret de ce conflit désagréable, nous ne ferons aucune opposition à la sonnerie ordonnée par le programme; seulement nous substituerons le glas des morts aux volées annoncées par distraction sans doute, pendant le service funèbre.

« Nous vous prions de ne voir dans cette démarche rien de personnel, mais l'unique désir de maintenir le droit de nos églises.

« Inisan, Graveran,
« *Curé de Saint-Sauveur de Brest.* *Curé.* »

Voulant appuyer sur un texte de loi la mesure prise par les commissaires des fêtes, M. le Sous-Préfet répondit par la lettre suivante, où il essaie de donner à ce texte un sens qu'il n'a point.

« Brest, le 1er août 1837.

« *A Monsieur le Curé de Brest.*

« Monsieur le Curé,

« J'ai reçu la lettre que vous m'avez fait l'honneur de m'écrire le 28 du mois dernier, à l'occasion de l'article 9 du programme des fêtes de juillet, qui décidait que les cloches seraient sonnées à plusieurs reprises, pendant les cérémonies commémoratives des grandes journées de 1830.

[1] Besnier : *Législation des Fabriques : Cloches*, p. 112 ; — Carré : *Du gouvernement des Paroisses : du son des Cloches*, p. 77, art. 113, etc. ; — Affre. *De l'administration temporelle des Paroisses : du son des Cloches*, p. 288.

« Je regrette, Monsieur le Curé, que cette mesure, qui n'a paru que la simple réparation d'un manifeste oubli, ait pu le moins du monde vous contrarier. L'estime que je me plais à porter à votre caractère personnel et mon respect pour les fonctions sacrées que vous exercez, temoignent assez que je n'ai pu, dans cette circonstance, avoir l'intention de vous blesser.

« Le droit que vous déniez aux autorités publiques me paraît contenu, en termes non équivoques, dans l'article 48 de la loi du 18 germinal an X, organique du concordat du 26 mai an IX; cet article consacre, en effet, le principe général que les cloches sont à la disposition de l'autorité locale et exceptionnellement remises au clergé pour des cas déterminés.

« Ce qui s'est fait ici, par rapport aux cloches, se pratique partout pour les solennités nationales, telles que la fête du roi, les fêtes de juillet, etc... A Brest même, toutes les fois qu'il se fait des élections, de quelque ordre qu'elles soient, des vaccinations, etc, l'autorité municipale fait sonner les cloches de son propre mouvement, en vertu d'un droit que vous ne lui avez jamais contesté.

« J'apprécie, au surplus, Monsieur le Curé, la sage réserve que vous avez mise dans votre réclamation; je vous en remercie et je ne doute pas que les simples énonciations que cette lettre renferme ne vous fassent reconnaître que vos objections sont détruites par la loi que j'ai citée.

« Agréez, etc. « *Le Sous-Préfet.* »

Toujours au nom de son collègue et au sien, M. le curé de Saint-Louis répondit par la lettre qui suit. On y verra qu'il comprend autrement que M. le Sous-Préfet l'article de loi sur lequel ce magistrat base toute son argumentation.

« Brest, le 9 août 1837.

« Monsieur le Sous-Préfet,

« L'article 48 de la loi organique du 18 germinal an X, porte textuellement : « L'évêque se concertera avec le préfet pour ré-

« gler la manière d'appeler les fidèles au service divin par le son « des cloches; on ne pourra les sonner pour toute autre cause « sans la permission de la police locale. »

« Vous en concluez que les cloches sont à la disposition de l'autorité locale, *et exceptionnellement remises au clergé pour des cas déterminés*. Cette conclusion nous paraît séparée du principe par un abîme. *La loi règle le son des cloches; la police locale y veille : donc les cloches sont à la disposition de l'autorité locale...* Mais la loi règle certaines industries; la police locale exerce sur elles une surveillance extraordinaire, par exemple sur les établissements insalubres. Il faudrait donc conclure, par analogie, que ces établissements sont à la disposition de l'autorité, et remis exceptionnellement aux personnes qui les ont fondés et les exploitent.

« Il me semble que notre manière de raisonner est plus conséquente; les fabriques peuvent acquérir et devenir propriétaires; elles se procurent des cloches pour appeler les fidèles au service divin; cependant, pour le maintien de l'ordre extérieur, la sonnerie est soumise à certaines mesures de police; et comme l'autorité civile peut avoir besoin des cloches, elle s'entend avec l'autorité ecclésiastique pour que, dans des cas déterminés, elle puisse faire les sonneries nécessaires. Il existe à cet égard ou des règlements formels ou des usages (le beffroi, la convocation des assemblées de commune, etc., sont dans ce cas)..... Hors ces cas prévus et déterminés, nous sommes les intermédiaires naturels de l'autorité civile pour les sonneries; nous intervenons, comme les chefs militaires interviennent dans les mouvements des troupes légalement requises pour le maintien de la tranquillité. Il n'y a là ni conflit, ni usurpation.

« Ces réflexions nous semblent d'autant plus fondées dans la circonstance présente, que les sonneries de jeudi soir et de vendredi matin se rapportaient uniquement à la cérémonie religieuse. Est-il naturel que, sans nous prévenir, l'autorité civile ordonne et règle la sonnerie du service religieux ?

« L'interprétation que nous donnons à l'art. 48 est conforme aux décisions de MM. Portalis et Bigot de Préameneu, ministres des cultes sous le consulat et l'empire... Elle est défendue dans une consultation longuement motivée, du 23 février 1835, et signée Hennequin, Duvergier, Berryer, Parquin, Dupin, etc. Ces Messieurs s'appuient sur plusieurs arrêts de la cour royale de Paris et de la cour de cassation.

« Après tout, nous ne demandons qu'à nous entendre avec les autorités administratives. Il nous répugne toujours d'admettre que le législateur, qui cherche l'accord entre tous les pouvoirs, ait fait une exception à notre détriment, et nous ait placés en dehors des règles communes : ce serait une vexation légale, la pire de toutes. Supposition odieuse, que l'esprit et le cœur repoussent avec une égale énergie.

« Vous excuserez le retard de cette réponse. L'absence momentanée de l'un de nous en est la seule cause.

« Nous sommes avec un profond respect,

« Monsieur le Sous-Préfet,

« Vos très-humbles serviteurs,

« INISAN, GRAVERAN,

« *Curé de Saint-Sauveur de Brest.* *Curé.* »

M. le maire de Brest répondit à la première lettre de MM. les curés de la manière suivante :

« Brest, le 2 août 1837.

« Monsieur le Curé,

« Je suis convaincu que les lois en vigueur me donnent le droit de faire sonner les cloches, droit dont mes prédécesseurs et moi avons usé, soit pour annoncer la vaccination gratuite, les élections, les nominations de députés, sans qu'il ait été, à ma connaissance, fait de réclamation de la part du clergé.

« J'étais donc loin de m'attendre que les sonneries qui ont eu lieu à l'occasion de notre glorieuse révolution de juillet, auraient donné lieu à la plainte que vous avez cru devoir m'adresser dans le but de maintenir les droits de l'Église (le 28 juillet dernier).

« La question de savoir à qui appartient le droit de faire sonner les cloches a été résolue en 1834, comme suit :

« L'ancienne législation donnait à la vérité aux cloches une « destination religieuse, et aux ecclésiastiques le droit de les faire « sonner; mais cette législation, frappée au cœur par la loi du « concordat, ne peut plus revivre aujourd'hui que comme monu- « ment historique des anciens priviléges et des abus nombreux « de l'autorité ecclésiastique. Or, cette autorité a perdu toute son « action dans le pouvoir temporel; et, loin que la loi ait voulu « lui conserver un droit de règlement sur le service et l'usage « des cloches, ce n'est que par exception que l'art. 48, titre II, de « la loi du 18 germinal an X, lui donne la faculté de les faire « sonner pour le service divin; encore faut-il que l'autorité tem- « porelle, le préfet, intervienne dans ce règlement; tandis que le « principe général de cet art. 48 est que l'autorité locale doit ac- « corder son autorisation pour tous les cas, hors celui du service « divin. Et s'il en était autrement, ne serait-ce pas placer l'auto- « rité temporelle dans la dépendance de l'autorité spirituelle? Ne « serait-ce pas paralyser l'action protectrice de l'autorité locale « dans le cas d'événements, que d'obliger cette autorité à recourir « au bon plaisir du curé pour faire sonner les cloches?

« Il serait impossible de soutenir sérieusement une pareille « doctrine, et l'on ne peut s'empêcher de reconnaître que si la loi « a voulu établir un pouvoir dans cette matière, c'est certaine- « ment à l'autorité temporelle qu'elle l'a déféré, l'autorité spiri- « tuelle ne pouvant, sans danger, s'immiscer dans les actes de « l'administration.

« Veuillez agréer, etc. « *Le Maire de Brest.* »

A cette lettre de M. le maire de Brest [1] qui invoque, pour trancher la question en faveur de l'autorité civile, une soi-disant

[1] L'auteur de la lettre a l'air de citer victorieusement ou une décision ministérielle ou un avis du Conseil d'État.... tandis qu'il ne cite que des phrases creuses, élaborées par quelqu'agent subalterne pour le besoin de la cause. C'est un moyen comme un autre pour intimider les gens! Mais ce moyen ne peut réussir qu'auprès des timides et des ignorants, et Mgr Graveran n'était ni l'un ni l'autre!

résolution de 1834, que personne ne connaît, dont il ne cite point l'auteur, M. le curé de Saint-Louis répondit ainsi :

« Brest, le 9 août 1837.

« Monsieur le Maire,

« Nous avons lu avec attention l'instruction que vous avez insérée dans votre lettre du 2 août dernier, instruction relative au *son des cloches*, et dont l'auteur et la date nous sont encore inconnus. Cette pièce est forte... mais pas en raisons. Il ne s'agit pas dans la circonstance présente de conflit entre l'autorité spirituelle et l'autorité temporelle, mais simplement du droit de propriété des Fabrique sur les cloches, de l'usage de ce droit dans ce qui a rapport au service divin, et de l'obligation imposée aux Fabriques par les lois ou d'anciens usages, de mettre les cloches à la disposition des autorités administratives dans des circonstances données. Nous ne dénions pas, d'une manière absolue, à cette autorité le droit de faire les sonneries ; mais nous disons :

« 1° Les cloches appartiennent aux Fabriques ; les lois qui en règlent l'usage ne leur en enlèvent pas la propriété. Ce ne peut être en particulier le sens de l'article 48 de la loi organique du 18 germinal an X. Ou bien il faudrait conclure, par analogie, que tous les établissements soumis à une autorité spéciale ou à la surveillance extraordinaire de l'administration (comme les établissements insalubres), sont à la disposition de cette administration... Doctrine insoutenable.

« 2° Nous n'avons jamais eu la pensée de réclamer contre les sonneries établies de concert entre les deux autorités, ou fondées sur un usage immémorial, par exemple pour le couvre-feu, la convocation des assemblées communales, etc.

« Mais :

« 3° Pour les sonneries extraordinaires, nous nous regardons comme les intermédiaires naturels de l'autorité civile. Nous croyons que c'est par nous que les serviteurs de l'Église doivent recevoir l'ordre de sonner les cloches ; et ceci n'a rien qui subordonne le pouvoir civil à la puissance spirituelle. Vous avez le droit, Monsieur le Maire, de convoquer la force armée pour le maintien de la tranquillité publique ; mais il ne vous viendra pas en pensée de députer un commissaire de police aux casernes pour faire mettre la troupe sous les armes, sans prévenir les officiers ; et l'obligation de vous entendre avec les chefs ne vous semblera pas une usurpation de l'autorité militaire.

« Nous pourrions renforcer ce raisonnement en vous faisant observer que la sonnerie ordonnée par l'autorité civile, sans notre concours, se rapportait directement et formellement à la cérémonie religieuse ; c'est pour *et pendant* le service religieux qu'elle a ordonné et réglé les sonneries. »

XVIII

Cette cause plaidée et gagnée, quelques mois après il en surgit une autre qu'il plaida avec un égal succès.

M. le maire de Brest avait écrit au conseil de la Fabrique de Saint-Louis que la commune n'était pas tenue, en premier lieu, de fournir un presbytère au curé de la paroisse, ni de pourvoir aux grosses réparations de ce bâtiment. Il ajoutait que cette obligation incombait tout d'abord à la fabrique et subsidiairement seulement à la commune, en cas d'insuffisance justifiée des revenus de l'église.

Comme président du Conseil de fabrique, M. le curé de Saint-Louis écrivit au maire et aux membres du Conseil municipal de Brest, le rapport qu'on va lire.

Possédant toujours bien les questions qu'il traitait, il les exposait et les discutait toujours avec une clarté et une logique auxquelles ses adversaires ne pouvaient résister. C'est ce qui arriva dans l'affaire qui nous occupe.

« Messieurs,

« Dans sa séance ordinaire du 22 avril 1838, le Conseil de la fabrique de l'église de Saint-Louis a pris connaissance de la lettre que M. le maire lui a fait parvenir, à la date du 9 avril et relative à l'obligation de fournir un presbytère au curé de la paroisse, et de pourvoir aux grosses réparations de ce bâtiment : obligation que M. le maire croit imposée à la Fabrique, et subsidiairement à la commune, après justification de l'insuffisance des revenus de l'église. Le Conseil de la fabrique m'a chargé de vous faire connaître sa réponse et le résultat de sa délibération.

« Avant d'entrer dans l'examen de la question principale : le logement du curé est-il à la charge de la commune ? le Conseil a dû s'arrêter sur quelques expressions de la lettre de M. le maire, qui lui ont paru renfermer une doctrine inexacte et d'une application impossible, même pour le cas où la fabrique succomberait dans cette lutte contre les prétentions de la commune.

1° M. le maire fait entendre que les 1,500 fr. votés dans le budget de 1838 pour les réparations du presbytère, demeureront sans emploi, si la commune fait reconnaître des droits contre la Fabrique. Mais toutes les dispositions du budget de 1838, approuvé par le roi, sont obligatoires, et M. le maire, ni le Conseil municipal lui-même, ne peuvent revenir sur les sommes votées, ou leur donner une autre destination.

« 2° M. le maire ne se borne pas à mettre les grosses réparations du presbytère à la charge de la fabrique, il réclame le loyer de ce bâtiment. Mais le presbytère de Saint-Louis a été racheté par la ville et affecté à sa destination actuelle en vertu d'une ordonnance royale. Fût-il vrai que dans le principe on ne pût contraindre la ville à fournir le logement du curé, peut-elle aujourd'hui reprendre le presbytère ou en changer la destination ? N'est-elle pas obligée d'en laisser la jouissance au curé ? La fabrique n'a donc pas à s'occuper du loyer.

« 3° En supposant toujours que la Fabrique fût obligée la première à fournir le logement, dès lors que la commune en a fait l'acquisition de ses deniers, et s'en trouve propriétaire incommutable, elle est obligée à ce titre à toutes les grosses réparations.

« Mais laissons ces questions préjudicielles et arrivons à la question principale : laquelle des deux administrations, de la commune ou de la Fabrique, doit fournir le logement du curé ?

« M. le maire répond : la Fabrique, d'après l'article 93 du décret du 30 décembre 1809, explicatif de l'article 92. Nous reconnaissons que cet article 93 offre en effet une rédaction ambiguë, et qui semble favoriser jusqu'à un certain point les prétentions de la commune; mais nous sommes forcés de lui donner une autre interprétation, pour ne pas nous mettre en opposition avec les autorités chargées d'expliquer et d'appliquer la loi..., et pour accorder cette disposition avec les autres dispositions bien précises du même décret et avec les lois subséquentes, qui au besoin dérogeraient à l'article précité.

« 1° Avant la décision ministérielle du 5 août 1833, toutes les fois que des contestations étaient survenues au sujet du logement des curés, les ministres compétents avaient *toujours décidé* que les communes étaient tenues, *quels que fussent d'ailleurs les revenus de la fabrique*, de procurer au curé un presbytère, etc..... (paroles de M. le Ministre de l'intérieur, 16 janvier 1823)..... et c'est en 1833, après vingt-quatre ans révolus, qu'on repousse comme erronée cette interprétation adoptée sans interruption et sans contrôle!

« 2° L'article 44 dit : Lors de la prise de possession de chaque curé ou desservant, il sera dressé aux frais de la commune et à la diligence du maire, un état de situation du presbytère et de ses dépendances... Nulle mention des Fabriques. Donc les communes seules sont intéressées à constater la situation des presbytères..., la loi suppose donc que c'est la commune qui les fournit et les tient en état.

« 3° L'auteur du décret de 1809, qui comprenait sans doute son ouvrage, dit positivement dans un décret postérieur (6 novembre 1813) article 21 : Le curé est tenu des réparations locatives, les autres étant à la charge de la commune... S'il y a opposition entre les deux décrets, le dernier abroge les dispositions contraires du premier.

« 4° Postérieurement à la décision ministérielle de 1833, la loi communale du 18 juillet 1837, dit, article 30 :

« Les dépenses des communes sont obligatoires ou facultatives :
« sont obligatoires les dépenses suivantes :

« 13. L'indemnité de logement aux curés et desservants, lors-
« qu'il n'existe pas de bâtiment affecté à leur logement.

« 14. Les secours aux Fabriques des églises..... en cas d'insuffi-
« sance de leurs revenus justifiée par leurs comptes et budgets. »

« Qu'on remarque cette différence de rédaction. Le nº 13 est absolu ; mais enfin il y a une décision ministérielle du 5 août 1833. A cette observation, voici notre réponse : Les décisions d'un ministre ne sont pas obligatoires pour ses successeurs.

« Ce sont de simples règlements administratifs que la désuétude ou des règlements différents peuvent abroger. Dans la cause, le ministre actuel a présenté à la sanction royale le budget de la ville de Brest, portant allocation de 1,500 fr. pour réparations au presbytère de Saint-Louis, sans exiger la preuve de l'insuffisance de nos revenus. — Il n'a donc pas jugé cette preuve nécessaire... puisque nous en appellerons toujours à l'article de la loi de 1837, et nous ferons encore observer que la chambre rejette un amendement à l'article 21, qui avait pour but d'obliger les Fabriques à présenter leurs budgets à la commune. Or, cette obligation leur serait réellement imposée, si le logement des curés était à leur charge ; car quelles sont les Fabriques qui font cette dépense ?

« Nous prions Messieurs les membres de la commune de faire une remarque qui nous paraît importante, sur les articles 92 et 93 du décret de 1809... L'article 92 a trois chefs ; l'article 93 n'exige la preuve de l'insuffisance des fabriques que pour les *deux premiers*. Donc le troisième chef est toujours et d'une manière absolue au compte des communes ; ce troisième chef, le voici : 3. De fournir aux grosses réparations des édifices consacrés au culte ; c'est-à-dire en ce qui nous concerne, de fournir aux grosses réparations des églises de Saint-Louis et des Carmes..... Nous croyons qu'ici la commune écartera volontiers les articles 92 et 93.

« Le Conseil de la Fabrique recommande ces observations à la bienveillance et à la justice du Conseil municipal. Il prie Messieurs de la commune de vouloir bien considérer que depuis le Concordat, la ville n'a pas fait à l'église de Saint-Louis la plus légère offrande, soit pour son entretien, soit pour son embellissement, et cependant la Fabrique maintient, à l'avantage de la commune, des arrangements avec l'hospice civil, pour fournitures funéraires, dont elle abandonne ainsi les bénéfices pour les deux tiers. Du reste, M. le maire, membre nécessaire de notre Conseil, peut attester à la commune que tous nos budgets, depuis plusieurs années, ouvrent avec un déficit plus ou moins considérable.

« Nous prions Messieurs les membres du Conseil municipal d'agréer l'hommage de notre respectueuse considération.

« Pour le Conseil de la Fabrique,

« Le Curé, *président.* »

XIX

Après avoir suivi M. l'abbé Graveran dans les diverses phases de sa vie de curé de Brest ; après l'avoir suivi dans la série de luttes de tout genre qu'il eut à soutenir pendant une dizaine d'années, dans des temps difficiles, dans une ville de quarante mille âmes travaillée par l'impiété et les sociétés secrètes, on est effrayé à la pensée qu'un homme ordinaire et médiocre y aurait complétement échoué. On est épouvanté, en songeant à tout le mal qu'il n'aurait pas empêché et à tout le bien qu'il n'aurait pas opéré !... Comment, en effet, un tel curé aurait-il pu mener à bonne fin l'œuvre capitale et si entravée du jubilé, cette œuvre du succès de laquelle dépendait la considération du pasteur, et partant l'avenir de son ministère paroissial ? Comment se serait-il conduit, lorsqu'on enleva la croix de mission ? Comment aurait-il pu tenir tête aux diverses autorités dans les affaires délicates qu'il eut à défendre contre elles ? Un homme supérieur par les talents et le caractère pouvait seul répondre aux besoins de la situation. Un curé de la trempe de M. Graveran pouvait seul faire face à tous les orages et répondre victorieusement aux attaques de ses adversaires. Un homme ordinaire aurait-il osé toujours accepter la bataille contre des antagonistes puissants ? Aurait-il osé surtout la provoquer, lorsque l'intérêt de ses paroissiens et la gloire de Dieu le demandaient ?

M. Graveran fit tout cela, parce qu'il était doué d'une force d'âme et d'intelligence peu commune. Ses adversaires le reconnaissaient bien, car il suffisait qu'ils entrassent en lice avec lui pour être vaincus. — C'est le cas de le proclamer : « Le doigt de Dieu était là, » lorsque, malgré sa jeunesse et son peu d'expérience du ministère paroissial, Mgr de Poulpiquet le nomma à la cure de Saint-Louis.

Dieu avait des vues de miséricorde et d'amour sur Brest, où parmi beaucoup de mal il y avait aussi beaucoup de bien. C'est pourquoi, il y envoya un pasteur qui fût capable de régénérer cette paroisse en réparant les maux que la révolution y avait faits. Puis Dieu le destinait à être placé plus tard sur le chandelier de l'Église, comme une lumière brillante ; il voulut donc qu'il occupât auparavant un poste où son mérite et sa vertu pussent se montrer, aux yeux de tous, d'une manière éclatante.

Aussi quand, usé par l'âge... et plein de jours... [1], Mgr de Poulpiquet vint à mourir, le curé de Saint-Louis se trouva tout naturellement désigné et appelé par tous les vœux pour lui succéder. Lorsque tout le monde autour de lui se préoccupait de sa nomination, il demeurait calme et tranquille, vaquant, comme si rien n'était, à tous les devoirs de son ministère. Et quand des amis vinrent lui dire qu'il avait des chances de devenir évêque, mais qu'un autre candidat très-appuyé lui faisait concurrence, il répondit : « Je ne sais quelles chances je puis avoir, mais je sais une chose, c'est que je ne désire point l'épiscopat et que je serais heureux d'y voir arriver tout autre. »

Comme il l'écrivit, quelques jours après, de Mgr de Poulpiquet, en faisant son éloge funèbre, on pouvait également et en toute

[1] *Consumptus ætate, mortuus est.... plenus dierum. Gen.*, XXXV, 29. Oraison funèbre de Mgr de Poulpiquet, par M. Graveran, p. 21.

vérité le dire de lui-même : « Il vivait loin de la capitale de la « France ; il n'intriguait pas, il ne sollicitait pas ; cependant les « juges du mérite vinrent le chercher au fond d'une province « reculée, parce qu'après trente ans, sa réputation de savoir s'est « retrouvée toute vivante dans les écoles de Paris [1]. » Nous ajoutons que malgré sa modestie, il n'avait pas pu empêcher qu'on n'y connût la manière supérieure dont il administrait sa paroisse, et la sagesse avec laquelle il savait se conduire au milieu des circonstances les plus délicates.

Louis-Philippe, en effet, avait entendu parler du curé de Brest. C'est pour cela qu'appréciant ses talents et son noble caractère, il le nomma à l'évêché de Quimper, par ordonnance royale du 26 mai 1840 [2]. Le roi savait bien que M. Graveran gardait de l'af-

[1] Oraison funèbre de Mgr de Poulpiquet, par M. Graveran, p. 11.

[2] Quelques jours après sa nomination à l'évêché de Quimper, M. Graveran écrivait à M. de Kératry, en réponse à ses félicitations, la lettre suivante qui montre combien il désirait peu l'épiscopat, combien il l'avait peu recherché :

« Quimper, 3 juin 1840.

« *A M. de Kératry, pair de France.*

« Je suis vivement touché de l'intérêt que vous avez bien voulu prendre à ma promotion à l'évêché de Quimper. Je savais déjà que vous y aviez puissamment contribué. Veuillez agréer mes remerciements bien sincères. Cette nomination m'a jeté dans une agitation extrême. Il me semble qu'on me prépare une brillante prison. J'éprouve d'ailleurs un vrai déchirement de cœur à la seule pensée de me séparer des bons habitants de Brest. Cependant, je suis décidé d'après l'avis des personnes les plus sages, à notifier aujourd'hui même mon acceptation à M. le Ministre des cultes. Puissé-je justifier toutes les espérances que le diocèse semble fonder sur mon futur épiscopat !

« Agréez l'hommage du profond respect avec lequel j'ai, Monsieur, l'honneur d'être votre très-humble et très-obéissant serviteur.

« GRAVERAN, *curé de Brest.* »

Quelques mois avant sa promotion à l'évêché de Quimper, des personnages influents vinrent lui dire qu'ils songeaient à agir auprès du gouvernement pour le faire nommer à un siége qui allait vaquer ; qu'ils étaient chargés par leurs concitoyens de pressentir ses intentions.... Il répondit aux députés de ce département qu'il ne voulait pas qu'on agît ou qu'on se remuât pour obtenir ce résultat. « Votre haute estime m'honore, dit-il à ces messieurs, mais je ne sais « s'il est dans la volonté de Dieu que je devienne évêque. Pour moi, je ne le « désire, ni ne le recherche. »

fection pour la branche aînée des Bourbons, et qu'il ne cachait pas les regrets que lui causa la chute de Charles X; mais il n'ignorait pas non plus que cet esprit large savait s'élever au-dessus des petitesses de l'esprit de caste et de parti, pour donner au gouvernement établi son concours dévoué et lui témoigner toujours le respect et l'obéissance qui lui sont dus.

Il l'avait prouvé, quelque temps auparavant, lors de l'arrivée à Brest du duc et de la duchesse de Nemours. S'il avait refusé, sur l'invitation du maire, de dire une messe d'actions de grâces pour l'avénement au trône de la branche cadette des Bourbons [1], c'est qu'il ne voulait faire ni le zélé ni le courtisan (il avait du reste chanté le *Te Deum* commandé). Mais dans la circonstance dont nous parlons, il n'était pas question de zèle, il s'agissait d'un devoir à remplir. Comme curé de Brest, il était appelé à complimenter le prince et la princesse qui daignaient visiter la ville. Il le fit de très-bonne grâce, sans flatterie ni raideur, mais avec convenance et dignité, comme chacun peut en juger par le compliment lui-même :

« Monseigneur, Madame,

« Nous prions vos Altesses Royales d'accueillir avec bienveillance les hommages que nous sommes heureux de leur offrir.

« Nous avons la confiance qu'elles seront satisfaites du respectueux empressement de nos populations : ici, des fêtes brillantes, et l'imposant aspect de cet arsenal où la France reconnaissante viendra lire sur chaque pierre ce nom glorieux, patrimoine de

[1] « 1° Je n'ai point d'ordres de l'évêque.

« 2° Ma conscience s'y refuse. J'ai chanté sur l'invitation de Monseigneur le *Domine salvum*. Je crois, en désapprouvant les événements passés, pouvoir prier pour le présent. Si j'étais sur un vaisseau et que le pilote fût jeté à la mer, en désapprouvant, je prierais cependant pour que le vaisseau arrive au port. C'est mon intérêt personnel et celui de ma position que la tranquillité règne. Mais me réjouir de la chute du roi de France? Non. Et le demander est contre la délicatesse. On ne fait pas chanter aux vaincus leur défaite. On n'a pas demandé de *Te Deum* au dey d'Alger.

« Pour la même raison, je n'illumine pas. Sous Charles X on était libre, à plus forte raison doit-on l'être maintenant. »

tous les fils du Béarnais, le grand nom des Bourbons... Plus loin, le touchant cortége de nos laboureurs, qui désertent leurs moissons pour voir les enfants du roi.

« Prince, il y a de la chaleur dans le cœur de ce peuple, malgré son attitude calme et son ciel brumeux, que nous aurions voulu moins chargé de nuages pour l'heureuse arrivée de vos royales personnes. Me permettront-elles d'ajouter une parole, et cette fois ce ne sera pas une parole de censure : Tel est le peuple, tel est le clergé ; oui, le prêtre breton ressemble à son frère le laboureur breton : même instinct d'une légitime obéissance, même germe de profond dévouement, même respect pour les vieux noms et les grands souvenirs, respect pour la royauté et ses nobles rejetons, respects pour les vertus chrétiennes et les âmes généreuses qui en reflètent l'éclat sur le trône et sur les marches du trône. »

DEUXIÈME PARTIE

ÉPISCOPAT DE MONSEIGNEUR GRAVERAN

I

Après le décès de Mgr de Poulpiquet, le chapitre de la cathédrale de Quimper se hâta de pourvoir au gouvernement du diocèse, en nommant des vicaires capitulaires. En même temps, rendant hommage au mérite de M. Graveran, il le désigna d'une commune voix pour prononcer l'oraison funèbre de l'évêque défunt.

Le curé de Saint-Louis, *se rappelant les preuves honorables d'intérêt et d'affection* qu'il en avait reçues, *se trouva heureux de pouvoir lui payer dans cette occasion solennelle le tribut de sa vénération et de sa reconnaissance*[1]. Il accepta donc le grand et périlleux honneur qu'on lui proposait, et le 2 juin 1840, sept jours après sa nomination à l'évêché de Quimper, il prononça, dans sa future cathédrale, l'éloge funèbre de son prédécesseur.

Ce discours, largement pensé et noblement écrit, *est un petit chef-d'œuvre*[2] du genre. — Et cependant on sait comment il fut

[1] Oraison funèbre de Mgr de Poulpiquet, par M. Graveran.
[2] Vie de Mgr Graveran, par M. Maupied.

composé.... — Pendant les trois semaines qui lui furent données pour le préparer, M. le curé de Saint-Louis fut distrait par des occupations de toute sorte : aussi fut-il réduit à écrire son discours tout entier à la sacristie de son église, dans les moments libres que lui laissaient les confessions, les sépultures et les autres fonctions de sa charge. Encore ces moments étaient-ils très-courts et coupés fréquemment par les visites qui lui survenaient!

Cet hommage rendu à la mémoire de Mgr de Poulpiquet, M. l'abbé Graveran, évêque nommé de Quimper, se rendit à Paris pour ses informations qui furent faites par Mgr Garibaldi, internonce du souverain pontife, Grégoire XVI, alors régnant.

Il reçut ses bulles vers le milieu du mois d'août 1840, et le vingt-troisième jour du même mois de la même année, il fut sacré à Paris, dans la chapelle du couvent des Oiseaux. L'archevêque de Paris, Mgr Affre, était le consécrateur : les deux évêques assistants étaient Mgr Bonami, archevêque de Chalcédoine, et Mgr Morlot, évêque d'Orléans [1].

Plusieurs prélats et grands personnages, amis du nouvel évêque, ainsi que plusieurs ecclésiastiques du diocèse de Quimper, assistaient à la cérémonie. On y remarqua surtout l'internonce du Saint-Père, Mgr Georges, évêque de Périgueux, Mgr Rœss, coadjuteur de l'évêque de Strasbourg, M. de Châteaubriand et le vice-amiral Bergeret.

Le jour même de sa consécration épiscopale, Mgr Graveran voulut adresser sa lettre pastorale au clergé et aux fidèles de son diocèse. La *charité de Jésus-Christ* pour son troupeau *le presse :* il se hâte de lui faire entendre sa voix! Ce sera, pendant toute sa vie d'évêque, le trait distinctif de son caractère, l'empressement à remplir son devoir!

Dans cette lettre où le père de famille *fait part à ses enfants des réflexions qui l'ont occupé devant Dieu durant les jours* où il se préparait à recevoir l'onction des pontifes [2]; dans cette lettre où il leur

[1] Devenu plus tard archevêque de Tours et cardinal; mort archevêque de Paris.

[2] Lettre pastorale de Mgr Graveran, à l'occasion de son entrée dans son diocèse.

communique avec une pieuse simplicité ses craintes et ses espérances, il se trace à lui-même ses devoirs et sa ligne de conduite, en s'appliquant les recommandations de saint Paul à son disciple, Timothée : *Veillez, travaïllez, faites œuvre d'évangéliste, remplissez votre ministère.*

Rien de plus simple et de plus digne ; rien de plus humble et de plus noble en même temps, que la manière dont il envisage et développe par rapport à lui ces paroles de l'Apôtre des nations.

Il sait qu'il est faible, que *Dieu l'a pris dans la poussière....* et qu'il doit être le serviteur de tous, suivant cet avis de l'Esprit-Saint : « Ils t'ont choisi pour conducteur, ne t'élève pas ; sois à leur tête, comme l'un d'entre eux, et prodigue-leur tes services [1]. » Il sait aussi que, comme conducteur et chef du troupeau, il est juge.... Comme tel, il sera peut-être obligé quelquefois *de lever sur les coupables la verge de la correction*, mais ce sera de manière à *tempérer la rigueur par la miséricorde* [2].

La vue de tous ses devoirs le saisit de terreur ; mais il a confiance dans le zèle et le savoir de son clergé, dans la foi traditionnelle de ses diocésains, et de plus, dans les conseils et l'appui du chef suprême de l'Église.

« Dans les perplexités ou les combats de notre administration spirituelle, s'écrie-t-il, nous invoquerons les lumières et l'autorité du pontife suprême auquel nous nous tiendrons attaché par les liens d'une inviolable soumission. »

Il se recommande aux prières de ses prêtres, des vierges chrétiennes, des âmes pieuses, de tous les fidèles de son diocèse et à la protection des bienheureux apôtres, Pierre et Paul.

Il termine de la manière la plus touchante, en se recommandant à la très-sainte Vierge :

« Accordez-nous votre auguste protection, ô Marie, patronne de « ce diocèse. Nos laboureurs célèbrent votre gloire au fond des « campagnes ; nos riverains dressent vos sanctuaires en regard

[1] *Eccli.*, XXXII, 1, cité par Mgr Graveran ; lettre pastorale à son entrée dans son diocèse.

[2] Lettre pastorale de Mgr Graveran, *id.*

« de l'immense Océan; nos mariniers vous invoquent sur les flots; « votre nom est dévotement imposé à tous nos enfants; j'ai moi- « même le bonheur de le porter, ô Marie! Qu'il me soit un gage « de force et de salut! »

Tout le monde fut frappé de la simplicité et de l'heureux choix de ses armoiries. Habitué à porter la croix de son divin Maître, cette croix qui est *une folie*[1] aux yeux des impies, mais la *vertu* et la puissance de Dieu pour ceux qui suivent Jésus-Christ; habitué à prêcher Jésus et rien que *Jésus crucifié*[2]; ne se proposant pas autre chose, pendant sa vie épiscopale, que de faire connaître Jésus-Christ, se rappelant sa chère croix de mission de Brest, cette croix qu'il avait, on s'en souvient, embrassée si amoureusement et défendue si énergiquement, il prit pour armes une croix toute nue avec cette devise : *Verbum crucis, Dei virtus*[3]. « La parole de la croix est la vertu de Dieu. »

Armé de cette croix, lui pauvre des biens de ce monde, mais riche des dons et de la vertu du ciel, il pouvait s'écrier aussi en toute vérité : *Nudus, nudam crucem sequar!* — Eh bien, maintenant, je marcherai avec courage, bien que je sois nu et dépouillé de tout. Oui, je marcherai, car je marche appuyé sur la croix, car je suis les traces de mon Sauveur crucifié et réduit à la plus complète nudité.

II

Mis en possession de son évêché par M. l'abbé Sauveur, premier vicaire général, à qui il avait donné procuration à cet effet, Mgr Graveran arriva dans sa ville épiscopale, le samedi 12 septembre, à sept heures du soir.

Le lendemain, dimanche, il fit son entrée solennelle dans son église cathédrale.

[1] I *Cor.*, I, 18.
[2] I *Cor.*, I, 23.
[3] I *Cor.*, I, 18.

Voilà donc désormais le nouveau prélat tout à fait à son diocèse ; le voilà désormais devenu le serviteur de tous. Maintenant va commencer pour lui la vie de travail, de sacrifice et de dévouement qu'il a annoncée. Maintenant il ne s'appartiendra plus : ses jours, ses heures, ses nuits mêmes ne sont plus à lui ; sa personne et son temps appartiennent à Dieu et à son troupeau. A présent plus de liberté, plus de repos, mais bien les soucis et les sollicitudes.... L'épiscopat est sans doute une bonne chose, une prérogative excellente, mais à raison des fatigues qu'il impose [1].

La vie d'un évêque est une vie d'abnégation continuelle. Il se doit à tout le monde, comme dit l'apôtre saint Paul [2] ; au prêtre comme au simple fidèle ; au petit comme au grand ; au pauvre comme au riche ; au savant comme à l'ignorant. Il n'a pas seulement à travailler au salut des âmes par la parole et l'apostolat : il n'est pas seulement apôtre, il est aussi administrateur et tenu, en cette qualité, à une nombreuse et constante correspondance avec les diverses administrations. Il ne peut pas dire, quand il visite son diocèse : « Adieu maintenant les affaires administratives, » car celles-ci le suivent partout et toujours.

A peine assis sur le siége de Saint-Corentin, le nouvel évêque se met à l'œuvre. Enfant du pays, prêtre du diocèse, il connaît déjà (avantage immense !) le champ qu'il est appelé à cultiver et les ouvriers qui doivent, sur tous les points et à divers degrés, lui prêter leur concours.

Aidé de cette connaissance, il s'instruit de toutes les affaires de son vaste diocèse avec une ardeur et une aptitude si grandes, qu'on eût dit que c'eût été là l'occupation de toute sa vie. Ah ! c'est qu'il possédait à un très-haut degré, toutes les qualités qui font l'excellent administrateur : une intelligence supérieure, un esprit juste, une mémoire étonnante, une grande science, une facilité extraordinaire de travail et une exactitude merveilleuse dans l'expédition des affaires.

Quand on le consultait dans les cas difficiles, ses réponses étaient

[1] I *Tim.*, III, 1.
[2] I *Rom.*, I, 14.

toujours nettes et précises ; on n'avait qu'à suivre ses décisions, qui étaient toujours clairement exprimées. Il disait souvent : « Je ne comprends pas les gens qui répondent d'une manière ambiguë à ceux qui leur demandent conseil. Quand on me consulte, c'est pour que je donne mon avis ou que je tranche une question. Alors je le fais toujours de manière à tirer les personnes d'embarras et de peine. »

Il était si exact dans sa correspondance qu'il lui arrivait très-rarement de ne pas répondre sur-le-champ et par le retour du courrier à toutes les lettres qui lui étaient adressées. La ponctualité de l'évêque sur ce point était proverbiale parmi les prêtres. On disait : *Monseigneur* répond toujours poste pour poste.

Mais c'est peu de travailler et d'être exact quelques jours, quelques mois : le mérite consiste à persévérer toujours dans le travail et l'exactitude. Tel nous apparaît Mgr Graveran, non-seulement au début de sa carrière épiscopale, mais aussi pendant les quinze années qu'il gouverna le diocèse de Quimper.

III

La ville de Brest, qu'il aima toujours d'une manière toute spéciale, avait reçu du nouvel évêque une première preuve de sa bienveillante sollicitude, lorsque, de concert avec le vénérable chapitre, il lui donna pour pasteur, son ancien premier vicaire et ami, M. l'abbé Mercier, dont il avait su apprécier les qualités et les talents, pendant les années qu'il l'eut pour collaborateur. Elle avait reçu une seconde marque publique de son affection, quand, dans sa première lettre à ses diocésains, il laisse échapper de son cœur et de sa plume les mots qui suivent : « Peut-être notre abat- « tement s'est-il accru d'un regret trop naturel, mais que vous « saurez comprendre, en nous séparant d'une population qui, du- « rant de longues années, nous donna de nombreux témoignages « de son attachement, de sa piété et de sa soumission. »

Heureux et fiers de ces deux témoignages du souvenir affectueux de leur évêque, les Brestois le furent encore davantage, quand peu de temps après il leur donna une nouvelle marque de sa prédilection. Il voulut que sa première visite dans les villes du diocèse fût pour sa paroisse de Saint-Louis. Il s'y rendit donc vers la fin du mois de septembre 1840, quinze jours après son arrivée à Quimper.

Il n'est pas besoin de dire la réception qui fut faite dans la circonstance au prélat et à l'ancien curé! Son entrée à Brest fut un vrai triomphe. On ne se presse point avec plus d'ardeur sur les pas d'un souverain bien-aimé qu'on ne se pressa autour du bon pasteur. Chacun, grands et petits, pauvres et riches, voulaient le voir et en être vus; chacun voulait recevoir sa première bénédiction. Ah! c'est que cette bénédiction était pour tous la bénédiction d'un père et d'un ami, et pour beaucoup, celle d'un bienfaiteur et d'un sauveur!

IV

Après cette visite, qui lui était commandée par son affection pour les habitants de Brest, et par celle des Brestois pour lui, Mgr Graveran voulut aussi donner ses premières pensées à ses prêtres, et consacrer, en quelque sorte, les débuts de son administration, en s'occupant de la partie la plus précieuse de son troupeau, de celle qui coopérait directement avec lui au salut des âmes.

Vivement préoccupé de la situation temporelle du prêtre, que les infirmités ou la vieillesse empêchent d'exercer le saint ministère, il avisa aux moyens de lui venir en aide, en augmentant les ressources de la maison de Retraite et en assurant la rentrée de celles qui existaient déjà. Pour atteindre ce but, il adressa à son clergé, le 5 janvier 1841, une circulaire où le cœur du père de famille se montre tout d'abord. Elle commence par ces mots :

« Depuis que nous avons pris en main l'administration du dio-« cèse, la position du clergé est devenue l'objet constant de nos « préoccupations et de nos sollicitudes. »

Dans cette circulaire, il fixe avec une admirable précision la manière dont il faut entendre la comptabilité en général, et en particulier la perception des fonds destinés à soutenir la maison des prêtres âgés et infirmes. Puis, il fait un appel au bon vouloir et à l'exactitude de *ses chers coopérateurs*, en leur disant que *leur fidélité en ce point deviendra le premier élément de son appréciation de leur zèle et la mesure de sa confiance et de son affection*. La pensée d'assurer une position convenable à ses prêtres invalides, à *ses dignes vétérans*, comme il les appelait, préoccupa le charitable évêque tout le temps de son épiscopat. Aussi, est-ce à lui qu'on doit la constitution définitive et légale de la maison de retraite ecclésiastique qu'il obtint par ordonnance royale du 15 mars 1843. Par la même ordonnance, on lui permit d'acquérir, au nom de son évêché, le manoir de Bel-Air, situé à Saint-Pol-de-Léon, pour servir à cet établissement.

Au reste, cette préoccupation, cette pensée si chère à son cœur, il la manifeste déjà dans l'éloge funèbre de son vénéré prédécesseur. Une des plus belles pages de ce petit chef-d'œuvre est en effet celle où il loue Mgr de Poulpiquet d'avoir ouvert un asile aux prêtres âgés ou infirmes de son diocèse.

« Aucun de vous ne l'ignore, le prêtre assuré de pain, tandis « qu'il peut travailler à la moisson, quand les années ou les fa-« tigues ont usé ses forces, n'a d'autre alternative que de s'im-« poser comme une charge aux populations qu'il ne peut plus « servir, ou de vivre de privations, dans l'attente d'un avenir « rempli d'incertitudes; et peut-être devons-nous bénir cette incer-« titude même, car elle accroît notre détachement de la terre et « notre confiance en Dieu : c'est pour lui seul que nous travail-« lons, et nullement en vue d'une aisance future et d'un repos « assuré. Mais en dehors de l'abondance, se trouvent les choses « nécessaires à la vie : prêtres de Jésus-Christ, chassez toute in-« quiétude, votre charitable évêque y a pourvu. Dans l'honorable « retraite où vous pourrez abriter vos derniers jours, il a même

« prévenu les chagrins d'un triste isolement, vous y retrouverez « les anciens compagnons de vos études, vos collègues dans les « fonctions du sacré ministère : et comme le vieux marin qui a dit « à la mer un dernier adieu, aime à se promener sur le rivage et « à contempler le mouvement des flots ; tantôt il s'entretient avec « les compagnons de sa vie aventureuse, des vaisseaux qui les « ont portés, des bords lointains qui ont vu flotter leur drapeau, « des combats où se signala leur courage ; tantôt il interroge « le jeune matelot des nouvelles de la mer, et compare aux jours « présents les jours de sa jeunesse ; puis, quand le soleil retire ses « derniers rayons, il regagne son modeste réduit, et s'endort « bercé par ses souvenirs, et croyant entendre encore le murmure « du vent dans sa voile, et le clapotement de la vague contre les « flancs de son navire. Ainsi, dans cette paisible solitude, le prêtre « ramenant sa pensée sur sa longue carrière, se rappellera les « belles années de son noviciat clérical, les premiers essais de son « zèle, les premiers fruits de son ministère ; vieillard, il redira « dans la compagnie des vieillards les pompes des anciens jours, « l'affluence dans les solennités chrétiennes, les populations émues « aux éclats de la parole divine ; il s'informera au jeune sacerdoce « des victoires de la foi, des progrès de la piété ; puis, dans ses « beaux rêves, retrouvera la splendeur des saintes cérémonies et « la mélodie des hymnes sacrées. »

On le voit, il s'intéressait vivement au sort des prêtres retirés du saint ministère, pour raison d'âge ou d'infirmités, celui qui tenait ce beau et touchant langage devant le cercueil de son prédécesseur, en face de l'élite du clergé et des fidèles. On entrevoyait dès lors tout ce qu'il tenterait pour améliorer leur position dans l'asile qu'on leur avait ménagé. Aussi, le Dieu qui bénit le bienfaiteur intelligent du pauvre et de l'indigent, quelque petits que soient ces derniers, bénira-t-il son épiscopat, à cause de sa charité pour les prêtres de Jésus-Christ, pauvres et infirmes. Aussi le bénira-t-il lui-même ; *il le secourra aux jours mauvais, il le visitera et le consolera sur son lit de douleur* [1].

[1] *Psalm.*

V

Mais hâtons-nous de montrer Mgr Graveran faisant œuvre d'apôtre et de prédicateur de l'Évangile : *Opus fac evangelistæ.* Voulant donner à son clergé l'exemple de l'accomplissement de ce devoir, il prêche pendant le carême de 1841, dans son église cathédrale, une série de conférences dont les prêtres et les fidèles de Quimper parlent encore avec admiration ; on se rappelle surtout sa première conférence sur la foi.

Chaque année, à l'époque de la sainte quarantaine, il adressait à ses diocésains un mandement qui traitait toujours quelque point de la morale chrétienne ou de nos dogmes sacrés. Chacun des sujets de ses instructions pastorales répondait aux besoins de son troupeau. Ainsi en 1848, il le prémunit contre le danger des mauvais livres et des mauvaises doctrines qui se répandent aujourd'hui partout, même jusque dans nos hameaux et nos villages les moins accessibles. En 1849, étant à l'Assemblée constituante, il signale aux fidèles les écueils qu'il faut éviter dans les temps de révolution politique. En 1847, lors de l'élection du pape Pie IX, il leur exposa la doctrine de l'Église sur l'autorité du pontife romain.

Outre ces mandements qu'il adressait tous les ans au clergé et aux fidèles de son diocèse, il ne laissait pas, suivant les besoins du temps et les circonstances, de leur écrire des lettres ou circulaires, tantôt, comme en 1844, pour leur parler de la liberté d'enseignement ; tantôt, comme en 1848, pour leur tracer une ligne de conduite dans les élections ; tantôt, comme pendant le choléra de 1849, pour ordonner des prières publiques ; tantôt pour leur annoncer la définition de l'Immaculée conception ou la convocation d'un concile provincial. *Opus fac evangelistæ.*

Son mandement sur l'autorité du souverain pontife ayant été attaqué par les protestants de son diocèse, Mgr Graveran n'oublia pas qu'il était le conducteur de son troupeau et le messager de la vérité. *De crainte donc que son silence ne fût interprété, comme un aveu de sa défaite* [1], il répondit à leurs attaques dans une petite brochure qu'il intitula : *A nos frères séparés qui résident dans le diocèse.* Dans cette brochure, le docte prélat montre que s'il sait dans ses mandements exposer la doctrine d'une manière oratoire, il sait aussi la discuter avec profondeur et sûreté dans la controverse. Avec des formes pleines de charité et de modération, il est tellement serré et précis dans sa logique, qu'il réduit à néant les arguments de ses antagonistes. Il établit contre eux, par des preuves invincibles, la primauté de saint Pierre et son séjour à Rome ; il fait toucher au doigt l'inanité du libre examen et les conséquences impossibles qu'il entraîne ; il réfute, en passant, plusieurs objections faites en dehors de la question, par ses adversaires, contre le célibat religieux, le culte des saints, l'usage de la langue latine dans la liturgie de l'Église romaine, la perversité de certains papes, etc. Une petite pointe spirituellement railleuse naît, de temps en temps sous la plume de l'auteur, pour donner à son œuvre un intérêt toujours croissant. Il avait demandé à ses frères séparés, de lire son écrit avec le même amour de la vérité qui le remplissait, en le leur adressant. Il termine en leur rappelant *leur dernière heure*, et en les invitant à prononcer, chaque jour, cette touchante prière :

« Signeur Jésus, vous êtes la voie, la vérité et la vie (*Joan.*, « XIV, 6 :) *la voie* dans laquelle nous devons marcher, *la vérité* qui « éclairera nos pas, *la vie* que nous trouverons au terme de notre « course ; faites que nous la connaissions cette *voie droite*, que nous « la suivions cette *vérité lumineuse*, que nous l'obtenions cette *vie* « *bienheureuse.* »

Opus fac evangelistæ. — Fais œuvre d'apôtre et de prédicateur de l'Évangile. — C'est surtout dans les visites pastorales ; c'est en parcourant les diverses paroisses de son diocèse, que le bon évêque faisait vraiment œuvre d'apôtre. Le diocèse de Quimper compte près de sept cent mille habitants disséminés sur une étendue de

[1] Extrait de la brochure : *A nos frères séparés*, etc. p. 4.

six cent soixante-sept mille six cent soixante-huit hectares. On comprend combien pénibles devaient être les tournées dans un pays aussi vaste et d'ailleurs très-accidenté; mais les difficultés, les fatigues quelles qu'elles fussent, ne l'empêchaient pas de visiter tout son diocèse en quatre ans : pour y arriver, il lui fallait, il est vrai, passer quatre ou cinq mois de l'année en route. Dans ces visites, il n'oubliait pas ses chers insulaires : il ne manquait point de se rendre, de temps en temps, dans leurs îles, bien qu'elles soient assez éloignées du continent et d'un accès difficile. Partout où il allait, il annonçait la parole de Dieu. On remarquait qu'il se plaisait davantage à la prêcher dans les campagnes et les bourgades, sans doute parce que c'est là surtout que les pauvres sont évangélisés [1].

Possédant très-bien le breton, il aimait à parler aux paysans dans leur vieille langue. Aux habitants des montagnes et de l'intérieur des terres, il tenait un langage où abondaient les images et les comparaisons tirées de leurs travaux, de leurs habitudes et du spectacle de la nature qu'ils avaient chaque jour sous les yeux. Quand il s'adressait aux marins, l'Océan, ses vaisseaux, ses grèves, ses tempêtes fournissaient à ses allocutions des figures qui charmaient et attachaient son auditoire. Aussi, tous étaient-ils fiers de leur évêque ! Aussi étaient-ils avides de sa prédication ! Quand il arrivait au milieu d'eux, ils se pressaient en foule autour de lui, parce qu'il avait toujours une bonne parole à leur adresser : on eût dit un père au milieu de ses enfants !

Prêtre du pays, *son berceau fut placé près de celui de ses diocésains ; il pria aux mêmes autels ; le même air avait rafraîchi son sang ; le même ciel avait réjoui son regard* [2]. Il connaissait donc presque toutes les familles de son diocèse ; il rencontrait dans presque toutes les paroisses des amis ou des condisciples. On se figure aisément avec quelle joie on l'accueillait partout ; quelle autorité avait sa parole ; quelle heureuse influence il exerçait là où il passait.

Que de fois, dans ces visites, il a réconcilié des familles désunies,

[1] *Pauperes evangelizantur.*

[2] Lettre pastorale de Mgr Graveran, à l'occasion de son entrée dans son diocèse.

des autorités divisées ! Que de fois il a rapproché, en les faisant inviter à la table du curé qui le recevait, des personnes qui ne voulaient plus se voir ! Afin de ne pas désobliger leur bon évêque, afin de ne pas contrister son cœur, elles se rendaient à l'invitation, en disant : « Il nous en coûte, Monseigneur, de faire ce pas ; mais « pour ne point vous causer de peine et avoir l'honneur de nous « trouver avec vous, nous ferons ce que vous désirez. » Dans ces repas, il se montrait bienveillant et aimable pour tous. Sa conversation, toujours intéressante, se répandait alors en saillies spirituelles et en jeux de mots pleins de finesse. On disait de lui qu'il était spirituel à la manière de Mgr de La Mothe, évêque d'Amiens[1]. Comme il avait souvent autour de lui dans ces réunions, des villageois qui ne parlaient pas le français, il se gardait bien de les oublier : il les interrogeait de temps en temps, sur leurs semences, sur leurs propriétés, ou les égayait par quelque bon mot agréablement tourné en bas-breton. C'est ainsi que, suivant l'exemple de l'apôtre saint Paul, « il se faisait tout à tous, pour les gagner tous à Jésus-Christ. »

Dans sa première lettre pastorale, il avait dit : « Quelle que soit « l'étendue de ce diocèse, nous nous proposons de le parcourir « jusqu'à ses dernières limites, de le visiter jusque dans ses pa« roisses les plus écartées. Nos mains se fatigueront, s'il le faut, à « répandre l'huile sainte sur le front des athlètes de la foi ; notre « voix s'éteindra sur nos lèvres, avant que nous cessions d'appeler « dans tous les cœurs les bénédictions célestes. Nous aurons des « paroles d'approbation pour les forts, d'encouragement pour les « faibles, de blâme et de reproche pour les lâches et les infidèles. »

On l'a vu, Mgr Graveran suivit fidèlement le programme qu'il s'était tracé. Il remplissait bien exactement sa mission d'apôtre ; il observait scrupuleusement dans ses visites pastorales, les prescriptions du saint concile de Trente. « Le principal but de ces vi« sites, dit le concile, est de prêcher et de maintenir la doctrine « saine et orthodoxe, en chassant les hérésies, — de défendre les « bonnes mœurs et de corriger les mauvaises, — d'exciter par des

[1] Vie de Mgr Graveran, par M. Maupied, p. 172.

« exhortations et des admonitions le peuple à la religion, à la paix « et à l'innocence ; en un mot, de procurer en tout, suivant les « lieux, les temps et les circonstances, le bien spirituel des fidèles[1]. »

Outre les visites des paroisses, l'évêque a aussi l'obligation de visiter les communautés religieuses de son diocèse. Notre évêque ne manquait pas à ce second devoir pendant ses tournées. Il faisait alors *la visite partielle* des monastères qui se trouvaient sur son passage ; puis, tous les cinq ans, il consacrait plusieurs mois à *la visite générale* de chacune de ces communautés.

VI

Mais ce n'est pas tout, l'Évêque n'a pas seulement à s'occuper des simples fidèles et des personnes vouées à la vie religieuse ; il doit aussi et surtout s'occuper des prêtres ; veiller *sur la tribu sainte, sur les ouvriers qui partagent son travail, sur les moissonneurs infatigables qut portent* avec lui *le poids du jour et de la chaleur — Vigila.* — Il doit veiller sur eux *pour diriger leur zèle, pour encourager leurs efforts, pour applaudir à leurs succès. Il doit veiller à leurs intérêts, assurer leur repos, les appuyer de son autorité* [2]. Il doit aussi veiller sur eux pour les reprendre et les corriger au besoin.

Ici encore, le saint prélat ne faillit pas à son devoir. Il était sans cesse occupé de ses prêtres ; il ne cherchait que les moyens de les conduire ou de les maintenir à la hauteur de leur sublime vocation. Dans ce but, il publia ses statuts diocésains, œuvre vraiment remarquable par sa clarté et la sagesse des avis, des défenses et des ordonnances qu'elle contient. On voit que le législateur connaît le prêtre et spécialement son clergé. On voit qu'il est pénétré de la sainteté du sacerdoce et qu'il est nourri de la méditation des grands devoirs qu'il impose à ceux qui en sont revêtus ! Aussi, lors de son premier voyage *ad limina*, Mgr Sergent, son digne suc-

[1] Sess. 24, chap. III.

[2] Première lettre pastorale de Mgr Graveran.

cesseur, ayant soumis ces statuts à l'examen des congrégations romaines, en reçut une lettre où l'on donne les plus grands éloges à l'œuvre de Mgr Graveran.

Au reste, les règles qu'il avait rédigées pour ses prêtres, il avait soin de les leur rappeler souvent dans les retraites pastorales, en y ajoutant d'autres avis et d'autres recommandations marqués au cachet de la prudence et de l'expérience. Comme il mettait toujours par écrit l'abrégé de tout ce qu'il disait en public, soit aux simples fidèles, soit à son clergé, on a trouvé dans ses papiers la substance des avis qu'il donnait alors à ses prêtres. Ces notes faisant parfaitement connaître la vigilance du pieux évêque, nous les citerons ici telles qu'il les a laissées :

« *Culte et devoirs des pasteurs.* — Le respect dû à Dieu, l'édification des âmes exige impérieusement qu'on évite la précipitation dans les saints offices ; et il n'est permis à personne d'en supprimer aucune partie essentielle. Il n'appartient qu'aux évêques, sous l'autorité et l'approbation du souverain Pontife, de régler la liturgie ; et toute suppression comme tout changement est une usurpation de pouvoir, beaucoup plus grave qu'on ne pense ; car *la loi de la prière est la loi de la foi : Lex precandi est lex credendi.* Mais il faut de plus y observer la décence, et corriger le désordre qui se remarque trop souvent dans le chant ; ce désordre vient de ce que l'on confesse ou que l'on récite son bréviaire pendant les saints offices. Deux abus qu'il faut éviter, puisqu'il y a obligation pour les prêtres de rendre gloire à Dieu et d'édifier les fidèles, les offices étant institués par l'Église dans ce double but. Mais afin de donner plus de solennité au chant, et de soulager la fatigue, les recteurs ou vicaires pourront y former des enfants, des jeunes gens et des hommes de bonne volonté, les y encourager par quelques moyens, leur faire comprendre la dignité de cet emploi et les exhorter à le remplir avec piété et à s'en rendre dignes par leur conduite et leur vie chrétienne.

On doit aussi s'appliquer à observer exactement les rubriques et les cérémonies ; elles ne sont point arbitraires ; établies par l'Église il y a obligation de les observer, par conséquent de les connaître et de les étudier ; on ne doit rien omettre et s'appliquer à garder l'uniformité en tout. Il fit quelques observations sur les encensements et sur l'usage obligatoire de la barrette à la retraite de 1846. Il venait de rétablir l'usage de cette dernière par une ordonnance.

La première obligation des pasteurs est l'instruction des fidèles; ils doivent apporter la plus stricte exactitude à faire le prône et les catéchismes, tous les dimanches qui ne sont pas exceptés. Mais, pour remplir ces devoirs avec fruit, il faut s'y préparer, afin de ne pas tomber dans la routine, de varier ses sujets pour ne pas dégoûter les fidèles par la fastidieuse répétition des mêmes idées toujours exprimées dans les mêmes termes bientôt surannés, et débitées sur le même ton monotone; afin d'éviter la longueur trop fatigante de ce qu'on appelle sermon d'abondance, presque toujours trop abondant pour la forme comme pour le fond. Il sera facile de remédier à ces défauts, en faisant, comme cela convient, prêcher les vicaires à leur tour. Mais, les uns et les autres doivent, par-dessus tout, éviter en chaire les accusations, même les allusions personnelles ou politiques, comme de parler de ses mécontentements, des difficultés qu'on éprouve de la part des autorités, du conseil municipal, pour sauvegarder les intérêts temporels de la Fabrique, etc., etc. Il faut de plus éviter toute allusion à ses désagréments personnels.

Dans ses catéchismes, il faut s'appliquer à saisir la manière de conduire les enfants, afin de leur inspirer de la confiance, sans familiarité, s'étudier à mettre ses instructions à la portée de leur faible intelligence; il y a une différence de conduite à tenir par rapport aux petits garçons et aux petites filles. En se rappelant que les enfants sont l'objet de la prédilection de notre Seigneur Jésus-Christ, et le plus précieux héritage de l'Église, on saura se dévouer à leur salut et respecter en eux les temples de l'Esprit-Saint, et, par suite, les traiter avec toute la patience et les égards de bienveillance qu'exigent le plus souvent leur ignorance et la rudesse de leur éducation première.

Les pasteurs doivent prendre garde d'exagérer sur l'assistance à la messe paroissiale et la confession au propre pasteur; ils doivent là-dessus se montrer d'une très-grande facilité, ne point imposer des obligations qui n'existent plus, et aller même au-devant des besoins et des vœux présumés de leurs paroissiens, les autorisant à aller ailleurs. Ils doivent se montrer parfaitement indifférents de l'abandon de leurs pénitents, ne point affecter de renvoyer aux vicaires les moins marquants, se souvenant qu'ils ne sont que les instruments de Celui à qui appartiennent les âmes, qui les sauve et les sanctifie comme, quand et par qui il lui plaît; se réjouir, en conséquence, comme l'Apôtre, pourvu que Jésus-Christ soit glorifié. — Ils doivent éviter la sévérité dans la confession, les fausses appréciations des choses (les danses, par exemple); et quand ils demandent des dispenses, il est nécessaire de garder le secret le plus strict. Puisque le sceau de la confession est d'institution divine, il doit être sacré, et ne faire jamais, pas même en général, l'objet de simple conversation; ni jamais percer, en particulier, dans les consultations nécessaires, seul cas où il soit permis de le généraliser.

Les pasteurs doivent visiter leurs paroissiens malades, même après qu'ils ont reçu les derniers sacrements. Dans les rapports de leur ministère avec les paroissiens, ils doivent bannir tout arbitraire, et éviter tout ce qui peut offenser justement, par exemple de supprimer arbitrairement le son des cloches aux noces ou baptêmes, pour quelque circonstance qui déplaît, comme la danse qui pourra avoir lieu.

L'administration temporelle des Fabriques exige toute l'attention des recteurs et curés : 1° Ils doivent se défier des marchands coureurs, qui ne sont pas bien connus ; 2° ne point acheter d'eux des objets pour le service de l'église (ornements, croix, vases sacrés) sans une autorisation de la Fabrique, régulièrement délibérée et approuvée par qui de droit. Les pasteurs doivent former des conseils et des bureaux réguliers, et s'abstenir de tout régler sans contrôle. Il faut se souvenir qu'il y a obligation de demander l'avis de l'évêque avant de faire aucun changement dans la distribution des églises. L'argent des honoraires ou du casuel doit toujours être mis à part avec des notes bien explicites et jamais confondu avec l'argent appartenant au prêtre, — ne jamais y toucher pour ses besoins personnels ; 3° ils doivent s'appliquer de plus en plus à rendre la comptabilité régulière pour la forme des budgets, prendre pour base des recettes et dépenses ordinaires la moyenne des années précédentes, d'après les comptes rendus. — Les budgets une fois approuvés, il faut s'y conformer aussi strictement que possible pour les divers articles de dépenses. — S'il y a nécessité de faire des dépenses non prévues au budget, faire un budget supplémentaire qui devra être approuvé. — En votant une dépense, il faut toujours indiquer par quels moyens elle sera soldée. — On doit apporter la plus grande régularité à la tenue des registres des dépenses et des recettes, avoir des quittances en bon ordre, et pour la caisse tenir rigoureusement au coffre à trois clefs selon la loi. — S'efforcer d'établir des tarifs pour tout ce qui tient aux rétributions dues à la fabrique et au personnel des églises, s'il y a moyen. — Comme il y a de grandes difficultés et de nombreuses formalités pour obtenir des secours des communes, il faut tâcher de se suffire à soi-même. — Enfin les curés et recteurs doivent former les vicaires à toute cette administration.

Envers les autorités temporelles, les maires, les conseils municipaux, les conseils de fabrique, les prêtres doivent se montrer toujours bien disposés et condescendants ; ils ne doivent pas les croire facilement ennemis, surtout ne jamais se permettre d'accusation. Il faut s'en rapprocher autant que possible, garder pardessus tout la mesure, les convenances et la politesse dans les correspondances et les délibérations. — Ces mêmes règles sont applicables vis-à-vis de tous les laïcs. Ils doivent éviter sans hauteur et sans affectation, mais avec une constance toujours sur la réserve, de se compromettre par des airs de familiarité avec les domestiques soit des presbytères, soit des maisons qu'ils peuvent fréquenter, ne jamais s'arrêter à tenir conversation dans les cuisines ou les lieux de service, et ne pas commettre l'inconvenance de paraître préférer la compagnie des serviteurs à celle des maîtres. Enfin, en tout cela, s'appliquer à connaître les règles de la politesse et des convenances, et les observer strictement et toujours, afin qu'elles deviennent comme naturelles, se souvenant que c'est de la sorte qu'on gagne les âmes à Dieu et que, par le contraire, on les en éloigne. — Comme les paysans consultent les bourgeois, non toujours sans détriment pour leur religion, il est bon de leur faire remarquer (en particulier) que les prêtres sont les enfants des paysans, et, par suite, leurs conseillers les plus désintéressés comme les plus affectionnés.

Enfin, les rapports des prêtres entre eux et la tenue des presbytères se retrouvent dans toutes ses notes de retraite. — Il y recommande l'union de la charité, l'absence de la jalousie là et ailleurs; éviter les intrigues, les cabales. Les vicaires doivent soumission, respect et déférence aux curés et recteurs; ils pourront réclamer s'ils se croient lésés, mais avec réserve, convenance et dignité, sans hauteur comme sans saillies de jeunesse. Les recteurs et curés doivent à leurs vicaires bienveillance, conseils, et soins paternels. Il faut que le presbytère soit une famille bien réglée, une communauté régulière et édifiante. Les vicaires ne doivent point s'absenter sans la permission du recteur; on doit toujours savoir où les rencontrer au besoin. — Il faut viser à une stricte économie domestique, ne pas faire de dettes. — La tenue dans les presbytères doit toujours être décente, et comme si l'on était en public, bien qu'on soit seul. — Les repas de pardon et autres doivent être modestes; il faut y garder la sobriété, l'économie, en bannir la multiplicité des vins, et éviter les nombreuses réunions trop fréquentes, comme les jeux prolongés et qui ne seraient pas d'utiles délassements. — Les prêtres se doivent des avertissements mutuels sur leurs écarts ou leurs faiblesses; de la part de ceux qui les donnent, charité, discrétion, tact et délicatesse; de la part de ceux qui les reçoivent, humble reconnaissance, docilité. Mais il y a une stricte obligation de garder la discrétion sur les défauts que l'on connaît dans ses confrères, et de ne pas les publier. La charité est le signe auquel on reconnaît le disciple de Jésus-Christ, elle est le plus bel ornement du prêtre qui doit la prêcher encore plus par ses exemples que par ses paroles. Cette charité doit surtout être exercée envers les prêtres compromis, il ne faut point en parler, ne point détourner ceux qui les reçoivent; ce serait commettre une injustice, en leur enlevant les moyens et la facilité de se réhabiliter. Rien de plus précieux, pour un prêtre, que sa réputation, mais aussi rien de plus fragile comme rien de plus malheureux que de la perdre ; car alors le prêtre est seul et comme banni de l'univers, et les plus tristes conséquences peuvent en résulter. — S'il est besoin de le faire, on doit prévenir discrètement les supérieurs, qui sauront remédier dans la prudence et la charité. On doit prévenir de même les supérieurs de tout ce qu'on remarquerait de répréhensible dans les ordinands et les écoliers. — Quand les confrères tombent malades, et qu'ils sont seuls, il faut s'entendre par canton pour que quelqu'un les visite et les soigne, tous les jours ; éviter de les grever, mais se rendre par exemple le soir, surtout s'il est nécessaire de passer la nuit près du malade. — Veiller à ce qu'ils puissent recevoir à temps les derniers sacrements. — Il est de convenance qu'il y ait plusieurs prêtres pour l'administration du saint Viatique et de l'Extrême-Onction à un confrère. — Quand un recteur remplace un confrère transféré ailleurs, ou décédé, il doit s'arranger avec lui ou ses héritiers pour les produits des terres ou jardins, etc., d'après les lois sur la matière et sur ce principe que le pasteur n'est qu'usufruitier [1]. »

Ces notes montrent avec quelle sollicitude il s'occupait de ses prêtres, combien il les aimait. Comme un excellent père de famille, il ne dédaigne pas, dans l'intérêt de ses enfants, de descendre avec eux dans les moindres détails de leur vie.

Mais si le charitable prélat était paternel dans ses avis, il ne l'était pas moins dans ses relations avec son clergé. Son cabinet était toujours ouvert à chacun de ses prêtres : il les recevait à toute heure, avec une simplicité et une affabilité très-grandes.

Quand un ecclésiastique de son diocèse était dans le chagrin, il s'en affligeait et il le plaignait souvent devant ceux qui vivaient près de lui. Entendait-il dire, aú contraire, qu'un membre de son clergé était heureux, il s'en réjouissait et il ne pouvait s'empêcher d'exprimer sa joie.

On connaissait si bien son bon cœur que les congrégations du

[1] Vie de Mgr Graveran, par M. Maupied.

synode, qu'il tint au mois de septembre 1851, émirent le vœu de ne pas voir rétablir dans le diocèse le tribunal de l'officialité. — Elles émirent du reste ce vœu dans les termes les plus touchants et les plus flatteurs pour son administration [1]. Les paroles suivantes que nous tenons de celui auquel il les adressa, dit M. le docteur Maupied, nous donnent la mesure de ce cœur de père : « Le grand nombre des affaires de mon diocèse m'oblige à me « décharger sur mes grands vicaires ; mais il est une partie de « mon administration que je me suis réservée exclusivement : ce « qui regarde mes prêtres. Tout ce qui touche à eux, leur con- « duite, leur zèle, leur ardeur pour l'étude, leurs défauts, leurs « travers, leurs écarts, tout cela ne ressort et ne relève que de « moi. C'est ma charge pastorale que je ne communique à per- « sonne. Nul n'a mission de moi pour s'occuper de reprendre ou « d'avertir mes prêtres. Seul je les juge ; seul je les condamne ou « les absous dans la lumière que je crois recevoir de Dieu pour « cela. »

VII

On ne l'a pas oublié, dans sa première lettre à ses diocésains, Mgr Graveran avait dit, avec un accent de conviction qui frappe : « Dans les perplexités ou les combats de notre administration spi- « rituelle, nous invoquerons avec confiance les lumières et l'au- « torité du pontife suprême auquel nous nous tiendrons attaché « par les liens d'une inviolable soumission. » Pendant tout son épiscopat, il tint fidèlement à ce solennel engagement ; et sur ce point, comme sur les autres, il pouvait dire aux prêtres et aux

[1] Quoi qu'il en soit, il rétablit l'officialité en principe. Parce que, dit-il, il pourrait venir un moment où des prêtres incriminés croiraient trouver des garanties plus fortes et plus nombreuses au tribunal de l'official prononçant suivant des formes arrêtées et une jurisprudence connue, que dans la sentence de l'évêque jugeant seul ou avec son conseil, d'après les lumières de sa conscience et suivant l'impulsion de son cœur. (*Statuts diocésains.*)

fidèles : *Soyez mes imitateurs...* Soyez comme votre évêque les enfants dévoués du Vicaire de Jésus-Christ.

Le respect qu'il avait pour l'autorité du chef visible de l'Église était basé sur la connaissance profonde qu'il avait de ses droits sacrés et de ses divines prérogatives. Cette connaissance est, après les mystères de notre foi, la plus importante pour un chrétien, celle qui illumine toute l'économie de l'Église et sans laquelle on ne la comprend pas ; cette connaissance, il s'était efforcé de la communiquer à ses paroissiens de Saint-Louis lorsqu'il était curé de Brest, en leur prêchant sur la suprême autorité du pontife romain et les bienfaits de la papauté dans l'univers entier. Devenu évêque de Quimper, il saisit l'occasion de l'élection du pontife Pie IX pour prêcher la même doctrine aux prêtres et aux fidèles de son diocèse. Le mandement qu'il publia dans cette circonstance n'est guère que la reproduction de ses deux sermons de Saint-Louis revus et augmentés. C'est un magnifique discours où l'autorité des souverains pontifes et l'usage qu'ils en ont fait, depuis saint Pierre, sont démontrés avec une évidence à laquelle l'esprit le plus prévenu ne peut résister, avec une ampleur de style et une éloquence qui ravissent et entraînent. Montrons comment il établit la primauté de saint Pierre et de ses successeurs :

« Sans doute le pouvoir de fermer et d'ouvrir n'a pas été donné « si exclusivement à saint Pierre que ses collègues dans l'aposto« lat n'en dussent recevoir aucune participation. Mais l'autorité « qui leur fut accordée plus tard ne révoqua point la première « concession faite à leur chef, et dut être subordonnée à la sienne. « Ce n'est donc pas une simple courtoisie, quand l'Évangile appelle « saint Pierre le premier des apôtres, *primus Simon qui dicitur « Petrus* [1]. Ces paroles annoncent une primauté de juridiction « aussi bien que d'honneur, et l'esprit de schisme a pu seul repré« senter saint Pierre au milieu des apôtres, comme le président « d'une assemblée au milieu de ses égaux. Et qui pourrait balan« cer dans l'Église la puissance de celui qui a reçu de la confiance « du souverain Pasteur la conduite de tout son troupeau, des

[1] Matth., x, 2.

« brebis comme des agneaux, des enfants spirituels et de leurs « pères dans la foi : *Pasce agnos meos, pasce oves meas* [1]. Évêques et « pontifes, conduisez dans les bons pâturages la partie du bercail « confiée à votre sollicitude : *Pascite qui in vobis est gregem Dei* [2]. « Au prince seul des évêques il appartient d'étendre sa vigilance « sur le bercail tout entier. »

Plus loin, parlant du rôle dévolu aux pontifes romains au moyen âge vis-à-vis des souverains, et de leur intervention dans les affaires de la chrétienté, il s'écrie : « Admirez surtout leurs « efforts pour abolir les guerres particulières, ou du moins en « adoucir les rigueurs. Que de canons dressés, que d'anathêmes « lancés par eux ou par les conciles tenus sous leur autorité pour « affaiblir et déraciner enfin cette coutume barbare ! S'ils n'ont « pas réussi tout d'abord, ils ont procuré du moins au malheu- « reux quelques jours de trêve et de repos, et la continuité de « leurs efforts a obtenu, à la longue, un triomphe complet. Vous « parlerai-je encore de leurs sévères remontrances aux rois oppres- « seurs? Les peuples, courbés sous un sceptre de fer, tournaient « leurs regards vers le trône pontifical, et le vicaire de Jésus- « Christ ne craignait pas de prêter à leurs lamentations la puis- « sance de sa voix et l'autorité de la religion.

« Nous ne rechercherons pas l'origine de cette influence extraor- « dinaire que les papes ont exercée sur les plus fiers potentats, bien « qu'elle soit facile à découvrir. Cette influence est un fait notoire : « elle était généralement reconnue par les peuples et par les rois, « elle s'exerçait sans contestation sur l'Europe soumise; et si l'on « admet en principe l'action réciproque des États sur leurs desti- « nées, suivant leurs forces respectives ou le caractère de leurs « souverains, nous ne voyons pas ce que l'on trouverait à redire « à l'intervention des papes dans les affaires de la chrétienté, « intervention réclamée longtemps par l'opinion générale, et « presque toujours employée pour le bonheur public. »

Ailleurs il flagelle d'une manière sanglante les audacieux par-

[1] Joan., XXI, 15.
[2] I Petr., V, 2.

tisans d'*une Église nationale* : « Un patriotisme qui ne se comprend « pas lui-même a murmuré le nom d'*Église nationale*. L'Église, « dit saint Paul, est *la colonne* et le *soutien de la vérité*. Sur la na- « ture de Dieu, sur les destinées de l'homme, sur la mission du « Rédempteur, quelqu'un a-t-il eu connaissance d'une vérité na- « tionale, d'une révélation nationale? L'Église est le soleil placé « par la main du Tout-Puissant au centre de la création spirituelle « pour répandre sa lumière dans les intelligences obscurcies par « le mensonge, sa chaleur dans les cœurs glacés par l'égoïsme. « O grands défenseurs de l'indépendance de la patrie, réclamez « bien haut un soleil national; ou mieux encore puisqu'il n'en a « été donné qu'un seul pour notre monde, ne vous dérobez point « à sa bénigne influence! »

Dans sa réponse à *nos frères séparés* il précise encore davantage la primauté du pape et son droit ordinaire sur les évêques :

« Les douze apôtres avaient reçu, comme saint Pierre, les grâces « ordinaires de l'*épiscopat*, et les dons extraordinaires de l'*apos-* « *tolat*, le caractère, la juridiction, l'infaillibilité personnelle, le « droit de fonder des églises, le don des miracles, des langues, de « prophétie; mais avec subordination à sa primauté pour conser- « ver l'unité. Aujourd'hui encore l'*épiscopat est un*, et le pape est « un évêque; il n'a que le caractère épiscopal, le plus élevé dans « l'Église, et où réside la plénitude du sacerdoce : son pouvoir est « de même nature, et ne diffère que par les limites plus étendues « dans lesquelles il s'exerce, quant aux lieux et aux personnes. « Évêque de Rome, il gouverne son diocèse comme ses collègues; « chef des évêques, il possède sur eux, par l'institution divine, et « pour le maintien de l'unité, un droit de surveillance, de direc- « tion, de commandement, de censure, de répression, au point de « vue de l'enseignement doctrinal, de la règle des mœurs et de la « discipline ecclésiastique. »

Dans la même brochure, il parle en ces termes du pouvoir temporel du souverain Pontife : « L'autorité spirituelle est l'essence « même de la papauté. Sa souveraineté temporelle est un fait « humain et que nous croyons providentiel; si elle en était privée, « nos croyances n'en recevraient pas la plus légère blessure.

« *Charlemagne* et *Napoléon* (l'écart momentané de son ambition « n'affaiblit pas son jugement), ont pensé que l'indépendance tem- « porelle du pape pouvait servir à l'exercice de son autorité spiri- « tuelle. Vous le contestez : permettez-nous d'être de l'avis de « Napoléon et de Charlemagne. »

Dans ses circulaires relatives à l'Immaculée-Conception, il exprime clairement sa foi à l'infaillibilité du pape.

En promulguant l'Encyclique du souverain Pontife Pie IX, du 1er août 1854, par laquelle Sa Sainteté accorde une indulgence en forme de jubilé, Mgr Graveran écrit en ces termes au clergé et aux fidèles de son diocèse :

« Vous écouterez avec respect et vous méditerez avec un esprit « de soumission les paroles descendues de la chaire apostolique et « que nous sommes heureux de vous transmettre. Ce n'est pas un « prédicateur ordinaire qui va vous instruire; ce n'est pas un « simple docteur se recommandant par l'étendue de la science, « un pontife rassemblant sous sa houlette pastorale telle partie « du troupeau de Jésus-Christ : c'est le pasteur suprême et uni- « versel dont la sollicitude embrasse l'Église entière, dont la voix « retentit jusqu'aux limites du monde. Deux grandes pensées « remplissent son âme : le salut de la société chrétienne compro- « mis par les ravages de l'erreur et de la corruption; la gloire de « la Mère de Dieu qu'une déclaration solennelle et souveraine « proclamera toujours immaculée. Pour ce double objet, sa pater- « nité réclame le concours de notre foi, de nos œuvres et de nos « prières; nous l'accorderons avec un pieux et filial empresse- « ment. »

Adressant, en 1849, à son troupeau la première encyclique de Pie IX, datée de Gaëte, il s'exprime ainsi :

« Au milieu de ses préoccupations pastorales et des tristesses « de son exil, le vénérable chef de l'Eglise a suivi d'un œil attentif « le mouvement de la piété catholique qui se porte avec une ar- « deur chaque jour plus marquée, vers son trône pontifical, pour « en faire descendre une décision solennelle conforme à ses vieilles « croyances et à ses sentiments les plus chers pour la Mère de « Dieu.

« Le moment lui semble venu de répondre à ce pieux appel et « d'élever à la hauteur d'un dogme de notre foi cette vérité : « Marie a été conçue sans la tache originelle.

« Cependant avant de prononcer souverainement, le Vicaire de « Jésus-Christ invite ses frères, les évêques, à lui faire connaître, « sans retard, leurs pensées et leurs vœux sur cette grave ques- « tion, la dévotion du clergé aussi bien que des fidèles envers la « conception de la Vierge immaculée et le désir avec lequel ils « appellent la décision du Siége apostolique. »

Rien de plus touchant que la manière dont il annonce à ses diocésains la définition du dogme de l'Immaculée Conception. Le pieux évêque est déjà presque mourant. Ecoutons les accents de sa tendre piété pour Marie et de son affectueuse soumission à l'autorité infaillible du successeur de saint Pierre :

« Au milieu des étreintes de la grave maladie qui nous accable, « nous éprouvons une bien douce satisfaction et un soulagement « à notre douleur, en vous faisant parvenir la Lettre apostolique « que Sa Sainteté le pape Pie IX nous a adressée pour être pro- « mulguée dans notre diocèse.

« Vous connaissez déjà l'objet de cette lettre, car à la première « nouvelle que le Souverain Pontife avait solennellement pro- « clamé, du haut de la chaire de Saint-Pierre, le dogme de foi de « l'Immaculée Conception de la très-sainte Vierge, Mère de Dieu, « un cri de joie universelle a retenti dans toute l'Eglise, et ce « pieux retentissement a déjà eu lieu dans quelques paroisses « du diocèse. Mais nous savons encore combien il tarde à nos po- « pulations, si dévouées au culte de Marie, de s'associer à l'élan « général et de témoigner, par une manifestation publique, de la « part qu'elles prennent à la joie commune... »

Quand, cinq ans auparavant, Pie IX rentra dans Rome, *après un long et douloureux exil*, il ordonna des prières d'actions de grâces dans tout son diocèse dans des termes qui témoignent de son filial amour pour l'Évêque des évêques. Le mandement par lequel il annonça, en 1846, la mort de Grégoire XVI, est plein des mêmes sentiments d'affection, de dévouement et de reconnaissance pour le Père commun des fidèles.

Quelques mois avant l'époque fixée par notre Saint-Père le pape Pie IX, pour la définition de l'Immaculée Conception de la sainte Vierge, un des collègues de Mgr Graveran lui écrivit une lettre dans laquelle il déplore les attaques portées dans ces derniers temps aux traditions et aux usages de l'*Église de France*; il lui dit qu'il est un des plus glorieux élèves des écoles de Paris; qu'il est placé par ses lumières, sa sagesse et ses vertus au premier rang parmi nos évêques, et il lui propose de se réunir à lui pour amener plusieurs de leurs frères dans l'épiscopat à représenter au Souverain Pontife, à Rome, les inconvénients et les dangers qu'il y aurait à innover chez nous sur beaucoup de points et à ne pas respecter nos usages.

Mgr Graveran répondit qu'il ne savait pas s'il aurait le bonheur de se rendre à l'invitation du Saint-Père et de voir Rome, — que le triste état de sa santé ne lui en laissait guère l'espoir, — puis il ajoute ces mots : « Mais je sais une chose, c'est que si je vais à Rome, je m'y rendrai *non pour faire des représentations au Chef de l'Eglise ou lui donner des leçons, mais bien pour recevoir très-humblement les siennes* et déposer à ses pieds l'hommage de mon profond respect, de mon obéissance et *de mon inviolable soumission.* »

Il avait annoncé que *dans les perplexités de son administration spirituelle, il invoquerait les lumières du pontife suprême;* il le fit toujours avec une humilité et une simplicité d'enfant. Ainsi, en 1844, il le consulta pour savoir si les prêtres ayant charge d'âmes étaient tenus à l'application du saint sacrifice de la messe pour leurs paroissiens, les jours de fêtes supprimées par le concordat. En communiquant à ses curés la réponse du Saint-Siége, il leur dit tout naïvement qu'il avait cru jusqu'à ces derniers temps que les pasteurs étaient dispensés de cette obligation, puisque les fidèles étaient eux-mêmes dispensés de l'assistance à la messe, ces jours-là. « Plusieurs décisions successives, ajoute-t-il, nous ont montré que nous étions dans l'erreur. Nous nous sommes donc adressé au Souverain Pontife... »

Mais l'affaire dans laquelle on voit briller, avec sa prudence, son désir de suivre les règles de l'Église et sa soumission aux décisions de son chef, c'est la question du Bréviaire diocésain. Mgr de Poulpiquet avait fait imprimer, en 1835, un bréviaire qui n'était autre que le Parisien avec quelques modifications propres au diocèse de Quimper. Ce bréviaire, tiré à deux mille exemplaires, fut imposé à tous les prêtres du pays. Une dizaine d'années après, un grand nombre d'entre eux réclamèrent le bréviaire romain, — des pétitions furent faites à ce sujet... — Ne voulant pas trancher de lui-même la question, à cause des disputes liturgiques qui divisaient alors les esprits en France, il s'adressa directement à Rome par l'entremise du père de Rozaven, son diocésain, et assistant du Révérend Père général de la Compagnie de Jésus. Sa lettre au P. de Rozaven expose, avec une grande simplicité, toute la question et l'état de la situation des esprits à cette époque. La consultation est faite sous le voile de l'anonyme d'un prêtre de Quimper.

Citons la lettre et la consultation :

« Monsieur et très-révérend Père,

« J'ai recours à votre bienveillante intervention pour une affaire qui intéresse la paix de notre bon diocèse de Quimper. Je dois d'abord faire connaître quelques détails.

« Mgr de Poulpiquet a publié en 1835 un bréviaire propre au diocèse de Quimper. Il a été tiré à deux mille exemplaires à quatre volumes, plus un octavaire. C'est, pour le fond, le bréviaire ordinairement dit de Paris, et adopté par soixante-dix à soixante-douze diocèses de France. — Monseigneur l'a seulement accommodé à notre diocèse.

« Il fut reçu généralement avec plaisir, autant que je pus alors le reconnaître. Les oppositions durent être rares et n'eurent aucun éclat.

« Vers la même époque, le chapitre reprit l'office canonial du chœur, en faisant usage du bréviaire diocésain. Tout allait à bien, et quand je pris le gouvernement du diocèse, en 1840, je n'aperçus aucun symptôme de mécontentement.

« Mais les disputes liturgiques, récemment engagées en France, ont causé une certaine agitation dans une partie de notre clergé ;

quelques prêtres plus décidés ont rédigé des pétitions, provoqué des signatures, et après quelques mois de tentative j'ai reçu onze lettres, signées du sixième des ecclésiastiques du diocèse, à peu de chose près. Une de ces lettres venait du chapitre lui-même. Toutes demandaient l'abandon du bréviaire diocésain et le retour au romain.

« J'attendis l'époque de la retraite ecclésiastique; aucune réclamation, aucune demande ne me furent adressées, soit à Quimper, soit à Lesneven, quoique les retraitants fussent nombreux dans chacune des deux réunions.

« Après un long examen, je fis savoir que je croyais devoir maintenir le bréviaire diocésain, et que j'accorderais cependant des permissions personnelles pour la récitation du bréviaire romain, quand la demande en serait bien motivée.

« Cette déclaration a blessé les provocateurs des signatures, qui se donnent depuis de grands mouvements pour provoquer de nouvelles démonstrations. Ils ont troublé la conscience à quelques ecclésiastiques pieux, dont l'un est venu me dire qu'il ne croyait pas acquitter son office, en récitant le bréviaire diocésain; un autre aurait déclaré que si je lui avais refusé la permission de quitter le bréviaire diocésain, il l'aurait quitté malgré moi.

« On est venu à provoquer les démonstrations des personnes laïques. — Je dois vous faire observer que j'ai solennellement maintenu l'usage ecclésiastique du *Missel* romain, et pour les offices chantés du *Graduel*, du *Vespéral*, du *Processionnal* romain, de manière que les fidèles semblent ici parfaitement désintéressés.

« Vous connaissez l'état des esprits en France. Nous sommes civilement constitués; on raisonne, on discute sur tout. Cet esprit n'a pas manqué de gagner un peu le clergé, et il s'étend même aux questions de discipline, de liturgie, d'administration. Nous avons des journaux *très-catholiques*, où l'administration et la conduite des évêques sont censurées avec une grande amertume. Le prestige de leur autorité s'affaiblit, et les bons prêtres, entraînés dans cette voie, se rassurent par cette considération qu'ils ne sont en opposition avec leurs évêques que par attachement au Saint-Siége.

« Les choses en étant à ce point, je voudrais que vous eussiez la bonté de solliciter près de qui de droit, la réponse aux deux questions jointes à cette lettre. Si la réponse est affirmative pour les deux, je ne doute pas que la paix ne se rétablisse promptement.

« Ce sont deux questions pratiques, et je ne veux pas entamer la question du droit des évêques sur la liturgie.

« Je désire que la réponse rapporte textuellement, avec mes demandes, l'exposé dont je les fais précéder, afin que tout le monde voie clairement que les décisions ont une application actuelle pour le clergé de Quimper.

« Prompte réponse s'il vous plaît. »

CONSULTATION JOINTE A LA LETTRE PRÉCÉDENTE.

« Ante annum decimum, venerabilis memoriæ D. D. de Poulpiquet, episcopus Corisopitensis, pro suâ diœcesi, qualis hodie constituitur, breviarium proprium typis mandari curavit, quod quidem aliud non videtur a breviariis in omnibus ferè Galliarum diœcesibus receptis, sed in propriis diœcesi Corisopitensi accommodatum. Editum fuit ad duo millia exemplaria, quæ per integrum forsan sæculum sufficiant.

« De cætero, solam breviarii recitationem attigit pontificalis dispositio. — Pro celebratione missæ solum usurpatur missale romanum ; — item in officiis decantandis cæteris perleguntur libri romani exclusive (*Grad.*, *Vesper.*, *Procession.*).

« Dictum liturgiæ statum non judicavit immutandum D. D. GRAVERAN successor in episcopatu.

« Rebus sic se habentibus, interrogat N. sacerdos Corisopitensis :

« 1° Utrum breviarium Corisopitense recitari possit tutâ conscientiâ ?

« 2° Utrum magis expediat illa breviarii diœcesani recitatio ? »

La sainte Pénitencerie répondit, le 27 février 1845, qu'après avoir mûrement pesé les choses, tout en regrettant la perte des deux mille exemplaires du bréviaire diocésain, elle pensait qu'il était plus expédient de reprendre le bréviaire romain, qui avait été abandonné depuis peu d'années seulement[1].

A peine eut-il reçu cette réponse, qu'il se mit en devoir de se conformer aux désirs du souverain Pontife, manifestés par la décision de la sainte Pénitencerie. Dès ce moment fut tranchée pour l'humble et obéissant prélat la question alors agitée en France *du droit des évêques sur la liturgie*. Rome a parlé, la cause est finie. Au pape seul appartient le droit de régler la liturgie dans toute l'Église en général et dans toutes les Églises en particulier.

La reprise du bréviaire romain fut immédiatement décidée par notre évêque. Il fit rédiger à cet effet le Propre des Saints de son diocèse, puis il l'adressa à Rome, afin de le soumettre à l'approbation du Saint-Père. Le propre fut approuvé en 1851, et dès lors on rentra dans la règle de l'Église, touchant la récitation de l'office. En même temps qu'il ordonna la reprise du bréviaire romain, Mgr Graveran prescrivit au supérieur de son grand séminaire, le vénéré M. Goujon, d'étudier spécialement les cérémonies romaines, afin d'en bien inculquer les principes et la pratique aux jeunes clercs qui, devenus prêtres, communiqueraient à d'autres l'amour de cette étude. Il faisait pratiquer à cet effet de fréquentes répétitions au séminaire, s'informant avec intérêt des progrès des séminaristes; et ce fut avec une vraie joie qu'il les vit, pour la première fois, exécuter dans sa cathédrale le cérémonial romain. Il disait agréablement après les offices de la journée : « Nos jeunes gens ne s'en tirent pas mal! »

Une autre preuve de son obéissance aux décisions émanées de Rome.—La Théologie de Bailly, que l'on suivait dans son séminaire, fut frappée par la congrégation de l'Index. Il se soumit immédiatement à ce décret, en déclarant que désormais on ne se servirait plus de cette Théologie pour l'instruction des séminaristes. Seule-

[1] *Sacra pœnitentiaria mature perpensis expositis, etsi doleat de damno subeundo bis mille exemplariorum, tamen attentis omnibus respondendum censuit oratori, magis expedire ut reassumatur usus Breviarii romani, qui a paucis tantum annis interruptus fuerat. Datum Romæ in S. Pœnitentiaria, die* 27 *februarii* 1845. *E. Card. Castracane. M. P.*

ment, comme l'année scolaire était près de finir et qu'il n'était pas facile de se procurer tout de suite un nouvel auteur, il permit d'user, jusqu'aux vacances, de l'auteur condamné.

Tel fut Mgr Graveran dans sa conduite vis-à-vis du Saint-Siége. Peut-on être plus humble, plus simple et plus soumis qu'il le fut, en toute circonstance, dans ses rapports avec Rome? C'est le propre des grandes âmes et des fortes intelligences d'unir la simplicité au savoir! C'est le propre des âmes vertueuses d'unir l'humilité à la plus haute capacité! Prêchant souvent à ses prêtres le respect pour l'autorité, pour la hiérarchie sacerdotale, il voulait, sur ce point encore, leur donner l'exemple, en recourant lui-même et en se soumettant, avec empressement, à la première autorité de ce monde, à celle du vicaire de Jésus-Christ.

VIII

Nous venons de considérer Mgr Graveran accomplissant sa mission d'évêque au milieu de son troupeau. Nous l'avons considéré dans ses relations avec le chef de l'Église. Maintenant nous devons montrer comment il se conduisit dans les questions générales qui intéressent non-seulement un diocèse, mais la société tout entière.

Parmi ces questions, il en est une principale, une question, je dirai presque, de vie ou de mort : c'est celle de la liberté d'enseignement. Cette liberté, promise dans la charte de 1830 et toujours refusée, préoccupait alors et préoccupe encore aujourd'hui en France tous ceux qui aiment le bien et l'Église.

On sait quelles luttes énergiques elle engagea, quelles éloquentes protestations elle souleva, quels héroïques dévouements elle provoqua! Mgr Graveran avait trop à cœur le bien de son pays; il aimait trop l'Église, pour ne pas, lui aussi, réclamer à grands cris cette précieuse liberté qui est le droit de chacun et dont le refus est une iniquité et un asservissement.

Le 30 octobre 1843, le Ministre de l'Instruction publique ayant consulté confidentiellement les évêques sur cette grave question, l'évêque de Quimper lui répondit en ces termes :

« Monsieur le Ministre,

« Dans une lettre assez récente, j'avais l'honneur de déclarer à Votre Excellence que, pour l'heure, j'étais tranquille sur la direction et l'enseignement des quatre colléges de plein exercice établis dans mon diocèse. Mais je ne lui dissimulais pas mes inquiétudes pour l'avenir. Je me permettais de lui faire observer que des mutations pouvaient avoir lieu d'une année à l'autre dans le personnel des professeurs; que l'université pouvait garantir leur savoir, leur probité, leur conduite honorable, mais non leurs croyances religieuses, et que dès lors, comme tous mes collègues, comme tous les hommes de foi, j'attendais avec anxiété la loi qui devait assurer la liberté de l'enseignement promise dans la charte.

« Je me suis borné à ces communications avec Votre Excellence, mais je me garderai de condamner les évêques qui se sont crus dans la pénible nécessité d'élever la voix, et de signaler tout haut le danger qui alarmait leur sollicitude. Je ne suis pas le juge de mes collègues, je me borne à dire que le zèle des pasteurs de l'Église doit être dirigé par la prudence, mais soutenu par la force; qu'ils ne doivent pas hésiter à signaler à leurs ouailles les doctrines et les enseignements qui attaquent la foi et la règle des mœurs; et leur voix, au lieu de s'affaiblir, doit avoir l'éclat de la trompette. »

En même temps, il fit tirer sept copies de cette lettre qu'il adressa à l'archevêque de Tours, son métropolitain, et à tous les évêques de la province ecclésiastique. La lettre était précédée du préambule qui suit dont chacun remarquera la portée :

« Monseigneur,

« Dans l'impossibilité où nous sommes de nous communiquer de vive voix nos craintes et nos vues sur l'avenir et le bien de l'Église, et pour obvier un peu aux inconvénients de notre isolement, je crois devoir vous communiquer, et à tous les évêques de notre province ecclésiastique, la réponse que j'ai faite à la circulaire confidentielle du 30 octobre 1843. Je recevrais avec reconnaissance communication de celle que vous ferez vous-même, et je désirerais que cet usage s'établît entre nous à l'avenir. »

Au mois de janvier de l'année suivante (1844), il adressa à son clergé une circulaire sur ce sujet qui devenait de plus en plus important. En effet, les ennemis de l'Église se remuaient davantage et s'acharnaient de plus en plus contre les partisans de la liberté de l'enseignement. Voici cette circulaire :

« Nous voulons aussi vous entretenir d'une question qui préoccupe vivement les esprits et qui mérite en effet la plus sérieuse attention. Il s'agit de la liberté d'enseignement.

« Des voix nombreuses se sont élevées de toutes parts, et, sans doute, des voix plus nombreuses encore s'élèveront bientôt contre l'illégalité, les dangers certains, les funestes effets du monopole de l'enseignement.

« Dans ce concert de volontés et d'efforts pour obtenir la plus précieuse des libertés, le clergé devra se faire remarquer par la fermeté de son zèle, la pureté de ses vues, et la mesure parfaite de son langage; mesure qui ne sera pas le cachet de la faiblesse, mais le signe de la confiance appuyée sur la justice.

« Les écoles secondaires dans ce diocèse, reçoivent, à ce que nous croyons, une direction sage, ferme, éclairée; la religion, respectée dans tous ces établissements, est florissante dans quelques-uns, où les maîtres comme les élèves donnent l'exemple de la piété la plus édifiante. Longtemps inquiets sur l'esprit de certains enseignements, nous sommes plus tranquilles à cette heure, et nous aimons à nous persuader qu'aucune doctrine condamnable ne réveillera nos alarmes. C'est quelque chose; c'est beaucoup, si l'on veut; mais ce n'est pas la liberté promise, qui peut seule rassurer pleinement pour l'avenir.

« Les écoles élémentaires sont bien tenues.... Nous ne voulons pas mentionner quelques exceptions fâcheuses. Mais encore ici nous devons faire des vœux pour une liberté mieux définie et plus complète. Nous ne pouvons oublier, qu'en opposition avec les dispositions textuelles des lois et ordonnances, quelques-uns de nos comités supérieurs ont pris un arrêté formel pour repousser à l'avenir des écoles communales les maîtres appartenant à une congrégation religieuse, même reconnue et autorisée par l'État. Ces comités rejettent inexorablement tout instituteur religieux présenté de concert par les conseils communaux et les comités de surveillance, et, en cas de persistance, prétendent leur imposer d'office un instituteur que les intéressés, à leur tour, refusent dans la limite de leur droit incontestable; plus d'une fois l'autorité supérieure a dû intervenir pour opposer une barrière aux prétentions d'un despotisme qui n'a pas même en sa faveur une apparence de légalité.

« Dans des conjonctures aussi difficiles et aussi délicates, c'est un devoir pour le clergé de former des vœux pour la liberté d'enseignement, et d'appuyer de son suffrage les pacifiques manifestations essayées pour atteindre un but si désirable. Sans prétendre formuler les dispositions législatives, il doit vouloir et demander :

« 1° Que dans aucun cas un père ne soit dans l'obligation de faire donner à ses enfants une instruction qui lui semble pernicieuse ou dangereuse pour leur foi et leur innocence.

« 2° Que dans aucun cas l'instruction reçue, en dehors de l'enseignement officiel, ne devienne directement ou indirectement une cause d'exclusion ou de défaveur dans la recherche ou l'exercice des divers emplois de la société. »

Dans ses avis particuliers à ses prêtres, il revient souvent sur cette question. Nous trouvons dans ses manuscrits une note qui est sans doute le canevas d'une allocution adressée à son clergé réuni en retraite pastorale. Elle a pour texte ces paroles de saint Bernard : « Il vaut mieux voir arriver le scandale que de voir la vérité abandonnée [1]. »

[1] *Melius est ut scandalum oriatur, quam ut veritas relinquatur.* (S. BERNARD., *Epist.* LXXVIII, 4°, 10.)

Dans cette allocution, il rappelle le devoir qui incombe au prêtre de défendre envers et contre tous la liberté de l'enseignement. « Cette liberté est un droit nécessaire au bien spirituel des peuples; « il faut le réclamer. La proclamation de ce droit est une vérité à « dire, — il ne faut pas la taire. — On doit sans doute user de « ménagements, se tenir sur ses gardes, d'autant plus que nos « ennemis ont l'œil ouvert constamment sur nous..... Ils nous « attaquent *violemment ;* rien ne les arrête..... Ils nous attaquent « *impunément ;* on les soutient, on les encourage..... Pour nous, « quand nous attaquons, on nous fait un procès ; tant mieux ! On « comprend que nous avons l'habitude et l'obligation de souffrir. « Notre habit nous désigne à la haine, d'autant plus qu'il rappelle « des devoirs... Le devoir du prêtre est de lutter pour la vérité. « On s'y attend. Il est la lumière du monde, — il doit éclairer les « populations. — Les personnes du monde courent sur la brèche ; « on les loue, on les admire. On trouve tout simple que le soldat « s'expose, soit blessé, tué... N'est-ce pas sa vocation, sa des- « tinée ?

« Luttons donc, combattons pour la liberté d'enseignement. — « Cette question est de la première importance. — Elle se rat- « tache à la liberté de religion et de culte pleinement incomprise « en France.

« On nous attaque, on nous calomnie : c'est ainsi que l'Église a « toujours été traitée, depuis Jésus-Christ, par les ennemis de Dieu « et de son Christ. Des misérables se figurent des plaies pour ex- « citer la pitié des passants... Les ennemis de la religion couvrent « de plaies simulées les religieux et les prêtres séculiers, pour « exciter l'horreur, et la foule abusée s'éloigne avec dégoût et « colère, comme si on voulait lui inoculer le virus de ces plaies « hideuses...

« Vous prierez donc pour que Dieu éclaire ceux qui gouvernent. « — Nous ne sommes pas de ceux qui se réjouissent des em- « barras du pouvoir, — qui lui en créent pour le plaisir de les lui « reprocher, peut-être en vue de le renverser..... Ce n'est pas là « notre usage... Notre pensée ne va pas si loin : *Nos talem consue-* « *tudinem non habemus.*

« La gloire du disciple est de ressembler à son maître. Nous « voulons donc pour nos enfants des maîtres irréprochables, — « des maîtres à qui ils puissent ressembler sans rougir. — Donc « pas de maîtres de mensonge et d'immoralité : *Cœcus si cœco « ducatum prœstet, ambo in foveam cadunt. — Abyssus abyssum « invocat.* »

Puis il termine par le développement de ces textes de saint Paul aux Corinthiens :

« Ne donnons aucun sujet de scandale à personne, afin que l'on « ne blâme pas notre ministère. Mais montrons-nous en toutes « choses tels que doivent être de véritables ministres de Dieu, « principalement par l'exercice d'une grande patience dans les « afflictions, dans les adversités, dans les oppressions ; sous les « coups que nous recevons, dans les prisons où l'on nous ren- « ferme, dans les émotions des peuples qui se soulèvent contre « nous, dans les travaux, dans les veilles, dans les jeûnes... » — Honorons encore notre ministère « par la science..., par la longa- « nimité..., soit que l'on nous loue, soit que l'on nous méprise, « soit que l'on parle bien de nous, soit que l'on nous diffame. »

Telles sont les principales notes relatives à cette allocution ; elles laissent voir, à travers ce pâle exposé, combien le discours du prélat dut être précis et fortement accentué.

Mais il ne se contentait pas de défendre la liberté de l'enseignement par ses paroles, il la défendait aussi par ses actes. Afin de lutter avec avantage contre les ennemis de cette liberté, il avait soin de pourvoir son petit séminaire et les autres établissements sur lesquels il avait action, de professeurs capables et irréprochables à tous égards. C'est dans cette pensée qu'il plaça un grand nombre de jeunes prêtres à la tête des écoles primaires et qu'il fit venir, le plus qu'il put, dans les villes et les campagnes de son diocèse, les frères du bienheureux Lasalle et de M. l'abbé Jean de Lamennais. C'est dans cette pensée qu'il favorisait partout les écoles libres, spécialement celles qui étaient tenues par des ecclésiastiques ou des religieux, bien qu'elles ne fussent pas toujours établies dans son diocèse.

Il portait, par exemple, le plus vif intérêt à l'institution de

Sainte-Marie-de-Gourin, fondée aux limites des départements du Finistère et du Morbihan par M. l'abbé Maupied. Il aimait à s'y rendre, sans doute pour visiter l'éminent supérieur de la maison dont il recherchait l'agréable commerce et les savants entretiens, mais aussi pour donner à cet établissement libre une marque publique de sympathie et d'encouragement.

Il recommanda (toujours dans la même pensée), l'œuvre établie dans le diocèse de Saint-Brieuc par M. A. Duclésieux, *pour la colonisation de la Bretagne, en faveur des orphelins, enfants pauvres, trouvés ou abandonnés.*

Dans toutes les retraites ecclésiastiques, il appelait l'attention de ses prêtres sur *les vocations à l'enseignement primaire.* Il les engageait à diriger vers les noviciats des frères les jeunes gens qui, ne pouvant pas faire d'études complètes, auraient du goût et de l'aptitude pour cette vie de dévouement.

Mgr Graveran prit, on le voit, une part active à la question de la liberté de l'enseignement, bien qu'il n'ait pas publié, comme quelques-uns de ses collègues, de grands travaux sur ce sujet. D'ailleurs ne suffisait-il pas qu'un certain nombre d'évêques se fissent, aux yeux de tout le pays, les héroïques défenseurs de cette précieuse liberté ; que les autres adhérassent à leurs écrits et défendissent dans leurs diocèses respectifs le droit imprescriptible qu'a l'Église d'enseigner, sans dommage ni détriment pour ceux qui veulent recevoir son enseignement ?

C'est ce que fit notre évêque parmi nous ; sans tarder, nous verrons comment il défendit cette cause dans les comités de l'Assemblée constituante. Il soutint toujours ceux de ses frères dans l'épiscopat qui, descendus dans l'arène pour lutter et combattre en faveur de cette question, furent en butte aux attaques et aux calomnies des mauvais journaux. Il regarda comme un devoir de leur exprimer, dans les termes les plus flatteurs, toute son admiration et sa reconnaissance pour leur zèle et leur courage. C'est ainsi qu'il écrivit aux évêques de Belley et de Chartres, violemment attaqués par la presse impie, à cause de leurs énergiques réclamations pour la liberté d'enseignement.

Le 23 juin 1843, il adressa la lettre suivante à Mgr l'évêque de Belley :

« Monseigneur,

« Aussi haut placé que vous l'êtes dans l'estime du clergé, par vos vertus et vos lumières, les inculpations que des écrivains sans pudeur ont osé se permettre contre vous, n'ont pu vous atteindre et votre zèle n'a pas plus besoin de justification que d'encouragement. Mais comme les ennemis de la piété se sont efforcés de faire accroire que vos collègues dans l'épiscopat avaient accueilli vos efforts d'un blâme formel ou d'un silence désapprobateur, permettez au moins digne d'entre eux de vous donner un témoignage de son estime, de son respect et de sa reconnaissance. »

Le même jour, il écrivit à Mgr l'évêque de Chartres :

« Monseigneur,

« Le courage avec lequel vous défendez les droits de l'Église et des familles chrétiennes, vous attire journellement des incriminations et des injures que vous appréciez à leur juste valeur. Votre zèle n'en devient que plus vif et plus intrépide. Je sais qu'il n'a pas plus besoin d'éloges que d'encouragement. Mais comme on a osé dire que vous étiez désapprouvé par vos collègues dans l'épiscopat, permettez à l'un des derniers d'entre eux, par l'âge et surtout par le mérite, de démentir cette allégation et de proclamer sa confiance dans vos hautes lumières, sa reconnaissance pour l'usage que vous en faites dans l'intérêt de la religion et son profond respect pour vos vertus épiscopales. »

IX

Que dire maintenant de ses rapports avec le gouvernement et le chef de l'État? — D'un caractère plein d'une noble fierté, comme c'est le propre de la race bretonne, Mgr Graveran se tint toujours, dans ses relations vis-à-vis du pouvoir civil, éloigné de ce qui pouvait ressembler à de la flatterie ou de la courtisanerie. — Gardant au fond de son cœur ses convictions personnelles, il savait cependant, quand la dignité le demandait, les exprimer au dehors. Témoin son refus de chanter une messe d'actions de grâces pour l'avénement au trône de la branche cadette des Bourbons et la déchéance de la branche aînée. — Témoin sa noble réponse à l'amiral Grivel, qui l'invitait à dîner à la préfecture maritime, le jour de l'anniversaire de la révolution de juillet : « Le malheu-« reux Charles X fut renversé, écrivit-il alors, pour l'ascendant « qu'on lui reprochait de laisser prendre au clergé ; que cela soit « ou non, si nous avons été la cause ou le prétexte de sa chute, « nous convient-il d'en célébrer l'anniversaire comme une fête? » — Témoin sa réponse non moins digne au journal de Brest, qui lui reprocha, dans ses colonnes, d'avoir prié au prône de la grand'messe pour le repos de l'âme de Charles X, mort sur la terre étrangère.

Ce sentiment de dignité était si délicat chez lui qu'il l'empêchait de se permettre les éloges ou les compliments généraux que l'usage admet, dans certaines circonstances spéciales et solennelles, chez les esprits même les moins portés à flatter le pouvoir.

Qu'on lise sa lettre de prise de possession de son siége épiscopal ; il semblait qu'il dût ou qu'il pût au moins, à cette occasion, adresser publiquement quelques paroles de remerciements au chef de l'État qui l'avait nommé à l'évêché de Quimper.

Cependant on y cherche, en vain, le mot d'actions de grâces ou de compliment. — Il n'avait pas recherché l'épiscopat ; il l'avait plutôt fui comme un fardeau redoutable... De plus, il s'était attristé, avec tous les amis de l'Église et de la France, de la chute de Charles X ; il l'avait publiquement déclaré ; il ne pouvait donc, sans blesser sa dignité, adresser au roi des compliments qui n'étaient pas dans son cœur, des paroles flatteuses qui eussent été en contradiction avec celles qu'il avait prononcées et écrites, à la chute de son prédécesseur.

Mais si Mgr Graveran avait dans le caractère cette noble fierté qui empêche de *forligner*, cette dignité qui s'affirme surtout en face du pouvoir ; il avait aussi la modération qui empêche la raideur, l'esprit de légitime conciliation qui assure le respect de ce qu'il faut respecter. Inflexible, quand il y va de l'honneur de son caractère, il se montre plein de bon vouloir et de juste déférence, lorsqu'il s'agit de donner à l'autorité établie les marques publiques d'honneur, de respect et de soumission que la religion et les convenances imposent à un évêque.

Son compliment au duc et à la duchesse de Nemours montre combien il savait, au besoin, allier au sentiment de la dignité épiscopale celui des convenances et du devoir.

Profondément convaincu que l'évêque et le prêtre se doivent à tout le monde, il avait soin d'éviter l'esprit de parti qui eût fait de lui l'homme d'une certaine classe et non l'homme de tous ses diocésains. — Donnant lui-même à son clergé l'exemple du respect et de la soumission au pouvoir civil, il se gardait de tout ce qui pouvait lui créer des difficultés, se montrant toujours prêt à le seconder dans ce qu'il entreprenait de bien ou d'utile : différent de ces esprits étroits qui, sous prétexte d'opinions politiques, refusent obstinément, en haine de celui qui commande, de contribuer, dans la mesure de leur capacité et de leur influence, au bien général de leur pays.

Dans une allocution à ses prêtres sur la liberté d'enseignement, il dit ces remarquables paroles que nous avons déjà citées : « Nous « ne sommes pas de ceux qui se réjouissent des embarras du pou- « voir, qui lui en créent pour le plaisir de les lui reprocher, peut- « être en vue de le renverser... Ce n'est pas là notre usage. »

Non : l'usage du digne évêque était de prier, suivant le précepte de l'apôtre, pour ceux qui gouvernent ; de les servir, au besoin, pour le bien général de son pays, et de leur être même agréable, quand les convenances le demandaient.

Étant allé à Saint-Cloud, visiter le roi Louis-Philippe, à l'occasion de la naissance du duc de Penthièvre, fils du prince de Joinville, le monarque lui demanda l'étymologie et l'origine du nom de Penthièvre. Le prélat donna sur-le-champ une réponse qui satisfit tellement le roi que celui-ci le pria de la lui mettre par écrit. De retour chez lui, Monseigneur se prit à réfléchir sur l'explication qu'il avait donnée *ex abrupto*, puis il la formula en ces termes :

« Sire,

« Quand votre Majesté me fit l'honneur de m'entretenir au palais de Saint-Cloud, de la naissance de son petit-fils S. A. R. Mgr le duc de Penthièvre, elle me demanda si, en ma qualité de Bas-Breton, je connaissais l'origine et l'étymologie de ce nom, aucune terre, aucune ville, aucun château ne s'appelant et, suivant les apparences, ne s'étant jamais appelé Penthièvre.

« Pris à l'improviste, je hasardai une interprétation que le Roi parut trouver assez plausible et me demanda par écrit.

« Je crus qu'il eût été peu respectueux de ne pas prendre le temps de la réflexion, pour essayer d'appuyer mes conjectures de quelque raison qui pût à la rigueur passer pour une preuve.

« La plus concluante, sans doute, serait la charte d'érection de la seigneurie de Penthièvre ; mais je ne la connais pas, et ne crois pas qu'on la pût trouver à Quimper-Corentin.

« J'ai seulement appris que le comté de Penthièvre avait été érigé par Allain III en faveur de son frère ; cet *Alan-ar-Bras*, Allain-le-Grand, comme l'ont nommé les chroniqueurs bretons, à cause de ses brillantes victoires sur les Normands, mourut en 907. Alors la Bretagne devait être toute bretonne de langue comme de mœurs, et sans doute le mot *Penthièvre* est lui-même un breton très-pur.

« Il pourrait s'interpréter :

« 1° Chef de la contrée — *pen-tiri*.

« 2° Chef seigneur — *pen-tiern*. Ce mot *tiern* est en effet tout à fait seigneurial; on le retrouve encore aujourd'hui dans l'appellation de plusieurs localités, où nos anciens ducs ou comtes exerçaient sans doute certains droits de suzeraineté : Au*diern*, Plomo*diern*. Dans le vieux temps, les enfants de familles princières s'appelaient *Mac-tiern*, fils du prince ou seigneur.

« 3° J'ai entendu cette leçon — *pen-ti-Hervé*, chef de la maison d'Hervé. J'avoue que je ne connais pas cette maison en Bretagne. Il est vrai que plusieurs des comtes ou vicomtes de Léon, se sont appelés du non d'*Hervé;* mais ce n'était pas le nom de leur maison. Cependant cette étymologie pourrait être acceptée, si l'on découvrait que le frère d'Allain III, en faveur duquel fut érigée la seigneurie de Penthièvre, se nommait Hervé. — Je ne le croirais pas avant de l'avoir lu. Ce nom d'Hervé est tout à fait Léonais, et Allain III, avant d'être proclamé duc de Bretagne, était comte de Vannes.

« 4° Cette exception rare, pour ne pas dire unique, d'une seigneurie féodale, désignée par une appellation, dirai-je purement grammaticale et sans explication ou rapport particulier à aucune terre, ville ou château, m'a fait penser que le sens du nom de Penthièvre devait se trouver dans la constitution même du comté primitif. Or, voici ce que j'ai crû découvrir :

« Les Bretons insulaires du pays de Galles, qui parlent le vieux celtique comme les Bretons armoricains, ont conservé plusieurs expressions tombées chez nous en désuétude et en oubli. Dans le nombre, se trouvent les mots composés *pentyrn*, amasser, réunir ; — *pentyriard*, accumulation, réunion. Je pense que voilà l'origine de Penthièvre. — Ce comté dut être ainsi dénommé parce qu'il fut formé de la réunion de plusieurs villes, châteaux, sans prééminence nominale ou féodale pour aucun.

« Je désire que cette modeste note présente quelque intérêt à Sa Majesté et à son Altesse royale Monseigneur le prince de Joinville. »

Après avoir adressé directement au roi cette note intéressante, Mgr Graveran craignit d'avoir manqué à l'étiquette, qui veut qu'on n'écrive pas directement au souverain. Il exprima ses craintes à son ami et condisciple M. Trognon, secrétaire des commandements du prince de Joinville. M. Trognon lui répondit qu'il était chargé de lui dire qu'il n'avait manqué à aucune règle d'étiquette; que c'était un petit service que le roi lui avait demandé et que sa réponse n'avait point à passer par le garde des sceaux.

On remarquera que si le digne évêque tenait à ne pas abaisser son caractère, en flattant le chef du pouvoir, il tenait aussi, d'un autre côté, à ne pas manquer vis-à-vis de lui aux lois des convenances.

Le 9 janvier 1847, Louis-Philippe avait obtenu du pape un bref par lequel Sa Sainteté accordait des indulgences aux fidèles qui viendraient prier dans la chapelle du château de Carheil, au diocèse de Nantes, appartenant au prince de Joinville. Le roi voulant qu'outre le texte latin du bref, il y en eût aussi dans la chapelle une traduction française et bretonne, pria Mgr Graveran de vouloir bien lui faire cette dernière traduction. Le prélat bas-breton se hâta, comme on le pense, de se rendre au désir du roi, en lui adressant par le retour du courrier la traduction demandée.

X

Élevé sur le trône de la France par la révolution, Louis-Philippe en fut précipité par une autre révolution, vérifiant en lui ce que disait un poète du grand Napoléon déchu du pouvoir :

Couronne éclatante des rois,
Ambitions réalisées
Ne sont jamais sur nous posées,
Que comme l'oiseau sur nos toits.

Un jour vient en effet : l'orage gronde, la tempête éclate, le vent souffle avec force et enlève du front des monarques les brillants diadèmes que la fortune y avait placés.

Le 24 février 1848, Louis-Philippe est obligé, après dix-huit ans de règne, de quitter son royaume et de se sauver, à l'abri d'un déguisement, en Angleterre. Livrée à l'anarchie et au désordre pendant plusieurs mois, la France se trouva sans constitution et sans lois : fatiguée de cet état de choses, elle voulut se donner, au plus tôt, une constitution. Alors tous les départements se choisirent des députés qui furent appelés à travailler à cette œuvre organisatrice. Appréciant d'un côté les difficultés des temps et l'embarras des circonstances; connaissant d'autre part la sagesse, les lumières et la prudence de son évêque, le Finistère l'élut d'une voix unanime. Pour lui, étranger à tout ce qui se faisait à son sujet, mais non point indifférent au bien général de la France, il se laissa imposer le mandat de représenter ses diocésains à l'Assemblée constituante, dans l'espérance de servir ainsi utilement la religion et son pays.

Voilà donc une nouvelle carrière qui s'ouvre devant le modeste prélat, une carrière tout à fait différente de celle qu'il a suivie jusqu'ici. Ne craignons rien ! Les hommes vraiment supérieurs ne sont déplacés nulle part. Notre évêque ne sera donc pas déplacé à l'Assemblée constituante ; il y produira le plus grand bien ; il y *édifiera*, comme on lui en a rendu, dans le temps, le témoignage (*œdificat*), parce qu'il se conduira à l'Assemblée en prêtre et en évêque, parce que sa haute raison, son énergie et son savoir, se montreront aux yeux de tous.

Avant de partir pour l'Assemblée, il écrivit à ses prêtres les lignes suivantes, où l'on voit toute l'importance qu'il attache à la mission qui lui est confiée :

« Au moment où nous allons quitter le diocèse pour quelques « mois, afin de remplir, selon la mesure de nos forces, le mandat que « nous avons reçu de la confiance et de l'attachement de nos pieux « diocésains, nous nous faisons un devoir de demander pour nous « et pour tous nos collègues à l'Assemblée nationale, le secours « de vos prières et l'appui, auprès de Dieu, des fidèles confiés à « vos soins, afin que notre bonne volonté ne soit pas impuissante, « ni nos travaux stériles. Puissions-nous préparer à la France une « ère de sécurité, de paix et de bonheur ! »

Arrivé à Paris, il ne tarda pas à se concilier l'estime et le respect de tous ses collègues de l'Assemblée, quelles que fussent d'ailleurs leurs croyances religieuses et leurs opinions politiques. Ils disaient, en parlant de lui : « L'évêque de Quimper est vrai- « ment un évêque. Il a sa manière nette de penser et de dire. Il « ne transige jamais avec les mauvais principes. Il défend l'Église « et ses droits contre ceux qui les attaquent ; mais il le fait tou- « jours avec douceur, quoique avec fermeté, sans jamais offenser « les personnes. »

Il ne crut pas devoir parler à la tribune ; il ne le jugeait pas nécessaire... Une seule fois, il demanda la parole et parla, parce qu'il crut qu'on attaquait la Compagnie de Jésus. Il se serait reproché d'avoir manqué à son devoir, s'il ne s'était pas levé au milieu de l'Assemblée pour défendre cette Compagnie d'autant plus insultée qu'elle est plus sainte, cet ordre religieux si utile, que les souverains pontifes l'ont appelé l'auxiliaire le plus plus puissant de l'Église dans les temps modernes.

Mais si Mgr Graveran pensa que la modestie, qui doit briller surtout dans un évêque, lui conseillait de ne pas monter à la tribune, il pensa, d'un autre côté, que son caractère lui commandait de ne pas user de la même réserve dans les divers comités dont il fit partie. C'est là qu'il montra vraiment sa valeur et sa haute sagesse. Il était l'âme de ces réunions : il en était la lumière la plus sûre !

Les diverses notes qu'il a laissées sur ses travaux dans ces comités viennent à l'appui de ce que nous avançons et prouvent combien cet esprit vaste savait embrasser sûrement les questions les plus diverses et les plus délicates. Bien que ces notes ne soient pas toujours complètes, nous les citerons telles que nous les avons trouvées, sans y rien ajouter, sans en rien retrancher. Le lecteur suppléera facilement à ce qui leur manque.

Incompatibilité du traitement de fonctionnaire de l'État et de représentant du peuple à l'Assemblée nationale. — Telle fut la première question dans laquelle il parla ; voici la substance de son discours :

« 1° Au moment où va se discuter cette grave question de l'incompatibilité du traitement de fonctionnaire de l'État et de représentant du peuple à l'Assemblée nationale, je demande la permission de présenter quelques explications qui doivent, à mon sens, empêcher à l'avenir des malentendus, des oppositions, des chocs, etc.

« 2° Quelques membres de l'Assemblée reçoivent comme titulaires ecclésiastiques un traitement sur le trésor public. — Ils n'ont pas la pensée de réclamer contre la disposition qui les assimilerait aux fonctionnaires de l'État, par la suppression de ce traitement pendant la durée de l'Assemblée nationale. — S'ils n'ont pas pris les devants et annoncé leur renoncement anticipé, c'est qu'ils ont craint que des exemples répétés de ces renoncements volontaires, n'exerçassent une sorte de pression et de violence morale sur tel des membres de l'Assemblée qui n'aurait pas prévu et calculé cette suppression du traitement ordinaire. — Dès que la mesure est décrétée par l'Assemblée, ils l'adoptent d'autant plus volontiers que par état ils doivent prendre part à beaucoup de bonnes œuvres; et si les secours ne tombent pas directement de leurs mains dans celles des indigents, ils arriveront toujours aux populations souffrantes, par l'intermédiaire de l'administration publique. — Quand il s'agit des hommes qui souffrent, et du soulagement de leurs misères, nous avons peut-être des théories moins séduisantes, des paroles moins brillantes, des promesses moins vastes et moins magnifiques. — Mais notre cœur, etc. — Mais nos désirs, etc. — Mais notre compassion, etc. — Et malheur à nous, si nous ne pouvons pas ajouter avec vérité : Mais nos mains ne sont pas les dernières à s'ouvrir.

« 3° Mais comme on nous imposera peut-être cette suppression momentanée du traitement ecclésiastique à titre de *fonctionnaires*, et comme cette qualification de *fonctionnaire* appliquée au clergé a donné lieu à bien des discussions, je désire m'expliquer sur ce point avec assez de précision et de clarté pour que la question paraisse résolue.

« 4° Les ecclésiastiques, dont les titres sont reconnus par le gouvernement et qui reçoivent un traitement sur le trésor, sont-ils des fonctionnaires, fonctionnaires publics comme s'expriment les uns, fonctionnaires de l'État comme disent quelques autres?

Les deux locutions sont employées indifféremment par beaucoup de personnes qui leur donnent une signification identique. — Elles offrent néanmoins, quand on les analyse rigoureusement, une nuance bien tranchée ; de sorte que, pour mon compte, je pourrais, sous la garantie d'explications catégoriques, accepter le titre de fonctionnaire public, mais non celui de fonctionnaire de l'État.

« 5° Le prêtre est-il fonctionnaire ? Sans nul doute, puisqu'il exerce des fonctions — fonctions grandes à son sens, importantes au jugement de tant de personnes qui en réclament l'exercice comme un appui pour leur faiblesse, une lumière dans les voies de la vertu et de la vérité, une consolation dans leurs épreuves. — Le prêtre est-il fonctionnaire public ? Oui, puisque ses fonctions sont publiques, qu'il les exerce publiquement et en faveur du public. — Est-il fonctionnaire de l'État ? Non.

« 6° On est fonctionnaire de l'État quand on exerce des fonctions au nom de l'État, et en vertu d'une autorisation, d'une délégation, d'une juridiction reçue de l'État dans le cercle de sa puissance souveraine. Or, le prêtre n'exerce pas les fonctions de son ministère au nom de l'État, en vertu d'une délégation de l'État, mais au nom de Dieu et de l'Église, en vertu des pouvoirs spirituels que lui a confiés cette Église. Il n'est donc pas fonctionnaire de l'État. — Si le mot fonctionnaire lui était conservé dans vos dispositions de législature, il faudrait donc l'appeler non pas fonctionnaire de l'État, mais fonctionnaire de l'Église.

« 7° Je dis l'Église, car je repousserais comme équivoque le titre de fonctionnaire ecclésiastique, ou de l'ordre ecclésiastique. Vous en comprendrez facilement la raison ; dans notre langage administratif nous avons des fonctions civiles, des fonctions militaires, des fonctions de l'ordre administratif, de l'ordre judiciaire. Ces différentes appellations indiquent des fonctions différentes par leur nature, c'est-à-dire par la nature des intérêts auxquels elles s'appliquent, mais non pas différentes par leur origine ou par la source dont elles découlent et qui est la même pour toutes, la puissance séculière souveraine. — Si l'on parlait des fonctions ecclésiastiques, de l'ordre ecclésiastique, les esprits inattentifs pourraient croire qu'il s'agit de fonctionnaires qui ne différent des fonctionnaires civils ou administratifs que par la nature de leurs fonctions. — Or, ils en diffèrent tout aussi essentiellement par l'origine de ces fonctions, par la source dont elles émanent et qui est toute spirituelle. — Pour éviter tout équivoque, il est donc plus sûr de ne pas nous appliquer le nom de fonctionnaires ecclésiastiques, et de nous appeler très-simplement ministres de la religion, évèques, curés ou vicaires.

« 8° La jurisprudence un peu incertaine du conseil d'État ou des cours de justice, nous applique les dispositions législatives qui ne concernent, dans la généralité de leurs expressions, que les fonctionnaires de l'État ou fonctionnaires publics. Je voudrais que dans la suite, si la législature croyait quelquefois utile d'assimiler les ministres de la religion aux fonctionnaires de l'État, et de leur imposer les mêmes obligations ou de leur accorder les mêmes garanties, cette volonté fût énoncée dans un paragraphe bien explicite, les désignant sous leur vraie dénomination de ministres de la religion. — Je crois que l'État, quand il parle simplement de fonctionnaires, de fonctionnaires publics, entend parler de ses propres fonctionnaires, des fonctionnaires de l'État. — Donc pas du clergé. — Et l'application est peut-être justifiable par similitude, mais non en logique rigoureuse, et selon les règles grammaticales.

« 9° Ne croyez pas qu'en repoussant l'appellation mensongère de fonctionnaires de l'État, ou l'appellation trop vague de fonctionnaires publics, nous en ayons moins de respect pour l'État, moins de soumission à ses lois, moins de dévouement à ses intérêts et à sa gloire. Je me permettrai de le demander à ceux d'entre vous que Dieu a placés à la tête d'une famille ; êtes-vous moins bon citoyens parce qu'en remplissant les grands devoirs de la paternité, vous ne vous reconnaissez pas fonctionnaires de l'État, ou fonctionnaires publics ? — Et nous aussi, nous sommes les pères des nombreuses générations que nous tâchons de nourrir du pain substantiel de la vertu et de la vérité ; mais, pour être pères au milieu de nos enfants, nous n'en sommes pas moins citoyens fidèles et soumis sur la place publique et dans la vie commune.

« 10° Et ici une réflexion se présente à mon esprit, dont l'exposé résoudra peut-être une objection qui se sera présentée au vôtre. Le mot de fonction emporte l'idée de pouvoir ; les relations du fils à son père ne sont pas moins étroites, moins sacrées que celles du père à son fils. Cependant notre langue qui parle volontiers des fonctions paternelles, des hautes fonctions de la paternité, n'a pas encore dit, ce me semble, les fonctions filiales. Et pourquoi, si ce n'est parce qu'ici ne se montre pas cette image révérée du pouvoir ?

« 11° Dans plusieurs circonstances, l'autorité civile entretient des rapports avec les ministres de la religion, pour les intérêts temporels de leurs églises. Quelques personnes diront-elles qu'alors au moins nous sommes fonctionnaires ? je leur répondrai que dans ces affaires mêmes l'État nous considère comme pouvoir purement ecclésiastique ; mais dans la sphère civile, il nous demande des avis, et laisse le pouvoir à d'autres agents qui sont vraiment ses fonctionnaires, les préfets ou les ministres. »

Ce premier discours, où le caractère loyal et franc de Mgr Graveran se peint déjà, le posa immédiatement aux yeux de ses collègues comme l'homme du devoir et un ami de la vérité. On entrevoyait, dès ce début, quelle serait sa ligne de conduite à l'assemblée...

Les ennemis de l'Église et de l'ordre virent tout de suite quel redoutable antagoniste ils trouveraient en lui !

Le 21 juin, le comité des cultes avait mis à l'ordre du jour la question de l'élection des évêques. Mgr de Quimper laissa, dans la première séance, poser et discuter cette question, se réservant de présenter plus tard ses observations.

Voici, telle qu'il l'a résumée lui-même, toute la discussion :

COMITÉ DES CULTES. — 21 JUIN.

« Le président pose cette question : L'élection étant admise pour le choix des évêques, le candidat serait-il proposé directement au pape par les électeurs, ou la nomination et la présentation seraient-elles conservées au chef catholique du gouvernement ?

« M. PRADIÉ. — La solution de cette question ressortira de la discution des divers systèmes d'élection.

« M. FAYET [1]. — Nous devons traiter cette question seulement comme réunion consultée par l'Assemblée ou le gouvernement, et non comme chargée de la résoudre et ayant pour cela compétence. — L'Assemblée même, corps politique, ne pourra la résoudre définitivement ; ce serait entrer dans la direction de la constitution civile du clergé.

« M. PRADIÉ développe la même pensée ; nous ne faisons qu'une étude et n'exprimons que des vœux généraux.

« M. DE TAINGUY. — Il faudra certainement l'intervention de l'autorité ecclésiastique. — Mais si le chef du gouvernement est maintenu dans son droit de présentation, l'élection aura pour objet de lui indiquer la manière dont il devra connaître et choisir les sujets pour l'épiscopat, au moyen d'une élection.

« M. FAYET développe plus longuement les réflexions qu'il a déjà présentées. — Quand la discipline change, c'est par la volonté de l'Église, et non par l'autorité d'un corps politique. Mais le corps politique peut exprimer des vœux et les faire connaître à l'Église.

« M. SÉVNAC trouve que M. Fayet amoindrit le rôle de l'Assemblée. — Il distingue : si nous nous tenons dans le concordat, nous n'avons pas besoin de recourir à Rome. — Si nous en sortons, le recours est nécessaire. — Par exemple, que le clergé et des fidèles élisent des candidats à l'épiscopat ; que le chef du gouvernement en prenne un, et le présente au Pape, — rien n'est changé ou diminué à ses droits.

« M. ISAMBERT. — Le dogme et l'institution canonique sont choses auxquelles on ne peut toucher. Mais la discipline est variable, et l'Église n'est pas seule compétente. Constantin, le grand Théodose, sont intervenus par des édits dans l'administration de l'Église; Charlemagne et les rois de la seconde race, par les Capitulaires et dans les Champs de Mai, etc. De même, longtemps les fidèles et le clergé nommaient les évêques et les archevêques,

[1] Evêque d'Orléans.

instituaient; de sorte que l'institution même est objet de discipline. La France, par exemple, n'a jamais voulu recevoir des vicaires apostoliques.....

« M. ARNAUD. — Il y a une question préliminaire. — Quels sont les rapports entre les deux pouvoirs et les relations entre les deux sociétés, spirituelle et temporelle? — Faut-il conserver celles qui existent ou les changer? — M. Arnaud se prononcerait pour la séparation totale, parce que les deux souverainetés n'ont pas la même origine et ne s'occupent pas des mêmes intérêts. — Conclusion : la société temporelle n'a pas droit d'ordonner en matière de discipline ecclésiastique; mais, sous le régime actuel, elle peut émettre des vœux.

« M. FAYET. — Je n'ai mis aucune confusion dans la discussion. — Je n'ai pas nié le droit du pouvoir politique d'émettre des vœux sur le changement de discipline; mais l'autorité réside dans l'Église. — L'Église a volontairement appelé Constantin, Théodose, Charlemagne, et réglé d'accord certains points de discipline. — Dans les choses mixtes, il ne s'agit plus seulement de la discipline intérieure, et les deux pouvoirs peuvent et doivent s'entendre. — Quant à la nomination, l'Église peut l'accorder aux souverains, — et les peuples eux-mêmes ne désignent que par une concession et avec le concours de l'autorité pastorale.

« M. PRADIÉ. — Nous, laïcs et jeunes, nous pouvons avoir sur la situation actuelle des idées nouvelles; nous les soumettons volontiers à l'appréciation de juges plus compétents. — Je ne voudrais pas le système de séparation absolue. — Ni du système que l'Église seule règle la discipline. — Je voudrais l'association de l'Église et de l'État. — L'union est dans la nature; — le corps et l'âme sont unis sous peine de mort. — Autre principe : les lois civiles ne vont pas au for intérieur; — il est donc nécessaire qu'une religion règle les actes intérieurs, pour la vie même de la société civile. — Cependant, je mets des bornes à cette intervention; ainsi je ne voudrais pas que l'État intervînt dans la nomination des évêques, ce qui est d'organisation intérieure; mais j'admettrais le *veto*.

« M. CHAPOT. — Je rappelle à la question : — dans l'étude de la question, il faut faire entrer l'étude du passé... Pendant dix siècles, les pasteurs élisent et les fidèles acceptent par acclamation. — Plus tard, le pape se réserve l'institution. — Mais toujours les pasteurs élisent et les fidèles sanctionnent. — Plus tard encore, les chefs de l'État trouvent un intérêt à influer sur le choix, et au XVIe siècle commence l'ère *funeste* des concordats. — Aujourd'hui, pourquoi ne pas revenir au régime antérieur au concordat? — Conséquemment, on doit demander ou l'annulation ou des modifications. — Mais quelles modifications solliciterons-nous? — M. Chapot expose son système. — (Ce qui est anticipé.)

« M. l'abbé FOURNIER [1]. — Le système de M. Chapot abrogerait le concordat, au moins dans un de ses articles essentiels. — Nous devons tenir compte de l'opinion, qui semble demander l'élection même dans l'Église. Je n'admettrais pas dans l'élection l'élément laïque. — Comme les ecclésiastiques n'élisent pas les officiers de la garde nationale, ainsi les fidèles ne doivent pas élire les *officiers spirituels*... les ecclésiastiques seuls comprennent l'esprit ecclésiastique. — L'intervention laïque altérerait cet élément. — D'ailleurs l'ambition sacerdotale en sera moins excitée. — Au point de vue politique, ce système vaudra mieux, parce que l'évêque sera en dehors de la politique. — D'un autre côté, il y a contact nécessaire entre les deux sociétés, pour l'exercice des droits et les intérêts; — à cause de cela il y aurait des candidats, et le chef de l'État choisirait et présenterait au Pape.

« La solution de cette question : La nomination sera-t-elle réservée au chef de l'État, est renvoyée à une autre réunion. »

Dans la séance suivante, Mgr Graveran demanda la parole pour la position de la question et à l'effet de présenter quelques observations préliminaires. Nous citerons textuellement le sommaire de son discours :

« 1° Il a d'abord déclaré que s'il prenait, etc., etc.

[1] Curé de Saint-Nicolas, à Nantes.

« 2° Je demande que la question qui va être débattue soit posée en ces termes : — 1° Y a-t-il lieu d'introduire, etc.

« Sous ces paroles : *Y a-t-il lieu*, se renferme la triple question de possibilité, d'utilité, d'opportunité. — Possibilité : nous ne pouvons rien contre les droits essentiels de l'Église. — Utilité : nous ne remuons pas ces questions pour le seul plaisir de discuter, encore moins de créer des embarras. — Opportunité : les meilleures choses, pour être vraiment utiles, doivent venir à leur temps...

« 3° Pour le choix et la nomination, etc. — Je laisse en dehors l'institution canonique par le Souverain Pontife. — Il est même à désirer que l'on ne parle pas du mode de cette institution, et que la discussion roule tout entière sur le choix et la présentation des sujets...

« 4° A supposer que l'on fît intervenir dans ce choix un élément électif, si la présentation officielle au Souverain Pontife est faite par le chef catholique de l'État, il n'y aura pas d'abrogation du concordat dans une de ses dispositions essentielles, et ce serait un grand point surtout en ce moment de trouble et d'agitation. — Si, en dehors du concordat, il y avait quelque changement partiel dans le mode actuellement suivi pour le choix, il pourrait s'opérer légitimement avec moins d'inconvénients que le changement du concordat lui-même. »

Ce discours dans lequel le sage prélat réserve les droits de l'Église et de son chef sur l'élection des évêques, sans toucher au concordat, eut pour effet de clore la discussion et de remettre à un temps plus opportun la solution d'une question d'une extrême gravité. Il gagnait du temps : c'était dans la circonstance tout ce qu'on pouvait attendre et désirer.

Mais voici surgir une autre question dans le même comité :

M. Isambert avait une idée fixe : supprimer le nombre des prêtres et des évêques ; réduire les siéges épiscopaux et les paroisses, parce qu'il y en avait trop. Cette suppression était exigée par l'économie des deniers de l'État. Comme le vieux Caton qui revenait sans cesse à son *delenda Carthago*, M. Isambert revint à cette idée qu'il avait émise bien des fois à la Chambre des députés, sous Louis-

Philippe. L'évêque de Quimper se chargea de lui répondre : il le fit de la manière qui suit :

« M. Isambert a soutenu et développé cette thèse : 1° Il n'y a *dans l'État* qu'une seule souveraineté, la souveraineté nationale; 2° en vertu de cette souveraineté : l'État, sans toucher à la discipline ou à la juridiction de l'Église, peut fixer le nombre des titres ecclésiastiques, évêchés ou paroisses (l'idée de M. Isambert est de réduire les évêchés à trente au moins).

I. — « 1° J'admets le principe, en conservant dans l'énoncé ces mots essentiels *dans l'État*. — Qu'est-ce que l'État? ou bien : 1° la réunion, l'ensemble de tous les citoyens qui forment la nation, qui constituent le peuple français; ou bien : 2° le pouvoir qui gouverne cette nation. — Aujourd'hui, en France, ces deux notions se confondent jusqu'à un certain point, car le peuple est à la fois gouvernement et gouverné; c'est une identité sous deux aspects différents.

« Ainsi ces mots : Il n'y a dans l'État qu'une seule souveraineté, la souveraineté nationale, signifient : les Français, comme citoyens, ne relèvent que d'une seule souveraineté. — Cela est admis.

« 2° Mais, le Français, qui est nécessairement citoyen, qui l'est encore par les devoirs que ce titre impose, quand il en a perdu les droits en tout ou en partie; le Français en dehors de ce titre de citoyen, peut être et se dire librement, chrétien catholique, luthérien, musulman, juif, etc. Et cette dénomination, il la prend, la laisse, la reprend à son gré, sans consulter l'État, et même contre la volonté de l'État, si l'État voulait le dominer ou le violenter en ce point. — C'est la liberté de conscience.

« Donc le Français, soumis à la souveraineté de l'État comme citoyen, en est absolument indépendant comme catholique, etc.

« Mais cette indépendance à l'égard de l'État, peut aller et va en effet pour le catholique jusqu'à lui permettre de reconnaître pour régulateurs suprêmes de sa croyance et dispensateurs nécessaires des grâces spirituelles les pasteurs de son Église, et avant tout les évêques, dont l'évêque de Rome est le chef par une primauté divine de juridiction. — S'il plaît au catholique d'appeler cette autorité suprême du nom de souveraineté spirituelle, rien ne l'empêche; et la souveraineté de l'État n'en subsiste pas moins pleine et sans contrôle; car l'État ne regarde que le citoyen, l'Église ne considère que le chrétien.

II. — « Cela posé, arrivons à la conséquence de M. Isambert : — L'État, comme souverain, peut déterminer le nombre des titres ecclésiastiques (évêchés, canonicats, paroisses), en vertu de sa puissance essentielle, et même sans le secours de l'Église.

« Si l'État disait : Je crois pourvoir suffisamment aux besoins matériels des cultes, en dotant cinquante évêchés, et je supprime le traitement des trente autres, il demeurerait dans la limite de ses attributions. — Il y aurait lieu d'examiner sans doute, si cette mesure ne blesserait pas la convenance, la prudence, l'équité naturelle, la justice conventionnelle; mais bonne ou mauvaise, elle serait dans les limites de la puissance de l'État.

« Mais cette puissance s'arrête là. — Suppression du traitement. — Mais l'État ne pourrait supprimer le titre et la juridiction qu'il confère. L'État n'atteint le Français que comme citoyen, mais non comme chrétien. Or, je suis évêque non comme citoyen, mais comme catholique; les pasteurs inférieurs reçoivent des pouvoirs non comme citoyens, mais comme catholiques. — Les Français recourent à notre ministère, et nous les instruisons, nous les marions, nous leur remettons leurs péchés, non comme à des citoyens, mais comme à des catholiques. Dans tous ces rapports, le titre de citoyen ne paraît pas, l'État ne peut donc plus se montrer. — Et si je me sers du mot catholique, c'est pour abréger seulement et parce qu'en ce moment nous sommes seuls en cause; mais non pour exclure les protestants du bénéfice de cette liberté.

« 2° L'erreur vient de la fausse idée que l'on se fait de la juridiction ecclésiastique. — Beaucoup de personnes ne distinguent pas dans l'évêque ou le prêtre le pouvoir de juridiction du pouvoir d'ordre. Je veux me servir d'une comparaison prise dans un ordre de choses que j'ai eu longtemps sous les yeux.

« L'État confère à un officier le titre de capitaine de vaisseau; il en résulte pour lui certains droits, certains avantages. Mais pourrait-il se présenter sur un navire en armement dans un port de la république, en commission de rade, en partance, et dire : Je suis capitaine de vaisseau, en conséquence je prends le commandement de ce navire; officiers et marins, vous devez m'obéir; levez l'ancre, déployez les voiles, etc. Chacun répondrait : Vous êtes sans droit pour commander ici; outre votre titre, il vous faudrait une commission spéciale vous confiant nommément ce navire et l'équipage qui le monte. — Et si moi, évêque, je disais à l'officier : Je suis votre chef; je vous ordonne de prendre le commandement de ce vaisseau; il me répondrait : Vous êtes mon chef comme chrétien, mais je ne puis commander ici que comme citoyen.

« L'application est facile. Voici un pasteur, prêtre ou évêque; par son ordination il a le pouvoir de célébrer la messe, d'ordonner des prêtres et des évêques, s'il est lui-même évêque. Il le ferait validement, fût-il interdit, quoiqu'en se rendant coupable; mais pour donner un pasteur à un troupeau, pour marier, confesser, il faut une commission spéciale, une juridiction positive et déterminée. Nul prêtre, nul évêque ne peut dire : Voici une église, je la prends et vais la gouverner. Et si le pouvoir civil disait à ce prêtre, à cet évêque : Je vous charge de gouverner ces fidèles, de commander ce vaisseau spirituel, la réponse serait celle du capitaine de vaisseau retournée : Vous pouvez me commander comme citoyen, mais quand je donne ou reçois une absolution, une dispense, je suis chrétien et rien de plus.

« Ces conséquences sont irréfutables.

« Voyez où mènent les prétentions contraires; l'État dit à l'évêque de Quimper : Je juge qu'il y a trop d'évêchés en Bretagne, et je supprime le vôtre, réunissant votre territoire à celui de Saint-Brieuc; cela vient à dire : Moi, État, je donne à l'évêque de Saint-Brieuc le droit d'ordonner des prêtres à Quimper, de donner des absolutions sacramentelles à Quimper, des dispenses à Quimper. — En vertu de ma décision, les dispenses de l'évêque de Saint-Brieuc seront valables à Quimper. — Vous, au contraire, vous ne pourrez ni par vous-même, ni par vos prêtres, baptiser, marier, ni absoudre...

« Mais, puissance souveraine de l'État, où et quand avez-vous reçu le pouvoir de mettre la main sur le droit de baptiser, de marier, d'absoudre, de faire des prêtres, pour me l'enlever à moi et le donner à mon collègue? — Vous supprimerez mon traitement, à la bonne heure; vous me mettrez hors des bâtiments de l'évêché, soit; mais m'enlever le droit de baptiser, d'ordonner, d'absoudre, de dispenser! — Allons donc! Ces facultés s'accordent ou se retirent par la puissance qui en est dépositaire, la puissance de l'Église. Et si vous tenez à leur extension ou à leur retrait, adressez-vous à elle, et traitez à l'amiable.

« Je ne touche pas à la question d'opportunité; mais si elle est soulevée, j'attaquerai tout projet de réduction des siéges épiscopaux, tout en réservant les droits du Saint-Siége. »

La question de la constitution canonique des facultés de théologie et de la collation des grades théologiques, était pendante en France depuis le Concordat. Elle avait été l'objet d'une étude sérieuse à la fin du règne de Louis-Philippe, et une solution y allait être donnée quand éclatèrent les événements de 1848. — La question ayant été portée à l'Assemblée constituante, Mgr Graveran l'établit ainsi :

« 1° Qu'il y aurait au moins trois facultés de théologie catholique, à Paris, à Lyon, à Bordeaux ou Toulouse.

« 2° Que ces facultés seraient établies par un concert entre le pape et l'État.

« 3° Que les élèves des séminaires subiraient les examens pour le baccalauréat dans les séminaires mêmes, après trois ans d'études théologiques. — Les examinateurs devraient être au moins licenciés. — Les brevets seraient expédiés par les facultés.

« 4° Le grade de licencié serait délivré à la suite d'un examen au chef-lieu d'une faculté, après deux ans au moins dans le grade de bachelier.

« 5° Le grade de docteur s'obtiendrait un an après le grade de licencié.

« 6° L'Église et l'État auraient égard aux grades dans le choix ou la nomination aux emplois ecclésiastiques.

« 7° Les professeurs des facultés de théologie seront nommés au concours.

« 8° Pour concourir, il faudra présenter un certificat de son évêque, constatant la moralité et l'orthodoxie du sujet. — Les prêtres seuls pourront concourir.

« 9° Après le concours, le sujet vainqueur sera proclamé par la faculté, agréé par l'État et institué canoniquement par l'archevêque, dont la métropole possède la faculté de théologie.

« 10° Les sujets qui voudront prendre les grades pourront se présenter, à leur choix, aux trois facultés.

« 11° Pour être professeur dans une faculté, il faudra être docteur.

« Les sujets sortis des séminaires trois ans après l'installation des facultés, ne pourront être promus à des emplois ecclésiastiques, qu'autant qu'ils seront pourvus des grades suivants :

« Pour tout prêtre chargé d'une paroisse, le grade de bachelier ;

» Pour tout curé de première classe, chanoine, vicaire général titulaire, le grade de licencié ;

« Pour être évêque, le grade de docteur.

« 12° Cent bourses, au moins, seront affectées aux facultés de théologies :

« Quarante à Paris ; trente à Lyon ; trente à Toulouse ou à Bordeaux.

« Les cours des facultés seront publics.

« Les facultés donneront les programmes pour le baccalauréat. »

Nous avons déjà vu Mgr Graveran se porter, dans son diocèse, le défenseur de la liberté d'enseignement. Nous avons vu avec quelle énergie il proclamait devant son clergé les droits sacrés de cette liberté. Nous le retrouvons encore ici sur la brèche, défendant plus vigoureusement que jamais les droits de l'Église, de la société, de la famille et de l'individu, dans cette question capitale qui fut livrée aux discussions de l'Assemblée. Il parla souvent dans les comités où se traita le projet de loi sur la liberté d'enseignement. Les notes suivantes, tout incomplètes qu'elles sont, montrent avec quelle distinction et quelle fermeté il s'exprima sur ce sujet.

Une première fois, il parla sur la liberté en général :

« La liberté, c'est le droit de faire tout ce qui ne blesse pas les *droits*, et non les *intérêts* d'autrui (ex.).

« L'État surveille pour la sauvegarde des *droits* et non des *intérêts*, à moins que ceux-ci ne soient des droits.

« Surveiller, ce n'est pas réglementer... ce n'est pas diriger.....

« M. Barthélemy Saint-Hilaire a parlé du droit de l'État. — Nous ne le nions pas ; nous l'appelons même un droit naturel, mais il ne détruit pas le droit naturel de l'individu. — Mais il y a donc opposition dans le droit naturel... Non, mais subordination. — Celui de l'État doit l'emporter ; mais le droit de l'individu prime, car c'est le droit d'expansion ; celui de l'État, le droit de restriction, et, s'il le faut, de répression. — Il n'arrive que secondairement pour empêcher les écarts de l'autre. — Il ne faut pas l'extinction ou l'annulation du droit particulier.

« Les circonstances actuelles, l'état des mœurs, des opinions, etc., exigent-ils que les lois restreignent la liberté naturelle, le droit d'enseignement ?...

« Capacité : c'est-à-dire l'État, les départements, les communes diront : Nous exigeons telle capacité déterminée et prouvée. — Les particuliers, celle qu'ils voudront. — L'instituteur privé déclarera ce qu'il veut enseigner ; on ne lui demandera pas autre chose. »

Une seconde fois, il traita la question spéciale de la *liberté d'enseigner :*

« Je suis envoyé pour dire des choses vraies, et non des choses agréables.

« J'insisterai sur l'insertion de ce mot : *d'enseigner*.

« 1° Pour chacun la liberté d'enseigner ce qu'il sait, sans avoir besoin d'une autorisation. — La liberté, c'est de pouvoir user de toutes ses facultés dans ce qui ne nuit pas aux autres... Et je ne pourrais sans un brevet enseigner à lire, etc., et le programme exigera mille autres choses.

« 2° Pour chacun la liberté d'apprendre ce qu'il ne sait pas, sans avoir besoin de s'adresser à un homme breveté *ad hoc*.

« 3° Liberté de méthode, n'ayant pour juge que le maître d'un côté et de l'autre l'élève ou ses ayant-cause.

« 4° Liberté de temps et de lieu.

« 5° Liberté quant à l'objet de l'enseignement.

« Qu'est-ce que la république ? Le triomphe de la liberté, — le règne de la liberté. — S'il fallait les séparer, j'aimerais mieux la liberté ; celle-ci est le but, celle-là le moyen.

« Parmi les libertés, celle de l'enseignement est la première, la plus noble, la plus importante, la plus nécessaire.

« Vous l'avez tous promis [1].

« Mais, avec la liberté, viendra l'influence religieuse. — Si elle est libre, qu'avez-vous à dire ? — Le règne de la liberté doit être précisément le règne des influences librement acceptées.

« Mais pourquoi craindre la nôtre ? — Vous le savez bien, vous l'avez dit, vous l'avez écrit plusieurs fois : le clergé a perdu son influence. — Il n'a aucune action sur la société, à laquelle il est devenu étranger.

« Vous l'avez dit ! — Aujourd'hui, vous dites le contraire. — S'il faut le rendre méprisable, vous niez son action ; s'il faut le rendre odieux, vous l'exagérez et la dénaturez.

« Ainsi l'influence du clergé est un instrument émoussé d'un côté, tranchant de l'autre ; d'un côté, il assomme comme le mépris, de l'autre il tranche comme la haine.

« Nous ne sommes pas républicains. — Le républicanisme règne dans notre imagination, et la liberté dans nos paroles ; dans notre caractère, l'insubordination ; dans nos mœurs politiques, le calcul ; dans nos habitudes, le servilisme, et le despotisme dans nos instincts.

« Quand une mesure nous est proposée, nous songeons d'abord,

[1] Voir les programmes des candidatures aux élections pour l'Assemblée.

non si elle est sage, libérale, fraternelle, mais si elle est dans nos opinions, et fera triompher nos doctrines ou notre parti politique.

« L'insertion du mot *enseigner* 1° n'est pas dangereuse; 2° n'est pas inutile. — Son omission, au contraire, serait dangereuse. — Il y a réaction, dit-on ; comment n'y en aurait-il pas ? Les élus du peuple semblent occupés à lui retirer ce qu'ils avaient solennellement promis, etc., etc.

« Libre à qui voudra de se faire examiner et breveter. — Ce sera un titre d'honneur ; on pourra, pour se donner plus de crédit, s'intituler de l'Université.

« Comparons avec la presse... Elle est livrée à des inconnus.....

« Pourquoi ne dites-vous pas aussi : *des journaux sous la garantie*... Sont-ils moins dangereux que les écoles ? Mais s'il y a cent journaux, il y a mille écoles. — Vous avez suspendu dix journaux ; avez-vous fermé une école ?

« L'Université me répond du savoir d'un sujet. — Le maire, de sa moralité civile. Mais ses croyances religieuses, sa moralité religieuse, qui en répond ? Cependant je puis et dois tenir à la connaître dans l'intérêt de mon enfant.

« L'État n'a pas un latin à lui, un grec, une géométrie, une physique, etc., pourquoi se réserverait-il, etc... ? Il a des lois à lui, il les a faites, il lui appartient de les appliquer, de les interpréter ; par conséquent de les enseigner. — Mais les autres connaissances ne sont pas de son domaine. »

Une troisième fois, il discuta chacun des articles du projet de loi relatif à l'enseignement primaire. Il le fit, au rapport de ceux qui l'entendirent, en homme qui avait approfondi la question. Aussi son discours fut-il très-serré et très-pressant ! Et s'il n'y avait pas eu un parti pris de ne point accorder toute la liberté demandée, nul doute qu'on ne se fût rendu aux toutes puissantes raisons de l'évêque de Quimper :

« La liberté d'enseigner, c'est-à-dire le droit de tout citoyen de communiquer aux autres ce qu'il sait (*Exposé des motifs*, *p.* 3). —

Obligation de l'instituteur de justifier de son aptitude à enseigner ce qui est nécessaire au développement de la jeunesse (*Ibid.*) — Et si quelqu'un veut enseigner ce qu'il sait, sans se faire *instituteur?* (P. 4.) — Le rapport semble craindre que les écoles publiques manquent de chances favorables vis à vis des *écoles privées*... Pour les écoles secondaires, elles ne sont pas toutes de plein exercice! Pourquoi pas de même pour les écoles primaires?... (Vous avez lycées, colléges, institutions, pensions...) »

PROJET.

« Article 1er. — L'enseignement primaire comprend, etc..... — Ainsi l'enseignement secondaire comprend, etc..... ; mais on peut donner *une partie*, *un commencement* de celui-ci ; pourquoi pas de l'autre?

« Art. 4. — L'enseignement, etc., est *donné* par l'État, — c'est-à-dire *payé* par l'État... Est-ce que l'État a un enseignement primaire à lui, une écriture, une lecture, une hygiène, un chant à lui?... Dans quelques villes, une école primaire est attachée au collége communal et payée par la commune, — cette école est *publique*, ce semble.

« L'art. 7 détruit la liberté communale, le ministre a la majorité dans le comité central qui ne nommera *jamais ni frères ni sœurs.*

« L'art. 9 met tous les instituteurs à la merci du ministre. — Il les avance non sur la recommandation des comités, mais sur celle des recteurs, — ce sont 50,000 janissaires. — Que seront les maires, surtout dans les campagnes?

« Art. 15. — L'instituteur adjoint nommé *directement* par le *ministre ;* et les communes? et les maires?

« Art. 17 et 20. (Chaque commune de 301 âmes doit avoir un instituteur, une école, un logement, un préau à son compte. — A 301 âmes, deux communes ne peuvent se réunir! puis combien de communes pourront se réunir? — Et si une ayant 301 âmes, l'autre n'en a que 200 ou 150, pourront-elles se réunir? — Et l'art. 21, — art. 22... des professions exercées depuis dix ans ; — et si elle n'en a que 19 ? — Art. 23, pourquoi ?

« Art. 24. — Avec le dernier § 4, pas une seule école privée ne tiendra. — Notez bien, rien de pareil pour les instituteurs publics.

« Art. 25. — Pourquoi seulement tout instituteur d'école privée ? — Art. 26, appartenant au titre III, ne regarde-t-il pas les instituteurs publics ?

« Art. 27, 28, 29. — Absurdes. — Art. 32, le curé exclu, — tant mieux. — Art. 33, dernier paragraphe. A la campagne ? (inexécutable.) — Art. 35. Toujours la majorité au ministre. — Art. 38. Ce conseil sera bien impartial ? — Art. 43. Toujours la majorité au ministre. — Des peines, etc., rapprocher de l'art. 25. »

La question du divorce ayant été soulevée et portée devant les comités de l'Assemblée constituante, l'évêque de Quimper se leva encore au milieu de ses collègues pour protester contre cet odieux projet de loi. Dans ce discours, sa parole a une énergie toute particulière. C'est le cri d'horreur d'une conscience honnête ! c'est le cri d'indignation de l'homme, chargé par état, de sauvegarder la foi du mariage et de défendre les bonnes mœurs ! c'est le cri d'alarme du Français qui signale à son pays un des plus grands dangers qui puissent le menacer. En effet, comme l'a dit un grand écrivain de notre siècle : « Tolérer le divorce, c'est commander la « prostitution et légaliser l'adultère ; c'est conspirer avec les pas- « sions de l'homme contre sa raison, et avec l'homme lui-même « contre la société [1]. »

« Il semble, dit-il, qu'en présentant certaines lois, on n'ait en vue que quelques grands centres de population, et qu'on oublie les campagnes. — Les cinq sixièmes de la France vivent aux champs ; pense-t-on qu'ils rêvent le divorce ?

« Avec le divorce,

« Le mariage se fera 1° avec plus d'indifférence de la jeunesse. — 2° Plus de perfidie des hommes corrompus. — 3° Moins de résolutions de se contraindre et de se sacrifier.

[1] M. de Bonald, *Du divorce considéré au* XIXe *siècle*.

« On signale la république au monde comme le triomphe des mauvaises mœurs. — Veut-on qu'aux champs, comme dans nos centres de population, le tiers des générations naissantes porte au front le stigmate honteusement officiel de la bâtardise?

« Ainsi la nouvelle pentarchie, à peine installée au Luxembourg, se hâte de lancer sur notre jeune république un décret, — la traitant, non comme une épouse, une vierge pure..... mais comme une prostituée. — Et il y a là des hommes graves, des époux, des pères, — et il y a des épouses, des filles, ah! sans doute, elles se seront voilées.

« Attendez du moins que nos populations soient gâtées, — attendez que la foi conjugale y soit éteinte, que la pudeur y soit morte, que l'immoralité en soit l'habitude, le vice, la loi; que les deux cinquièmes des générations naissantes portent sur leurs fronts humiliés le stigmate officiel de la bâtardise..., alors... mais jusque-là, par respect pour nos agriculteurs, pour les pères et les mères de nos soldats et de nos marins, pour leurs sœurs et leurs épouses ou leurs filles, jusque-là abstenez-vous... et si notre république doit rappeler quelqu'ancienne république, que ce soit la romaine des Fabricius et des Paul-Emile, et non celle des Tibère et des Héliogabale.

« Représentants, lequel de vous, en rentrant au foyer domestique, oserait dire à son épouse : Je t'ai assuré un beau privilége, le divorce... Ah! je conçois que l'homme vicieux s'empresse de courir près de la complice de ses désordres, pour lui dire : Nous sommes libres... etc. Mais, vous!

« La femme qui demande le divorce ne le fera jamais dans le seul but d'éviter de mauvais traitements, mais pour se marier le lendemain à l'objet d'une passion..... Elle a nourri longtemps une passion *adultère* (en pensée, puisque le lien existait), et vous l'en récompenserez par le divorce.

« La fille d'une divorcée portera toujours sur son front le stigmate... ; si elle est honnête, on la plaindra, mais, etc... ; car nous sommes catholiques dans le cœur et malgré le code. Nous dirons : C'est un enfant de... »

Le discours de Mgr Graveran, appuyé de plusieurs autres, empêcha qu'on ne décrétât la loi du divorce. La France montra qu'elle avait encore le sentiment de la pudeur et l'instinct de la conservation ! Mais cette mesure déplut aux mauvais journaux. Un d'entre eux avança que les représentants du peuple français avaient donné dans la circonstance une deuxième édition d'un soi-disant concile de Mâcon....., qui déclarait les femmes privées d'âme... — Voulant lui montrer le ridicule et l'ineptie de son attaque, l'évêque de Quimper lui adressa cette plaisante réponse qu'il signa par l'anagramme de son nom :

« Citoyen,

« Vous venez de rappeler (deux fois, à quelques jours de distance) un fait ignoré de beaucoup de vos lecteurs, et qui les aura grandement réjouis et leur fournira un argument aussi plaisant que solide contre les champions des vieilles erreurs. Pour ma part, je vous en remercie du fond de l'âme.

« Les représentants du peuple français, dites-vous (feuille du 26 juillet), ont donné un pendant à cette célèbre déclaration du concile de Mâcon, qui déclarait les femmes privées d'âme et les excluait du paradis... Cette décision peut s'expliquer, elle fut prise par des célibataires. — *Bravo!*

« Pour compléter mon instruction, citoyen, pourriez-vous m'expliquer : 1° Ce que c'est que le *concile de Mâcon?* Il paraît qu'il n'y a qu'une célèbre déclaration du concile de Mâcon. — 2° A quelle époque s'est tenu le concile de Mâcon? — 3° Ne pourriez-vous pas donner textuellement la déclaration du concile de Mâcon, et même en latin, si les pères n'écrivaient pas en français? Je comprends assez bien le latin.

« Je prends la liberté de vous adresser ces demandes, parce que hier soir, dans un café du Palais National, un quidam, présent à la lecture de votre article, fit un mouvement des épaules dont je veux lui demander l'explication, quand vous m'aurez renseigné complétement.

« Salut et fraternité. RARVÉGAN. »

Le gouvernement avait pris des dispositions contre l'ancien état de choses touchant les réparations et l'entretien des édifices diocésains. On avait réduit le nombre des architectes chargés de ces édifices : on les avait changés, sans consulter les évêques. Voyant, dans cette mesure, entr'autres inconvénients, une atteinte portée à la dignité épiscopale, Mgr Graveran, non content d'avoir appelé sur ce point l'attention de ses collègues de l'Assemblée, crut devoir en écrire au Ministre des Cultes dans les termes suivants :

« Monsieur le Ministre,

« Dans la réunion de la Commission des monuments religieux (le mercredi 24 janvier), j'ai appelé l'attention de nos collègues sur les mesures récemment adoptées pour les réparations et l'entretien annuel des édifices diocésains.

« Vous savez, M. le Ministre, que plusieurs évêques ont élevé des réclamations contre les dispositions administratives qui, sans consultation préalable des autorités locales (le préfet et l'évêque) ont changé l'ancien ordre de choses, et, d'une part, établissent de nouveaux architectes avec une circonscription plus ou moins étendue; de l'autre, destituent les architectes depuis longtemps en exercice, également en dehors de toute observation de l'évêque et du préfet, et pour surcroît d'embarras, confient, en plusieurs diocèses, ces fonctions à des hommes placés à de grandes distances des édifices qu'ils doivent surveiller, réparer et entretenir.

« J'ai pris la parole assez longuement et à plusieurs reprises : j'ai résumé les observations, à mon sens, pleines de justesse et de force de mes vénérables collègues dans l'épiscopat. J'ai exposé 1° les inconvénients et l'accroissement de dépenses qui résulteraient de l'éloignement de l'architecte pour des travaux de réparations et de simple entretien dans trois édifices par diocèse (cathédrale, évêché, séminaire), dont un seul, ordinairement, a un caractère monumental; — 2° l'avantage d'avoir sur les lieux un homme qu'on puisse appeler sans retard et sans embarras au monument où le besoin se déclare; qui d'ailleurs connaît les bons ouvriers, les bons contre-maîtres, les meilleurs matériaux, les prix de la main-d'œuvre ; — 3° l'espèce d'injustice que renferme la destitution des anciens architectes, sans information, sans plainte des autorités locales et à leur insu ; — 4° ce qu'il y a de blessant pour les évêques à n'être pas même consultés pour la nomination des architectes qui doivent entretenir leur cathédrale et leur propre demeure, régler et diriger souverainement les travaux même soldés sur les deniers de la fabrique. — 5° Je n'ai pas caché qu'aux yeux de quelques prélats, l'administration paraissait avoir voulu leur enlever toute influence sur les architectes, comme s'ils en avaient abusé dans le passé. — 6° Enfin j'ai fait remarquer que certains choix avaient dû paraître offensants, à raison de certains antécédents des personnes *choisies*.

« La majorité de la commission ne s'est pas rendue à ces observations et s'est prononcée pour le maintien du nouvel ordre de choses promettant néanmoins :

« 1° De rédiger une circulaire aux évêques qui calmerait leurs craintes, en montrant le caractère éminemment utile de la disposition ministérielle.

« 2° De réviser individuellement quelques nominations et destitutions.

« Je ne crois pas que cela suffise pour faire cesser les plaintes.

« Je me suis entretenu de cette affaire avec mes deux collègues de l'Assemblée nationale, M. l'abbé Fournier et M. Collet. Il nous a paru qu'il était moralement impossible à M. le Ministre actuel des cultes de révoquer l'arrêté ministériel précité ; mais nous avons cru que, dans l'exécution, il serait possible d'en modifier et d'en adoucir les dispositions ; par exemple :

« 1° S'il est nécessaire de maintenir la nomination d'architectes supérieurs ou inspecteurs chargés de plusieurs diocèses, ne pourrait-on pas conserver un architecte ordinaire pour les diocèses où le premier ne résiderait pas ?

« 2° Ne serait-il pas convenable que cet architecte ordinaire fût nommé par le Ministre des cultes, sur la présentation du préfet et de l'évêque, et avec l'avis préalable de la commission des monuments religieux ?

« 3° Nous voudrions encore que l'architecte chargé des travaux de réparations ou d'entretien des édifices diocésains ne pût être destitué ou remplacé qu'après informations, et les autorités locales préalablement entendues.

« Si ces bases vous paraissent admissibles, mes deux collègues de l'Assemblée nationale et moi, nous engagerons de nouveau la discussion devant la commission des monuments religieux, la première fois qu'elle sera réunie. »

Mgr Affre, archevêque de Paris, étant mort, à la suite du coup dont il fut frappé, au moment où il se présenta sur les barricades du faubourg Saint-Antoine, pour prêcher aux insurgés la paix et l'ordre, l'Assemblée constituante résolut d'ériger au Panthéon une statue à *ce bon pasteur qui donna sa vie pour son troupeau.* — D'accord avec tous ses collègues sur la question de l'érection de la statue, l'évêque de Quimper n'était pas d'avis qu'on la plaçât au Panthéon : il s'inscrivit donc pour parler dans ce sens à la tribune. Mais la proposition ayant réuni du premier coup tous les suffrages des représentants du peuple, Mgr Graveran n'eut pas besoin de prononcer le discours qu'il avait composé, dans la prévision d'une discussion. Nous le citerons tout de même : il servira à montrer, une fois de plus, l'énergie du caractère du digne prélat :

« Citoyens Représentants,

« La proposition qui vous est faite, rencontre trop de sympathie dans cette assemblée, pour qu'il soit nécessaire de la défendre. C'est pour nous la dette de la reconnaissance, et les générations à venir y puiseront une leçon de dévouement et de généreux sacrifice.

« 1. Par une première disposition, il est réglé que la statue de l'archevêque de Paris sera érigée sous les voûtes du *Panthéon*. Je rends justice à l'esprit qui a dicté le choix de cet emplacement ; je partage cependant l'opinion d'un grand nombre de nos collègues, et je crois qu'il était possible de faire un choix plus heureux et plus convenable.

« 2. Le Panthéon est consacré aux grands hommes. Citoyens Représentants, l'archevêque de Paris ne se présente pas à l'admiration du monde comme un grand homme, il s'est montré dans sa vie et surtout dans sa mort, bon prêtre, pasteur charitable, père dévoué pour ses enfants ; — mais non pas grand homme dans le sens, permettez-moi de le dire, un peu profane que rappelle cette dénomination de Panthéon. Sous ces voûtes, telles qu'on les a faites, les grands hommes seront les généraux illustres, les politiques habiles, les philosophes profonds, les littérateurs féconds et brillants, etc... mais un prêtre qui s'en va tout simplement en compagnie de deux autres prêtres mourir sur une barricade, non, ce n'est pas un grand homme tel que le Panthéon les attend. — Passe encore s'il avait dû trouver à son arrivée, le nom béni, l'image vénérée, le saint patronage de cette pieuse bergère, qui fut le bon génie de cette cité en présence de la barbarie. — La simplicité de sainte Geneviève aurait attiré la simplicité de l'évêque. — Mais le Panthéon, le sanctuaire que la reconnaissance publique doit peupler de dieux terrestres, non, ce n'est pas sa place.

« 3. Voyez sa statue s'avançant avec une majestueuse lenteur vers le portique ; si sa tête, tout à coup mobile, se dressait... n'hésiterait-elle pas à la vue de quelques-uns des gardiens préposés à la garde du temple? — Et quand, après une pompeuse inauguration et de belles paroles, la foule se sera écoulée, et qu'il se trouvera seul dans l'enceinte déserte, son regard attristé ne cherchera-t-il pas l'autel où s'accomplissait le sacrifice chrétien, la tribune sacrée d'où descendait la parole sainte?... le souvenir des chants sacrés ne rendra-t-il pas plus triste ce silence? — Et quand la nuit répandra ses ténèbres, ne regrettera-t-il pas la lampe qui en tempérait, etc., rappelant l'œil de la Providence [1]? — Car la statue n'est pas un marbre taillé, mais froid comme la mort ; nous voulons lire dans cette attitude, sous ces traits, les sentiments, les habitudes de celui qu'elle rappelle.

« Une seule pensée pourrait le consoler, celle d'avoir précédé

[1] De Lamartine.

dans la magnifique basilique, la rentrée de la religion et de ses pompes sacrées.

« Sous les voûtes noircies de sa métropole, il sera mieux placé pour lui-même, — c'était comme sa maison; — mieux pour les fidèles, qui s'arrêteront avec recueillement et reconnaissance; mieux pour les prêtres et les pontifes, qui, à sa vue, sentiront croître dans leur cœur le dévouement et l'amour du sacrifice.

« 4. Ce marbre, au lieu où il est tombé, est une pensée heureuse. — Il sera là, non comme un souvenir de haine et un appel à la vengeance, etc., mais comme un monument de paix et de miséricorde. — Citoyens Représentants, il est des choses qu'on ne peut rappeler sans tristesse, mais dont on doit parler sans amertume, surtout en présence d'un saint dévouement. Comme chacun de vous, j'ai admiré et béni du fond du cœur, ces efforts héroïques, ces sacrifices aussi douloureux que magnanimes, qui ont assuré la victoire de l'ordre et le triomphe de la république; comme vous j'ai vu avec indignation et avec horreur cette révolte criminelle, ces odieux attentats; mais en exécrant, en maudissant le crime, je n'ai pu exécrer ou maudire les criminels. Sous cette couche épaisse de passions violentes et d'excès monstrueux, ces hommes ne sont pas devenus assez méconnaissables pour qu'en chacun d'eux, Français, je ne découvre un citoyen; chrétien, je ne retrouve un frère : non je ne les maudirai pas. — S'ils ont péri, que Dieu les prenne en pitié; s'ils vivent pour répondre à la justice de leur pays, qu'une parole de bénédiction fasse descendre dans leur âme le remords et le repentir.

« 5. Je ne leur promets pas l'oubli; la mémoire n'est pas un instrument que la volonté puisse jeter à l'écart. D'ailleurs, représentants des intérêts et des volontés de la France, nous devons nous souvenir pour prévenir au besoin et pour réprimer; nous devons nous souvenir surtout pour répondre au mal par le bien, à la fureur des attaques par la générosité des bienfaits; c'est là ce que nous voulons faire entendre bien haut, en plaçant un marbre commémoratif au lieu où tomba, victime de son saint dévouement, le premier pasteur de Paris.

« 6. Maintenant, Citoyens Représentants, permettez-moi quelques réflexions sur le caractère des événements qui se rattachent (comme la cause à l'effet) à la proposition, qui fait l'objet de nos délibérations. Je vous paraîtrai peut-être plus moraliste que politique; mais vous vous en dédommagerez plus tard en m'éloignant de cette tribune.

« Ce qui m'a frappé dans cette horrible lutte, ce n'est pas le courage, l'acharnement, l'opiniâtreté des révoltés; c'est la haine qui s'était emparée de leur cœur; haine profonde, cruelle, inextinguible, qui, pendant le combat, semblait vouloir couvrir d'un jet de sang la noble devise de la fraternité, et ce nom sacré de fraternité inscrit sur nos monuments; qui se traduisait après la bataille, par les plus affreuses paroles, les menaces les plus sanguinaires; qui s'exhalait même au milieu des soins, etc.; haine raisonnée, c'est-à-dire joignant à l'emportement de la passion la tenacité opiniâtre du raisonnement, possédant l'esprit comme le cœur. — Car, pour les nations, comme pour les particuliers, la vie est dans la charité, dans l'amour mutuel; la haine, c'est la mort, c'est la division, la dissolution. S'il était possible que cet horrible sentiment dominât une partie considérable de la population, et se manifestât dans les provinces comme dans la capitale, nous toucherions à une catastrophe inévitable et suprême.

« 7. Notre Maître à tous avait dit : On vous reconnaîtra pour mes disciples à l'amour que vous vous porterez. Se serait-il établi à l'encontre une école dont le chef aurait dit : On vous reconnaîtra pour m'appartenir à vos haines vigoureuses, impitoyables? — Non, sans doute, une pareille école ne s'est pas ouverte dans le monde : mais, dans quelques esprits, des doctrines ont prévalu, dont la conséquence dernière est de haïr, parce que leur dernier mot est de jouir : de jouir sans retard, sans obstacles, sans restriction; de jouir non des nobles trésors de l'intelligence, des biens sacrés de la vertu; — ici la jouissance n'est pas une déception et ne peut offrir de périls, car la source où l'on puise est intarissable et s'enrichit même par l'usage, — mais de jouir des grossières satisfactions de la vie matérielle.

« 8. Certes, je suis loin de méconnaître les besoins, de dénier les droits de chacun de nos frères; et si, pour les exposer, je n'ai pas de brillantes paroles; pour les calmer, de séduisantes théories, mon cœur du moins n'éprouve pas, pour le malheur, le froid d'une indifférence égoïste, et mes mains ne refusent pas de panser la plaie qui saigne, de soutenir le pied qui chancelle; je ne serai pas non plus assez injuste pour méconnaître les efforts tentés, afin de venir en aide à la foule qui souffre, et d'asseoir la société, etc. Mais, il m'a toujours paru aussi faux que dangereux de n'envisager que les besoins matériels de la vie, et d'oublier, ou du moins de mettre en seconde ligne, des besoins plus relevés et d'une tout autre importance. Mettons chaque chose à sa place, et ne mettons pas le bonheur, pas plus que le mérite ou la vertu, dans le mouvement des affaires, la fertilité des sillons, ou le retour périodique de grossières jouissances. Triste époque, où, pour agir sur les hommes, le ressort le plus puissant serait placé non dans leur tête ou dans leur cœur, mais dans leur estomac. — On remue un noble peuple avec les grands noms de religion et de patrie; on le précipite au cri de gloire et de liberté; quelle déplorable aberration de vouloir éveiller son enthousiasme en lui parlant de viandes et de mangeries phénoménales!

« 9. Citoyens, je vous parle sous l'empire d'une pénible préoccupation. — Des cœurs généreux compatissent aux maux du peuple, à sa misère, à sa faim, à ses blessures; — eh bien! il y a quelque chose qui me touche plus vivement encore, c'est son humiliation. — Une pièce de monnaie peut soulager sa misère, un morceau de pain apaiser sa faim, un bienfaisant appareil cicatriser ses blessures. — Mais, quel remède à son humiliation? Ne croyez pas que je veuille exalter l'orgueil populaire; un oracle sacré pour moi, et pour vous aussi, m'apprend que le peuple orgueilleux est un peuple souverainement misérable. — Mais, je veux, pour qu'il ne tombe pas dans l'avilissement, lui assurer le respect; — le respect de lui-même, le respect des hommes qui veulent le conduire, des chefs chargés de le gouverner, pour qu'il ne soit pas mené comme la brute inintelligente ou féroce; le respect des autres nations de la terre, dont l'oreille doit accueillir comme un cri de joie ou d'espérance, l'écho le plus lointain de son nom. — Eh bien! je le dis avec douleur, le peuple est trop souvent humilié : humilié par des adulations aussi plates que mensongères, comme si son œil était trop faible pour supporter le grand jour de la vérité, — humilié par des promesses déraisonnables et des espérances gigantesques, comme si les réalités sévères de la vie dépassaient la mesure de ses forces ; — humilié par les productions déplorables faites à son usage, dit-on, et qui, pétries de malices et de mensonges, amènent l'ivresse pour les intelligences vives et l'hébétement pour les intelligences faibles ; — humilié dans la défaite par l'abandon des hommes qui l'ont jeté dans l'abîme ; — humilié dans la victoire par la ruse de ceux qui marchent derrière lui pour parer les coups, et devant lui pour le partage du butin.

« 10. A ce spectacle (Citoyens, excusez la rude franchise de mes paroles, et attribuez-la à la rudesse du pays qui m'a vu naître), à ce spectacle d'une partie de notre population et surtout de cette population de Paris, d'ailleurs si admirable sous tant de rapports, violemment soulevée par un désordre qui ne profite qu'à des ambitieux, je me représente, pardon, mais cette image est gravée là depuis longtemps, ces grandes chasses où une meute frémissante tirée de sa prison, délivrée de ses liens, se précipite avec une bruyante ardeur à travers les plaines dans la profondeur des bois, — et quand, après force clameurs, force morsures données, force blessures reçues, la victoire a mis un terme à la poursuite, des valets jettent à la meute intrépide une ignoble curée, puis lui remettent le collier et la ramènent au chenil, tandis que les meneurs de la chasse savourent la venaison délicate. — La misère, la faim provoquent les révoltes ; les idées seules font les révolutions. — Les idées et les doctrines dans lesquelles elles se traduisent, et les formules dans lesquelles elles se résument ; formules d'autant plus dangereuses que les termes en sont plus simples et plus clairs, et les idées que ces termes enveloppent moins précises et moins arrêtées. — Est-ce la faim qui a fait une révolution en juillet 1830, une autre révolution en février dernier ? — La faim était peut-être derrière les barricades de juin, mais ces derniers combats n'ont été qu'une révolte, et s'ils ont menacé de se traduire en une révolution, c'est que derrière les assaillants armés par la misère, se trouvaient des chefs armés par les idées et luttant pour leurs triomphes.

« Représentants, venez donc en aide aux misères matérielles, pour éviter les désordres de la rue. — Mais apportez encore plus d'ardeur et de persévérance à combattre les idées dangereuses, les doctrines fausses, si vous voulez éviter de nouvelles révolutions, qui aboutiraient à un bouleversement final. — Jusqu'ici vous ne vous en êtes pas assez préoccupés.

« Ainsi, vous avez reçu une adresse, dans laquelle la propriété est dite le résultat d'un travail *accompli*, tandis qu'il est plus vrai de dire qu'elle est le résultat d'un travail personnel; oui, nous reconnaissons la propriété et la propriété absolue, par conséquent l'héritage; car, si on nie l'héritage, on nie un des plus beaux attributs de la propriété *personnelle* [1].

« Ma confiance est ébranlée : — Nous faisons grand bruit de notre dévouement à la république, de notre amour pour la liberté, de notre abnégation personnelle, de notre respect pour tous les droits; — mais si j'en crois mes appréhensions, je n'ose dire mes appréciations, le républicanisme règne dans notre imagination, — la liberté dans nos paroles, et dans notre caractère l'insubordination, dans nos mœurs politiques le calcul, dans nos habitudes le servilisme, et le despotisme dans tous nos instincts. — Où irons-nous avec cela?

« On parle de théories de l'amour. — Il faut envisager l'amour (ici-bas) comme un principe de sacrifices, plus encore que de jouissances. C'est pour cela surtout qu'on a besoin de s'aimer, etc. Du reste, l'expérience le prouve... les hommes les plus unis ne sont pas ceux qui se sont assis côte à côte, à une table somptueuse; mais ceux qui ont partagé dans l'angoisse le pain de la misère, de la prison ou de l'exil. — Envisager l'amour comme un principe de jouissance, conduit à l'égoïsme; — l'envisager comme un principe de sacrifices conduit au dévouement. — Le millionnaire ne sent pas le besoin d'amis, — le malheureux en a si besoin, qu'à défaut d'autres il aura un pauvre animal.

[1] Nous n'avons que des notes de cette partie du discours.

« C'est par toutes ces fausses théories qu'on humilie le peuple en l'égarant. — Il faut donc que la justice et la paix s'embrassent.

« Nous ne demandons pas l'impunité; nous croyons que la justice est la vraie clémence, et qu'elle ne pourrait, sans danger, sacrifier ses droits; mais, sans les sacrifier, elle peut en adoucir l'exercice quand les circonstances le permettent. — Deux sentiments sont à entretenir dans les coupables pour les ramener : 1° celui de leur faute; — 2° celui de l'espérance du pardon, ou d'un adoucissement à leurs peines. »

« 11. Citoyens Représentants, votre tâche est grande. Puissiez-vous la remplir heureusement! — Je n'ajoute qu'une parole : souvenez-vous que les plus beaux règlements de finances, les plans les plus habilement combinés pour faire fleurir l'industrie et prospérer le commerce, les essais les mieux entendus pour les progrès de l'agriculture, n'y feront rien, si nous ne contribuons, en ce qui nous concerne, à ramener les vérités morales dans les intelligences, et, dans les cœurs, l'amour de la vertu et le zèle du devoir. Commençons par nous-mêmes, et soyons les plus peuple parmi le peuple, les plus modérés, les plus laborieux, les plus généreux. Heureux, si au prix de nos travaux et de nos sacrifices, nous pouvons rapprocher les esprits et éviter de nouvelles collisions et de funestes catastrophes!

« 12. Je vote pour le projet de décret, avec la substitution de l'église métropolitaine au Panthéon. »

Outre ces diverses questions traitées par Mgr Graveran dans les comités, il en traita beaucoup d'autres sur lesquelles il ne nous a laissé que des notes tout à fait incomplètes. Il parla, par exemple, sur la question de savoir ce qu'il fallait faire des condamnés pour l'insurrection des journées de juin... Il ne croyait pas qu'il fût utile ou sage de les retenir dans des prisons, il pensait qu'il valait mieux les envoyer en Algérie... Mais citons les notes elles-mêmes : on aimera à les lire telles qu'elles sont :

« Je ne justifie pas. J'explique, et si vous le voulez, j'atténue... Il y a longtemps que j'atténue les fautes, pour incliner plus facilement au pardon : c'est une habitude et un devoir. C'est en souffrant ensemble que ces malheureux auront commencé à s'aimer. De cet amour, ils passeront à celui de la société, si celle-ci se montre indulgente. La pitié vient bien à la suite de la justice, et en l'évoquant, je ne veux pas détruire celle-ci, méconnaître ou affaiblir ses droits.

« Aurons-nous fini, quand indulgents nous les aurons transférés en Algérie? — Non. — Quand un champ produit des plantes vénéneuses, qu'arrive-t-il si après les avoir tranchées, on arrose les racines restées en terre?... Ainsi faisons-nous.... On a semé dans les esprits et les cœurs des doctrines empoisonnées... De loin en loin, quand la société étouffe, elle prend sa faulx : elle fauche les mauvaises têtes, les cœurs gâtés... et se repose tranquille, en disant : J'ai nettoyé mon champ! — Mais elle ne retourne pas sa terre..., attendez un an, c'est à recommencer...

« Pourquoi ne serions-nous pas indulgents? Nous n'avons pas à masquer une défaite, ou à venger sur des adeptes maladroits l'honneur compromis de nos théories humanitaires.....

« . . . .

« La France grande, même par les criminels. En faisant de leurs bras un instrument pour l'agriculture, de leurs poitrines un rempart contre les Arabes, et j'aime à le prédire, de leurs cœurs un asile pour le repentir et les vertus, etc...

« Ces hommes réhabilités pourront encore lever la tête au milieu de leurs concitoyens, non pas avec l'expression hautaine du triomphe, mais avec l'assurance modeste du repentir. — Ils sont indignes! — Il y a 1° des natures perverses; 2° des natures ignorantes; 3° des natures faibles. Ces deux dernières classes méritent notre indulgence, d'autant plus que nous avons peut-être contribué à leur faiblesse et à leur ignorance. Quant aux autres (les perverses), elles profiteront de l'indulgence commune..., dix justes auraient sauvé Sodome! — Prudence dans l'indulgence, pour que les graciés ne se regardent pas comme des justes vaincus et d'abord méconnus et prêts à recommencer... et que les vainqueurs ne soient pas cruels et impitoyables, s'il y avait un nouveau combat. »

Après la funeste insurrection dont nous venons de parler, quand la paix fut rétablie dans Paris et la sécurité revenue, il écrivit un discours sur les événements qui s'étaient passés. Il y dessine le caractère de cette insurrection, la *haine*, et il attribue ce sentiment odieux à la soif de jouir allumée chez le peuple par des théories matérialistes.

Bien qu'il ne soit à peu près que la reproduction textuelle de la seconde partie du discours relatif à la statue à ériger à Mgr Affre, nous citerons encore ce discours : l'auteur y a ajouté plusieurs idées et plusieurs expressions d'une grande énergie.

« Je n'ai peut-être pas le droit de vous demander le silence; si vous voulez bien m'écouter, je crois que mes paroles vous offriront quelqu'intérêt, et je continuerai; si je soulève un orage, je plierai ma voile, sans essayer une lutte impuissante... »

Après cet exorde, l'auteur continue ainsi :

« C. R. Souffrez qu'à l'occasion... je vous adresse quelques paroles empreintes de tristesse sans doute, mais exemptes de toute amertume : car en exprimant mon indignation et mon horreur pour une révolte criminelle et d'odieux attentats, mon admiration et ma reconnaissance pour d'héroïques efforts et de généreux sacrifices, je m'abstiendrai de maudire les coupables. Non, je ne les maudirai pas. S'ils ont péri, que Dieu les prenne en pitié ! S'ils vivent, pour répondre à la justice de leur pays, qu'une parole de bénédiction fasse descendre dans leur âme le remords et le repentir.

« 2. Mais nos souvenirs les plus chers se reportent toujours sur les intrépides défenseurs de la République glorieusement ensevelis dans leur triomphe. Je veux leur donner une larme comme Français, une prière comme chrétien; et sous les voûtes de Notre-Dame mon cœur les réunira au glorieux pasteur qui, en sacrifiant sa vie, n'aura éprouvé qu'un regret, celui de n'avoir pas réussi à écarter la mort de leur tête. Puis nous sortirons de ce temple le cœur plus calme : car c'est l'effet de la prière... Nous sortirons le calme dans le cœur, mais non pas l'oubli... ; il n'est pas permis aux législateurs, qui doivent le prévenir ou le réprimer, d'oublier le crime... Il y a d'ailleurs quelque chose (pour l'individu) de meilleur que l'oubli, c'est de se souvenir pour pardonner, et de répondre à l'attaque par le bienfait; aux attaques les plus furieuses par les bienfaits les plus étendus : et c'est bien ce que nous voulons faire...

« 3. C. R. Vous aurez été frappés comme moi du caractère de cette lutte qui a développé ou plutôt manifesté chez les assaillants une haine profonde, cruelle, inextinguible; une haine non pas d'instinct, mais raisonnée, une haine qui unit à l'impétuosité de la passion la ténacité du raisonnement. Je ne parle pas seulement de ces atrocités commises au pied de ces murs où se trouve inscrite la sainte devise de la nouvelle république, comme si ces malheureux avaient voulu effacer avec le sang le mot de fraternité. Mais vaincus, désarmés, déchirés de profondes blessures, ils ne sont remplis que de leur haine; ils l'exhalent au milieu des soins qui leur sont prodigués; ils l'expriment dans des termes horribles et, dans quelques hôpitaux, les administrateurs en sont réduits à les séquestrer et à établir une garde armée près du lit où ils exhalent leur rage impuissante.

« 4. Notre Maître avait dit : « On vous reconnaîtra pour mes disciples à l'amour mutuel que vous vous porterez. » Se serait-il établi une école, dont le chef aurait dit à l'encontre : « On vous reconnaîtra pour mes disciples à vos haines vigoureuses et impitoyables ? » Non, sans doute, une pareille école ne s'est pas établie. Mais des doctrines ont prévalu, et quelques espérances, dont la conséquence dernière a été de haïr, parce que leur dernier mot était de jouir, de jouir sans retard, sans obstacle, sans restriction, non des nobles trésors de l'intelligence, des biens sacrés de la vertu, mais des satisfactions de la vie matérielle. Que dirions-nous des passagers qui, étant sur un vaisseau dont la traversée doit être longue et dont les provisions sont courtes, voudraient en avoir à discrétion chaque jour?

« 5. Certes, nous sommes loin de méconnaître les besoins corporels et de nier les droits de chacun de nos frères, et si nos paroles sont moins brillantes, nos théories moins séduisantes, nos cœurs n'éprouvent point pour leurs malheurs le froid d'une égoïste indifférence, et nos mains ne refuseront pas de panser la plaie qui saigne, de soutenir le pas qui chancelle... Nous ne méconnaîtrons pas davantage les efforts tentés pour leur venir en aide et asseoir la société... Mais il nous a toujours paru aussi faux que dangereux de n'envisager que les besoins matériels de la vie présente, et d'oublier ou du moins de taire habituellement des besoins plus relevés et autrement importants. Maintenons chaque chose à sa place, et ne plaçons pas le bonheur qui se trouve dans le mérite et la vertu, dans le mouvement des affaires, ou la fertilité des sillons, ou le retour périodique des grosses jouissances... Triste époque, que celle où pour passionner ou soulever les masses, le premier levier serait la sensualité et le premier ressort l'estomac! On remue un noble peuple avec les grands noms de religion, de patrie. On le passionne au cri de *gloire* et de *liberté;* mais quelle triste erreur que de vouloir éveiller son enthousiasme en lui parlant de viandes et de mangeries phénoménales! Je ne parle pas ainsi par indifférence, par mépris ou par horreur pour le peuple, à Dieu ne plaise! mais je gémis et je m'indigne quand je le vois trompé... Il y a quelque chose qui m'effraie plus que la misère, la faim, les blessures du peuple: c'est l'humiliation du peuple humilié par les flatteries, par d'absurdes espérances, par de continuelles déceptions; humilié dans la victoire par la ruse des hommes qui en accaparent les fruits; dans la défaite, par l'abandon et presque le désaveu de ceux qui l'ont précipité dans la révolte.....

« 6. C. R. Votre tâche est grande et puissante, et vous la remplissez heureusement. Je ne vous dirai qu'une parole: les plus beaux règlements, les plans les mieux combinés pour faire fleurir l'industrie et le commerce, les essais les mieux entendus en agriculture n'y feront rien, si nous ne contribuons, en ce qui nous concerne, à ramener les vérités morales dans les intelligences, et, dans les cœurs, l'amour de la vertu et le zèle du devoir. Une équation algébrique n'est pas une maxime de vertu!!! — Je vous offenserais, citoyens, en vous indiquant la force à laquelle vous devez recourir : celle des enseignements religieux et des doctrines éminemment morales et civiles de l'Évangile. Vous comprenez tous la vérité de cette parole : « Il faut de la religion au peuple. »

Oui, citoyens, à tout peuple, et au peuple français plus qu'à tout autre. — « Il faut de la religion au peuple, » mais n'oubliez pas qu'en religion, comme en politique, le peuple, ce n'est pas une partie de la nation, selon l'expression d'un grand orateur : en religion, autant et plus qu'en politique, le peuple, c'est vous, c'est moi, c'est tout le monde. »

Une autre fois, il démasqua les théories creuses de ces prétendus amis du peuple qui, ne voyant que l'industrie et le travail, égarent les esprits, en faisant croire au pauvre qu'il peut se passer de Dieu ici-bas, et que la terre peut lui donner seule tout ce dont il a besoin.

« . . . . »

S'adressant à ces bienfaiteurs des classes souffrantes, il s'écrie :

« Et puis, votre puissance peut aller tout au plus à partager les richesses (les vraies), mais non à les produire. Est-ce que l'homme est le maître de la nature, le roi des éléments? Avez-vous fait un pacte avec le soleil, pour amener ses rayons sur vos champs ou en écarter les ardeurs? Votre main pressera-t-elle les nuées, pour en exprimer la rosée? Le souffle de votre bouche chassera-t-il les nuages? En vérité, tout cela est puéril, oui, puéril en théorie. Mais dans la pratique, ces enseignements sont pernicieux, car ils égarent, comme les romans de féeries occupent l'imagination des oisifs, avec cette différence que les pauvres veulent réaliser ce qu'on leur prêche.... Si le peuple est malheureux, n'en cherchons pas la cause ailleurs que dans ces mauvaises doctrines qui le portent au péché, au crime.... comme le médecin qui se bornerait à laver et à panser la plaie, sans la sonder.... Ainsi faisons-nous, lorsque nous voulons soulager la misère du peuple, sans en rechercher la source.... Eh bien, au moment où cette plaie paraît cicatrisée, le mal fait irruption et tue....

« De même, nous voyons les maux extérieurs, les coups, la faim, les plaies.... Nous y appliquons un remède.... mais nous ne sondons pas.... Qu'arrive-t-il ensuite? Le mal revient.... Alors la haine, l'envie du bien d'autrui font irruption....

« Un peuple courbé par la misère se relève; un peuple plié sous le mépris et qui n'en sent pas le poids, demeure aplati sur la terre. Ah! peuple! et maintenant qui osera dire que ce sentiment de l'humiliation, plus encore que celui de la misère, ne l'a pas soulevé! et si nous en condamnons l'excès, en condamnerons-nous le principe? Tel n'est pas le peuple français.... et la faim qui resserre ses entrailles lui paraît moins cruelle que la honte qui courbe et abaisse son front.... »

Une autre fois, quelqu'un reprochait au clergé d'être l'ennemi de la civilisation, il répondit en définissant les mots : « Peuple civilisé et peuple policé. — civilisé de *civis*, qui connaît et respecte les droits et devoirs du citoyen. Un peuple est civilisé par les mœurs. Il est policé par les sciences, les lettres et les arts (ou plutôt par le mécanisme matériel des règlements administratifs). Des personnes qui nous font l'honneur de nous croire assez importants pour mériter leurs haines nous accusent d'être les ennemis de la civilisation.... Non, non, pas même de la politesse. Nous désirons le peuple à la fois civilisé et policé.... Mais s'il n'est que l'un, nous préférons le premier.

« Les Romains de Tibère et d'Héliogabale étaient policés.... C'était le temps des statues.... des théâtres.... *Panem et Circenses*. Les Romains des Scipion et des Paul-Émile étaient civilisés.... C'était le temps des grandes vertus et des grands sacrifices.... »

Après avoir vu la conduite que tint Mgr Graveran à l'Assemblée constituante, ne peut-on pas s'écrier : Vraiment cet homme était toujours l'homme du devoir!

Enfant, à l'école et au collége, c'était déjà l'homme du devoir! Séminariste, c'est l'homme du devoir! Professeur et directeur au séminaire, c'est l'homme du devoir! Curé et évêque, c'est l'homme du devoir! Représentant du peuple, c'est encore l'homme du devoir!

Au reste, il fut ainsi jugé par ses collègues de l'Assemblée. Ils avaient pour lui la plus grande estime; ils recherchaient son commerce; ils l'interrogeaient et le consultaient sur les questions les plus diverses et les points les plus délicats. On avait un si grand respect pour lui qu'à la journée du 17 mai 1848, lors de l'envahissement de la salle de l'Assemblée, un ouvrier, envoyé par M. Flocon, vint se poster auprès du banc de l'évêque de Quimper, lui disant de ne rien craindre, qu'il était chargé de protéger sa retraite. L'évêque lui répondit qu'il le remerciait, mais que, dévoué à la patrie et prêt à tout sacrifier à son bonheur, il était dans le plus grand calme et ne redoutait rien. On dit qu'à ce moment, en effet, il lisait une brochure [1].

XI

L'estime et la considération dont jouissait Mgr Graveran au sein de l'Assemblée constituante, il avait su les inspirer aux chefs mêmes du pouvoir, si bien qu'après la mort de Mgr Affre, ils songèrent à le nommer archevêque de Paris. Peu s'en fallut qu'il ne fût réellement nommé, comme il l'écrivit confidentiellement à son ami et vicaire général, M. l'abbé Kéraudy. Chacun lira avec plaisir cette lettre pleine d'un touchant intérêt : l'âme simple et droite du bon prélat s'y montre comme dans un miroir.

« Paris, le 9 juillet 1848.

« Mon cher Monsieur Kéraudy,

« Vous aurez lu dans les journaux la description *in extenso* des deux cérémonies de jeudi et vendredi. Elles ont été fort belles chacune dans son genre. Le convoi de l'archevêque a produit un

[1] Vie de Mgr Graveran, par M. Maupied.

très-grand effet sur la foule immense qui encombrait les quais et les places pendant les deux heures et un quart qu'a duré la procession. Son visage s'était bien maintenu. On avait légèrement coloré les joues et les lèvres.

« Mercredi soir, j'avais été jeter de l'eau bénite sur M. de Châteaubriand, et hier j'ai assisté à son convoi aux Missions étrangères.

« La mort de Mgr Affre a grandement accru ma besogne. Ce sont chaque jour des demandes de confirmation. Je m'y prête autant que possible. Il paraît que la visite épiscopale n'était pas avancée, et vous savez qu'à Paris chaque paroisse, chaque communauté veulent avoir la confirmation tous les ans.

« Vous aurez vu que le choix du gouvernement pour Paris s'est arrêté sur Mgr Sibour. Sa nomination avait été signée, dit-on, jeudi soir.

« M. Sauveur me faisait entendre, à mots couverts, que mon nom pourrait bien surgir. Je puis maintenant en parler sans réticence.

« Je n'ai vu aucun membre du gouvernement; mais j'ai appris indirectement qu'en effet on avait songé à moi; M. de Sèze me le dit il y a plus de huit jours, d'après une conversation qu'il venait d'avoir avec M. Senart. Mgr l'évêque de Meaux me dit en riant vendredi soir : Il y a dans l'Assemblée un évêque qui revient beaucoup au gouvernement; mais il a fini par être écarté, *parce qu'il est carliste*. L'abbé Cœur me disait aussi, à l'archevêché, vendredi matin, que si le vœu de l'archevêque défunt était accompli, je serais son successeur.

« Je vous fais grâce des mille propos répandus dans le clergé, qui m'aurait, dit-on, accueilli avec joie.

« Je n'ai jamais cru que ma candidature eût des chances. Si elle avait pris de la consistance, j'aurais cru que la conscience et l'honneur m'auraient fait un devoir de refuser. Représentant, je ne puis prendre la couleur d'un homme qui profite de sa position pour arriver aux honneurs. J'avoue qu'une autre cause aurait encore déterminé mon refus : je me serais trouvé fort malheureux loin de notre bonne Bretagne.

« Tous ces détails sont pour les intimes, et qu'il n'en soit plus ensuite mention.

« Votre bien affectionné,

« † J. M., *évêque de Quimper.* »

« *P. S.* Hier, en partant à dix heures et demie pour Saint-Gervais, où j'ai assisté à la grand'messe, puis confirmé, pour me rendre ensuite à Saint-Séverin, où j'ai pontifié toute la soirée, j'ai oublié de jeter cette lettre à la poste. Je vais y ajouter quelques lignes.

« La nomination de Mgr Sibour est très-certaine. Jeudi, après la cérémonie de la place de la Concorde, M. Eglée (il me l'a raconté hier en dînant chez M. Hanicle) s'arrêta aux affaires étrangères pour saluer quelqu'un. M. le ministre (encore Bastide) survint, qui lui dit : Vous avez un archevêque. — Puis-je savoir son nom? — M. Sibour; nous étions présents huit membres du gouvernement : il a eu cinq suffrages. Je lui ai donné ma voix *parce qu'il est démocrate*, et j'ai écarté Mgr l'évêque de Quimper, parce qu'il est carliste. — A quoi le jugez-vous? dit M. Eglée; il ne fait pas de carlisme, et la Chambre, et la commission pour la cérémonie funèbre de la place de la Concorde l'avaient demandé nommément pour y officier, précisément, disait M. de Lasteyrie, parce qu'il est en dehors de toute intrigue ou menée, parce qu'il est *le plus prêtre*. M. Bastide a répondu : Tous les carlistes du Finistère ont donné leurs voix à l'évêque : ils le regardent donc comme leur homme.

« Ce récit de M. Eglée vous prouvera que, même en cas de refus de M. Sibour, on ne reviendra pas à moi; car je porterai le même stigmate de carlisme.

« Il est bien vrai que la commission voulait que je fusse officiant à la place de la Concorde; elle me l'avait fait dire. J'avais dû répondre que le choix de l'officiant regardait l'autorité diocésaine, qui désignerait naturellement le plus ancien de consécration. Ainsi a-t-elle fait, en énonçant dans les lettres d'avis ce motif de son choix. J'ai ainsi conservé la paix avec tout le monde. »

Le général Cavaignac, qui fut le premier et le plus ardent promoteur de sa candidature à l'archevêché de Paris, professait pour Mgr Graveran les sentiments de la plus haute estime et de la plus profonde vénération. Il manifesta plus d'une fois sa respectueuse sympathie pour lui.

Lorsqu'après ses jours de gloire passagère, l'illustre général se fut retiré dans la vie privée, il vint demander à la Basse-Bretagne un peu de calme et de repos. Il se réfugia au Conquet, au diocèse de Quimper. Aucun lieu, du reste, ne pouvait être mieux choisi par celui qui avait tenu les rênes de la France, pour se reposer, oublier et méditer sur la vanité des choses de ce monde. Le Conquet est en effet une charmante petite ville, assise devant l'immense Océan, en face d'Ouessant, cette île si redoutée des navigateurs, à cause de ses courants qui entraînent et engloutissent, à chaque instant, les navires. D'un côté, elle a sa ravissante baie des *Blancs-Sablons*, de l'autre, les magnifiques ruines de Saint-Mathieu. C'est devant ce spectacle que l'homme se trouve petit, et, qu'abîmé dans la pensée de son néant, il s'écrie volontiers, comme un grand orateur, en présence d'un spectacle d'un autre genre : Dieu seul est grand[1] !

En se rendant au Conquet, le général voulut passer par Quimper, afin de voir l'évêque. Ayant appris que le prélat était absent, il en fut très-contrarié et très-fâché. A son retour dans sa ville épiscopale, Monseigneur se hâta de lui faire savoir combien son souvenir l'avait touché et combien il regrettait de ne s'être pas trouvé chez lui, lors de son passage à Quimper. Il pria M. l'abbé Maupoint, vicaire général de Rennes[2], qu'il avait appelé pour prêcher dans son diocèse, et qui voulait voir le Conquet, d'aller, de sa part, faire visite au général, et d'être auprès de lui l'interprète de ses sentiments. Quand M. l'abbé Maupoint se présenta pour le visiter, il trouva celui qui était naguère le chef du pouvoir en France logé dans une pauvre chambre d'une petite maison de pêcheur, ayant vue sur la mer.

[1] Massillon, Oraison funèbre de Louis le Grand, roi de France.
[2] Aujourd'hui évêque de Saint-Denis à la Réunion.

Fort gracieux tout d'abord pour le vénéré ecclésiastique qui le visitait, il témoigna une grande joie, lorsque celui-ci lui annonça qu'il venait au nom de l'évêque de Quimper. Après s'être informé avec empressement de la santé du prélat, il dit à M. l'abbé Maupoint :

« Je suis heureux de recevoir de bonnes nouvelles de la santé « de Mgr Graveran. C'est un évêque que nous aimions et estimions « tous, d'une manière spéciale, à l'Assemblée constituante, à cause « de sa dignité vraiment sacerdotale, de son savoir et de son esprit « de modération. »

Puis, après avoir causé pendant quelques minutes avec son visiteur charmé de sa courtoisie, il le reconduisit jusqu'à la rue, en le remerciant de la visite qu'il lui avait faite au nom de l'évêque de Quimper, pour lequel il le chargea de ses meilleurs souvenirs et de tous ses compliments.

XII

La mission de notre évêque à l'Assemblée était finie. Il revint dans son diocèse au mois d'avril 1849, déclarant qu'il croyait avoir désormais payé sa dette à son pays, et qu'il espérait ne plus quitter ses chers diocésains. — Avant de quitter Paris, il crut devoir écrire au souverain Pontife, alors retiré à Gaëte, pour lui annoncer son retour dans sa ville épiscopale. Pie IX lui répondit par la lettre la plus flatteuse.... Il loue le zèle ardent, le courage et la constance avec lesquels il a défendu l'autorité et le pouvoir du Saint-Siége, la discipline et les droits sacrés de l'Église. Il lui dit que sa belle conduite à l'Assemblée a réjoui son cœur au milieu des chagrins qui l'abreuvent [1].

. . . .

[1] *Ex tuis ad nos litteris postremo die martii proximi datis intelleximus te jàm ad Crisopitensem ecclesiam maturasse iter ut in eo posses pascalia festa celebrare. Gratulamur tibi hoc idem ac partem Nos ipsi capimus gaudii et læti-*

Rentré à Quimper, il reprit immédiatement ses travaux apostoliques; car, quelques jours après son arrivée de Paris, il entreprit une tournée pastorale qui dura plus de quatre mois. Cette tournée fut plus longue que d'habitude, parce que le zélé prélat, afin de ne pas faire souffrir son troupeau, voulut regagner le temps qu'il avait passé loin de lui. Je ne dirai pas l'accueil doublement empressé que lui firent alors et les prêtres et les fidèles. Tous étaient heureux de revoir leur évêque, après une longue année de séparation que leur affection pour lui et les périls de sa situation leur avaient fait paraître plus longue encore. Si tous étaient auparavant fiers de leur premier pasteur, ils le furent désormais davantage, car il revenait parmi eux avec une nouvelle auréole de gloire, celle d'être non-seulement un grand évêque, mais aussi un représentant distingué des intérêts du peuple.

Après avoir terminé cette visite, qui fut très-pénible et contribua beaucoup à l'altération de sa santé, Mgr Graveran rentra, vers la fin de juillet, dans sa ville épiscopale, pour se préparer par l'étude et la prière au concile de la province ecclésiastique de Tours. En effet, les évêques de France, empêchés jusqu'à cette époque de tenir ces conciles qui sónt la vie de l'Église et le nerf de la discipline ecclésiastique, recouvrèrent providentiellement cette précieuse liberté. On se souvient avec quelle joie les amis de la religion saluèrent cette ère nouvelle qui permettait enfin à nos évêques de se conformer aux prescriptions du saint concile de

tiæ tuæ. Multis vero laudibus egregiam operam ac studium cumulamus quod ad Apostolicæ Sedis auctoritatem ac potestatem tuendam, ad ecclesiasticæ disciplinæ regulas vindicandas, ad propugnanda denique sanctissimæ religionis jura impigre et alacriter mox in Gallicanis comitiis adhibuisti. Præclara hæc merita quæ tibi cum nonnullis aliis Galliarum Episcopis, ac viris ecclesiasticis communia sunt, Venerabilis Frater, vix possumus explicare verbis, quantæ nobis consolationis sint inter tot ac tanta adversa quæ jugiter nos ipsi experimur. Utinam tuæ aliorumque voci Deus vocem dederit virtutis suæ, quo tandem intelligatur veram ac solidam cujusque regiminis basim ac fundamentum esse religionem catholicam, quæ ubi vel plena ac nemini obnoxia careat libertate, vel mandata ejus despiciantur et leges, aut sacri ministri debito non afficiuntur honore ac reverentia, haud dubium quin stare possit civile quodque gubernium, et in novas iterum conversiones, perturbationesque non ruere.... Extrait de la lettre du S. P. Pie IX à Mgr Graveran, datée de Gaëte, le 23 avril 1849.

Trente, en se réunissant, à la voix des métropolitains, pour discuter ensemble les intérêts spirituels des fidèles.

L'évêque de Quimper, en annonçant à ses diocésains la tenue du concile de la province de Tours [1], et en leur demandant des prières à cette occasion, leur dit ces paroles :

« C'est pour vous, nos très-chers frères, c'est dans votre intérêt, « que les évêques vont se réunir, et, sous les yeux de Jésus-Christ, « le pontife éternel, examiner quelles recommandations ils devront « vous faire, quelles erreurs vous dénoncer, quels écueils signaler « à votre vigilance. Ils ne discuteront plus vos affaires tempo-« relles ni les lois destinées à les régler et à les garantir ; mais, « laissant comme il convient ce souci aux hommes qui sont en « possession de votre confiance et de votre mandat, ils se préoccu-« peront exclusivement de vos intérêts spirituels, des droits de la « vérité, des avantages de la vertu, de la règle du devoir, du « triomphe de la piété chrétienne.

« Alors même que leur attention semblera concentrée dans des « questions en apparence étrangères aux simples brebis de leur « bercail, quand ils rappelleront l'ordre immuable de la sainte « hiérarchie, les principes de la juridiction ecclésiastique, les obli-« gations des pasteurs, les devoirs de la vie sacerdotale, ou bien « encore, les vénérables et sages prescriptions qui doivent assurer « l'observation de la liturgie sacrée, la splendeur du culte public « et la pompe des saintes cérémonies, vous serez tous présents « à leur pensée : et le plus grand bien de vos âmes sera le but de « leurs travaux et dictera leurs décisions. »

Il n'entre pas dans notre tâche de parler des actes de ce concile, qui furent soumis à l'approbation du souverain pontife Pie IX, et ont été publiés à Tours [2]. Nous dirons seulement que dans cette auguste assemblée formée de prélats illustres et des ecclésiastiques les plus distingués de la province, l'évêque de Quimper se fit encore remarquer par sa dignité, sa sagesse et l'étendue de sa doc-

[1] Il fut célébré à Rennes.
[2] Librairie Mame.

trine. Ses frères dans l'épiscopat, et tous les prêtres présents au concile, qui lui survivent, en parlent encore avec admiration!

Jusqu'à l'époque où se tint le concile dont nous venons de parler, les évêques de la province de Tours ne tenaient pas, depuis longtemps, de synodes suivant les formes et la solennité prescrites par l'Église [1]. Il est vrai que chaque année ils conféraient des intérêts spirituels des fidèles avec un grand nombre de leurs prêtres réunis en retraite pastorale. Ces réunions pouvaient bien suppléer jusqu'à un certain point aux assemblées synodales, puisqu'on y traitait de l'état des diocèses, qu'on y portait remède aux abus et qu'on y promulguait des règlements [2].

Afin de se conformer aux prescriptions de l'Église, le concile décréta que les évêques de la province suivraient dorénavant, dans la célébration des synodes, les rites et les cérémonies tracés par le *Pontifical* romain.

Obéissant à ce décret, Mgr Graveran adressa, le 10 août 1851, une lettre aux prêtres de son diocèse par laquelle il convoqua un grand nombre d'entre eux à assister à un synode qu'il tint dans son grand séminaire, le 22 septembre de la même année. Cent quarante prêtres y assistèrent.

C'est dans cette imposante réunion qu'il promulgua et expliqua les décrets du concile de Rennes. C'est là qu'il proposa et discuta les diverses modifications qu'il fallait apporter aux statuts diocésains [3]. C'est là qu'il examina toutes les questions qui importaient au bien de son diocèse.

Les prêtres qui prirent part à ce synode peuvent dire à quelle hauteur s'y éleva leur évêque dans leur estime et leur affection.

[1] *In his conventibus, synodorum quidem ordinaria non servatur solemnitas.* (*Decreta concil. provinc. Turon.*, p. 36.)

[2] *Quotannis cleri diœcesani partem adsciverunt, non tantum eo fine ut per seriem piorum exercitiorum spirituali cujusque bono consulerent, sed etiam ut faciliùs de diœcesis universæ statu inquirerent, de corrigendis abusibus conferrent, monita darent, et decreta disciplinæ promulgarent.* (*Decreta ut suprà, ibid.*)

[3] *In ista synodo legentur et ... evolventur decreta concilii Rhedonensis. Tales etiam in statutis diœcesanis inducentur mutationes seu modificationes quæ concilii præscriptionibus illa concordantia efficiant....* (*Indictio syn. diœces.*)

Ils peuvent dire quelle science, quelle prudence, quelle connaissance des hommes il déploya au sein de ce sénat composé de l'élite de son clergé.

S'ils le reconnaissaient jusque-là pour leur maître à tous égards, ils proclamèrent bien haut sa supériorité, après cette assemblée ecclésiastique qu'il présida avec une capacité qui ravit tous ceux qui eurent le bonheur d'y assister.

Nous en trouvons la preuve dans le discours suivant adressé à Sa Grandeur par M. l'abbé Langrez, chanoine, promoteur du synode, à la session de clôture.

« Monseigneur,

« Les prêtres de notre synode m'ont chargé, d'une voix unanime, d'offrir à Votre Grandeur l'hommage de leur sincère et vive reconnaissance pour la marque d'estime et de haute considération que vous venez de leur donner.

« Votre autorité pouvait se passer de nos conseils ; cependant vous avez bien voulu nous consulter et nous laisser une liberté pleine et entière d'exprimer nos sentiments.

« Nous avons admiré, Monseigneur, la profondeur et la sagesse de vos vues, la facilité et la lucidité de vos réponses, la foi et la piété qui ont présidé à toutes vos décisions.

« Nous avons été touchés surtout de la bonté de votre cœur et de la suavité de vos paroles. Vous vous êtes montré père : votre synode a été une réunion de famille.

« Daigne le Ciel, Monseigneur, vous conserver de longues années à la tête de ce grand et bon diocèse, pour la gloire de Dieu et le salut des âmes. C'est l'objet de nos prières, c'est le vœu le plus ardent de nos cœurs. »

Un autre membre du chapitre de la cathédrale de Quimper écrivit, après le synode, à Mgr Graveran les lignes qui suivent :

« J'ai été bien consolé, Monseigneur, en voyant l'admirable ascendant qu'avec la grâce de Dieu vous avez acquis sur l'esprit et la volonté de tous vos prêtres. Ils sont tous à vous ! Cependant je n'accorderai pas qu'aucun d'eux pût se dire, avec un attachement plus respectueux et une soumission plus parfaite, votre très-humble et tout dévoué serviteur.... »

XIII

Le premier février 1852, il voulut consacrer son diocèse au sacré cœur de Jésus. Il publia, à cette occasion, un mandement qui respire un amour ardent du salut éternel de son peuple et la plus solide piété.

Vivement préoccupé des maux qui désolent la société, à notre époque, des ravages de l'impiété et de l'égoïsme qui tend à glacer et à rétrécir tous les cœurs, il y oppose la dévotion au cœur sacré de Jésus :

« Dans les jours de calamités publiques, s'écrie-t-il au début de ce mandement, quand la peste frappait les populations consternées, on a vu de pieux pontifes recourir comme au remède suprême à la miséricorde du *cœur sacré de Jésus-Christ*, et mettre leur troupeau désolé sous la sauvegarde toute-puissante de ce cœur toujours ouvert pour accueillir les malheureux.

« Si la peste n'est pas dans l'air que nous respirons, l'atmosphère dans laquelle vivent les âmes est toute saturée de poisons, et combien, chaque jour, en sont mortellement atteintes ! Une hideuse perversité en accroît incessamment la dose, les combine avec une habileté infernale, et les présente avec insistance à tous les âges et à toutes les conditions : on dirait, pour l'impiété, un intérêt de fortune ou de gloire.....

« Témoin attristé de tant de ravages spirituels, nous songions depuis longtemps à chercher notre recours dans le cœur sacré du Sauveur, et à placer sous sa miséricordieuse protection le peuple confié à notre sollicitude. Des âmes préoccupées des mêmes inquiétudes nous avaient adressé l'expression de leurs pieux désirs ; nous sommes heureux d'y répondre en ce jour, et de calmer nos propres alarmes, en associant ce divin cœur à notre sollicitude pastorale. »

XIV

Après avoir accompli cet acte de dévotion envers le cœur de Jésus et avoir mis, en quelque sorte, son troupeau à l'abri dans cet asile assuré, le pieux évêque, qui semblait déjà pressentir sa fin prochaine, se hâta d'entreprendre une œuvre dont il nourrissait le désir depuis les premiers jours de son épiscopat, une œuvre qui perpétuera à jamais son nom dans notre pays. Les tours de la cathédrale de Quimper, d'ailleurs si belles, étaient privées de flèches. Il conçut le hardi projet de les achever, bien qu'il n'eût aucune ressource à cet effet.

Considérant un jour, avec tristesse, ces tours ignoblement terminées par des cônes en plomb *ternes, lourds et opaques* [1], il calcula *qu'un sou* donné par chacun de ses diocésains, pendant cinq ans, produirait la somme suffisante pour les doter d'une couronne digne d'elles.

Il appelle son architecte, arrête avec lui les plans de la future construction, puis il adresse aux fidèles de son diocèse une lettre par laquelle il annonce ses projets et leur demande, pour les réaliser, l'obole de leur charité, *le sou de Saint-Corentin.*

Cette lettre, que l'on tira à un très-grand nombre d'exemplaires, fut épuisée en peu de temps. Tout le monde la demandait !

C'est en effet un de ses plus beaux écrits. Il y dépeint, avec le style le plus gracieux et le plus élevé, les beautés de son église cathédrale. Pour exciter les fidèles à concourir généreusement à son entreprise, il leur montre les églises s'élevant et s'embellissant partout autour d'eux. Puis remontant le cours des siècles,

[1] Mandement sur les flèches de la cathédrale.

il leur fait voir l'Europe entière se couvrant de cathédrales, de monastères, de chapelles, d'oratoires....., quand l'heure du premier millénaire a sonné et rassuré les masses pieusement abusées sur la fin des temps.....

Détachons de ce magnifique tableau une seule page ; elle donnera une idée de l'œuvre tout entière :

« Combien de fois, en admirant de près les beautés nombreuses de notre cathédrale, des savants éclairés par l'étude, des ignorants guidés par le seul instinct du beau et du grand ne nous ont-ils pas marqué leur surprise à la vue de ces toitures informes de nos tours, qui leur semblaient l'humiliant aveu de notre impuissance! Vous avez entendu répéter peut-être l'appellation burlesque que personne n'enseigne, que chacun rencontre spontanément. Nous n'en sommes pas à perdre contenance pour une inoffensive raillerie ; mais si nous en faisons l'aveu, il nous serait plus doux d'entendre l'éloge de votre foi, de votre bon goût et de votre générosité. Ne croyez pas, nos très-chers frères, que nous visions à chatouiller votre cœur et le nôtre : nous savons combien il est périlleux de frôler ce réseau délicat tissu par l'orgueil et qui nous enveloppe tout entiers ; une pensée plus haute nous préoccupe, plus sainte dans ses vues, plus utile à vos intérêts : Dieu est la souveraine grandeur, la souveraine beauté ; tout ce qui est beau, tout ce qui est grand élève à Dieu la pensée qui n'est pas pervertie, le sentiment qui n'est pas corrompu.

« Quand le fidèle s'acheminera vers notre ville épiscopale, conduit par l'intérêt ou le devoir, une émotion toute chétienne remplira son âme à l'aspect de ces formes hardies et gracieuses traçant le nom de Dieu sur l'azur du ciel, tandis que la demeure des hommes est encore cachée dans l'ombre ; quand le voyageur descendra dans cette fraîche vallée de l'*Odet*, au milieu de la verdure et des eaux vives, sa vue et son cœur se partageront entre les beautés riantes de la nature et la beauté religieusement sévère de notre église enfin couronnée de ses pyramides ; et cette double image, comme deux ailes souples et nerveuses, l'élèvera et le soutiendra dans une atmosphère pleine de lumière et de sérénité. Alors, s'il connaît notre histoire, il dira avec nous : C'est là que le premier pasteur de cette contrée, un des premiers apôtres de la terre armoricaine, réunissait, il y a quatorze siècles, sous sa houlette pastorale, ces peuplades aux formes rudes et aux croyances tenaces ; c'est entre ces rives que ses mains bâtissaient un temple et consacraient un autel, aidé du concours généreux d'un prince dont la gloire a protégé le souvenir. »

L'appel du premier pasteur du diocèse fut entendu : car au printemps de cette année 1854, les travaux furent commencés. Hélas ! il ne devait pas les voir terminés !

Mgr Sergent, son successeur et digne continuateur de son œuvre, fut appelé à en jouir. L'exemple et l'élan étaient donnés ! aussi, non content de voir les tours de sa cathédrale ornées de deux flèches qui font l'admiration de tous les étrangers et l'orgueil des gens du pays, Mgr Sergent a voulu restaurer, avec un zèle que rien n'arrête et un goût parfait, l'intérieur de cette église que les siècles avaient noirci et les révolutions défiguré. Rajeunie et transformée par ses soins, enrichie de ses dons, et dotée d'un maître-autel que lui envieraient les plus belles églises de la chrétienté, la cathédrale de Saint-Corentin peut prendre rang désormais parmi les plus beaux monuments religieux de l'architecture gothique.

XV

Ce fut encore cette même année, que Mgr Graveran demanda et obtint du souverain Pontife le rétablissement du titre de l'évêché de Léon dont il prit possession le 5 août 1854. L'éloquent auteur de son oraison funèbre parle ainsi de cette touchante cérémonie qui fut comme le dernier acte public de sa vie épiscopale :

« Son heure approchait, et déjà le regard de la science, ou celui de l'amitié, croyait entrevoir sous des apparences trompeuses de santé je ne sais quel symptôme fatal d'épuisement aux sources de la vie. Pourtant Dieu voulait encore, avant de le reprendre à la terre, consoler son serviteur en le conviant à une fête de famille.

« C'est à notre tête, Messieurs, escorté d'une foule immense de ses prêtres, qu'il vint se présenter aux portes rajeunies de la vieille cité de Léon, et montrer à son peuple cette autre couronne pontificale qu'une précieuse faveur du Siége apostolique venait d'ajouter à la sienne, non pas comme accroissement de juridiction, mais comme un ornement et comme une relique de ce beau passé dont il est permis à notre foi de regretter les richesses spirituelles.

« Cette ville, qui a si bien gardé l'empreinte épiscopale, sembla tout à coup n'avoir jamais perdu, malgré ses soixante ans de deuil, le souvenir et la tradition de ses pompes. C'était, comme au temps où elle régnait sur les beaux rivages de l'Armorique, la même majesté dans ses hommages, la même éloquence dans l'expression de son respect si affectueux pour ses pères en Jésus-Christ ; c'étaient jusqu'aux mêmes familles qui venaient accueillir et entourer le successeur des vieux évêques, et témoigner comme leurs pères de la forte foi qu'aucune épreuve n'a pu altérer. Quelle vie dans cette cathédrale, et quel coup d'œil dans ce beau chœur rendu à toutes ses gloires ! La prophétie de Jérusalem restaurée semblait s'accomplir une fois de plus : *Exulta et lauda, habitatio Sion, quia magnus in medio tui sanctus Israel* [1]. Lui aussi était heureux. Huit jours entiers il ne put s'arracher aux souvenirs de sa jeunesse, à ces lieux, à ce touchant accueil. Pourtant, il fallut partir ; et quand il partit, il savait qu'il ne revenait ici que pour se coucher dans sa tombe [2]. »

[1] *Isa.*, XII, 6.

[2] Oraison funèbre de Mgr Joseph-Marie Graveran, évêque de Quimper et de Léon, prononcée par M. l'abbé de Léséleuc de Kérouara, missionnaire apostolique, chanoine honoraire de Saint-Brieuc, recteur de Plougouven.

XVI

Cependant sa santé commençait à inspirer des inquiétudes. Depuis deux ans, il souffrait de l'estomac ; mais ces souffrances d'abord légères et peu fréquentes, devinrent plus sérieuses et plus répétées, pendant sa tournée, comme il l'exposa lui-même à son ancien médecin de Brest, M. Mollet : « Pendant mes excursions « de cette année, qui ont duré presque sans interruption, du « 1er mai au 20 août, j'ai souvent éprouvé des malaises auxquels « je n'étais pas habitué ; une sorte de gêne et de resserrement « dans l'estomac, les intestins, les reins, avec perte d'apétit. C'était « l'affaire de vingt-quatre heures, quarante-huit heures au plus, « avec retour après huit ou dix jours... »

A la fin de juin (un mois avant la cérémonie de Saint-Pol), se trouvant à Crozon pour la Saint-Pierre, il semblait qu'il fût déjà comme fixé sur la nature de son mal et qu'il pressentît sa fin prochaine. En effet, il voulut prendre, en quelque sorte, congé de son pays et de tous les lieux qui lui étaient chers, sur cette belle presqu'île qu'il aimait avec passion. La veille de la fête, il sortit avec son vicaire général, M. l'abbé Sauveur, et se dirigea vers la grève et les grottes de Morgat. Revenu aux souvenirs de son premier âge, il dit en soupirant à son compagnon : « Voici où j'ai « passé mon enfance ; quelles douces jouissances ! Je venais ici « contempler la mer, grimper sur ces rochers, rôder dans ces ma- « jestueuses grottes, recueillir ces jolis coquillages. » Et s'agenouillant sur le sable, le grand évêque chercha et recueillit des coquillages, pendant au moins une demi-heure. De retour au bourg de Crozon, ils entrèrent dans la maison d'un de ses parents, où de touchantes et douloureuses pensées s'emparèrent de son âme : « Cette maison, dit-il, me rappelle de tristes souvenirs ; c'est ici « que mon père est mort ; voilà où je l'ai vu sur les tréteaux, » montrant la place. Le lendemain, ils visitèrent la maison d'école, où avait habité autrefois sa grand'mère. Dans la cour, il montra à M. l'abbé Sauveur le puits qui s'y trouve encore : « Je suis tombé dans ce puits à l'âge de quatre ans. — Monseigneur, lui dit son vicaire général, pour l'égayer, vous êtes deux fois chrétien. — Comment cela, M. Sauveur? — Vous avez reçu dans ce puits un second baptême par immersion. » L'évêque se prit à rire. — Le dimanche, jour du pardon de Saint-Pierre, après avoir seul pris une légère collation chez une de ses cousines, il rentra au presbytère, et invita M. Sauveur à faire une promenade : « Allons, dit-« il, visiter le cimetière. » Il y considéra longtemps les tombeaux, puis s'agenouilla sur celui de sa mère et pria. — Puis, sortant, il ajouta : « Allons voir le vieux cimetière. » Y étant entré, il marcha droit vers une tombe, s'y agenouilla pour prier encore; puis se relevant : « C'est là, dit-il, que mon père est enterré [1]. »

XVII

Vers la fin du mois d'août, sur l'avis de son médecin, il revint à Crozon pour se reposer des fatigues de la retraite pastorale qu'il venait de présider et demander à l'air natal un soulagement à son mal. (Il pensait dès lors qu'il ne pouvait plus en espérer la guérison.) Heureux de se retrouver dans son cher pays qu'il venait de quitter, sans espoir sans doute de le revoir, il comptait y passer quelques semaines. Mais ayant appris, peu de jours après son arrivée, que M. l'abbé Kéraudy, un de ses vicaires généraux, son commensal et son ami, avait été frappé subitement de paralysie, oubliant sa propre santé pour ne songer qu'à celle de son vicaire général, il partit immédiatement pour se rendre près de lui.

[1] Récit de M. l'abbé Sauveur, vicaire général. *Vie de Mgr Graveran*, par M. le docteur Maupied, p. 180-181.

C'est pendant ces quelques jours qu'il passa à Crozon, qu'il alla visiter sa famille de Camaret. Après avoir vu ses parents et amis, il voulut revoir, une dernière fois, les grèves, les falaises et les rochers qu'il avait si souvent parcourus. Cette promenade dura plusieurs heures. Il s'arrêta longtemps à la pointe du Toulinguet, assis sur l'herbe dans un vieux fort en ruines, d'où le coup d'œil s'étend depuis le goulet de Brest jusqu'à la pointe de Saint-Mathieu et bien au delà dans la mer. Il contempla avec une douce mélancolie le magnifique spectacle qui se déroulait devant lui.

Il rappela ses souvenirs d'enfance qui se rattachaient à ce coin de terre ; il parla des familles qu'il y avait connues jadis... Il nommait les baies, les rochers et les pointes qu'il avait sous les yeux ; il signalait les vents et les courants qui en rendent l'accès difficile... Puis, quand la fraîche brise du soir et les derniers rayons du soleil couchant l'avertirent qu'il fallait quitter ces lieux, il se leva tristement et comme à regret, en jetant sur la belle nature qu'il venait d'admirer à loisir, un regard qui semblait dire : *Adieu ! je ne vous reverrai plus !*

Rentré à Camaret, il dîna chez un de ses cousins ; puis il retourna le soir à Crozon.

XVIII

Désormais notre évêque avait dit adieu à son pays et à sa famille ! Il revint dans sa ville épiscopale pour souffrir et mourir...

En effet, son mal allait toujours croissant. — Un jour, vaincu par la douleur, et sentant que son heure approchait, il appelle son médecin et le prie de lui dire, en conscience, si son état de santé est grave. Sur sa réponse affirmative, il lui dit : « Merci, M. le « docteur. Revenez après-demain, j'aurai mis ordre à mes affaires. » Le soir même, il fit venir son confesseur et, le lendemain matin, il voulut recevoir solennellement le saint viatique et l'extrême-onction. Tous ceux qui ont assisté à cette grande et touchante cérémonie en gardent encore le souvenir, aussi vivant qu'au premier jour. Pour nous, témoin ému autant qu'édifié de ce spectacle, nous n'oublierons jamais la majesté calme du grand évêque, étendu sur son lit de douleur, revêtu de ses ornements pontificaux, pendant que tous ceux qui l'entouraient, prêtres et fidèles, riches et pauvres, magistrats et simples habitants de la ville, pleuraient et sanglotaient. Nous n'oublierons jamais l'émotion du vénérable vieillard qui venait, une fois encore, administrer à son évêque mourant les derniers sacrements de l'Église. « Lui seul était « calme et plus imposant que jamais sous ces vêtements pontifi- « caux qu'il revêtait vivant, pour la dernière fois. Il y avait à son « beau front et sur son visage amaigri, je ne sais quel reflet « d'une seconde jeunesse qui forçait la pensée à monter jusqu'au « ciel [1]. » Avant de recevoir la sainte communion, il se tourna vers ses vicaires généraux et les membres de son chapitre, et d'un ton de voix simple et tranquille comme son âme, il leur adressa ces paroles qui touchèrent profondément tous les assistants :

« Messieurs, j'ai bien des défauts; vous en avez été les témoins, « et vous avez dû souvent en souffrir. Je vous en demande très- « humblement pardon. J'ai cherché si je pouvais aussi vous par- « donner quelque chose, mais je n'ai rien trouvé, car je ne me « rappelle pas que jamais personne m'ait fait de peine. Au con- « traire, vous avez toujours été pleins de respect pour mon auto- « rité, vous avez bien voulu avoir de l'indulgence et de l'affection « pour ma personne. Je vous en remercie, et je me recommande « à vos bonnes prières. »

Le médecin étant revenu, le jour suivant, il lui dit :

« Mes affaires sont en règle : Je me remets entre vos mains. « Monsieur le docteur, ne craignez pas de me faire souffrir, j'en « ai besoin pour expier mes péchés. Dieu seul rend les remèdes « salutaires, mais sa volonté est que j'obéisse à vos prescriptions; « je veux m'y soumettre pleinement..

[1] Oraison funèbre de Mgr Graveran, par M. l'abbé de Léséleuc.

XIX

Il se mit donc entre les mains de son médecin, avec la confiance et la soumission d'un enfant. Au reste, sa confiance était bien placée. Tout le pays sait avec quel filial dévouement, M. le docteur Henri Chauvel lui prodigua ses soins, pendant tout le cours de sa maladie. Ces soins étaient si empressés et si affectueux que le malade attendri disait souvent à ceux qui le visitaient et lui souhaitaient sa guérison : « Si cela dépendait de mon médecin, « je serais guéri depuis longtemps! car si vous saviez comme il « désire me guérir! »

Dieu, qui voulait le purifier de plus en plus, permit que son état de souffrance se prolongeât : il souffrit pendant près de deux mois encore. Il endura son mal avec une patience et une résignation qui édifièrent tous ceux qui eurent le bonheur de l'approcher. Sa douceur et sa bonté pour ceux qui le servaient ne se démentirent jamais. Il reconnaissait les moindres services qu'ils lui rendaient par des paroles de remerciement qui les touchaient souvent jusqu'aux larmes. On ne l'entendit jamais, même au plus fort de son mal, proférer une seule plainte. Il avait l'humeur toujours égale et le visage toujours paisible; et souvent il égayait par un mot aimable et plaisant les personnes qui l'assistaient. Quand on le plaignait de souffrir, il disait : « Je suis heureux de souffrir un « peu longuement; c'est une grâce du bon Dieu, qui me permet « d'expier ainsi mes péchés. »

Sans cesse occupé désormais de son éternité, il récitait fréquemment des versets des psaumes, pour entretenir ses sentiments de componction et de résignation à la volonté de Dieu. Il se faisait lire, de temps en temps, par ceux qui l'assistaient ou le veillaient des passages de l'*Imitation de Jésus-Christ,* qu'il indiquait lui-même.

M. l'abbé Evrard, secrétaire de l'évêché [1], dont le dévouement délicat et affectueux pour lui fut admirable, célébrait dans sa chambre le saint sacrifice de la messe; le pieux évêque y communiait presque tous les jours.

Une fois, il pria ses vénérables frères, les chanoines de son église cathédrale, de venir réciter auprès de son lit de douleur les sept psaumes de la Pénitence. Quel exemple de foi et de piété! quel spectacle capable de toucher les cœurs les plus durs et de ramener les esprits les plus égarés! O vous, partisans de la libre pensée et de la morale facultative, approchez et venez voir souffrir et mourir un évêque dont pas un de vous ne peut contester l'intelligence et les lumières : et puis, dites, si vous le pouvez, que vous ne croyez pas à la vie future! dites que vous ne croyez pas à la morale de l'Évangile!

XX

Dès que l'on sut toute la gravité de son état, le diocèse tout entier fut dans la consternation. On venait de tous côtés s'informer de ses nouvelles. C'était à qui l'assisterait et le veillerait! On s'inscrivait, plusieurs jours à l'avance, pour avoir cet honneur. Un grand nombre de personnes, prêtres et laïques, accouraient des extrémités du diocèse, pour voir une fois encore le pontife que tous aimaient et vénéraient comme un père.

Enfin, quand il eut assez longtemps édifié son peuple par le spectacle de sa piété, de sa patience et de sa résignation inaltérables, Dieu mit un terme à ses souffrances; et le 1er février 1855, à trois heures du matin, le saint évêque rendit doucement le dernier soupir, au milieu des prières et des larmes de quelques-uns de ses prêtres et des membres de sa famille qui l'avaient assisté tout

[1] Aujourd'hui vicaire général de Mgr de Quimper, archidiacre du Haut-Léon et official du diocèse.

le temps de sa maladie. Il était âgé de soixante un ans et dix mois.

Je n'essaierai pas de dépeindre la douleur de la ville et du diocèse, quand on apprit la nouvelle de sa mort. Pendant les jours que son corps resta exposé dans le palais épiscopal, les fêtes et les soirées de la ville furent interrompues. Des réunions fixées à l'avance furent contremandées. C'était un vrai deuil de famille : chacun pleurait un père. Chacun se pressait autour de son lit funèbre, pour contempler les beaux traits de son visage que la maladie et la mort avaient défigurés, sans leur enlever cette expression de calme et de bonté qui gagne et attire tous les cœurs. Tous voulaient faire toucher à sa dépouille mortelle des croix, des chapelets, des médailles et d'autres objets pieux. La foule des fidèles qui se présentèrent, pour accomplir cet acte de vénération envers le pontife défunt, était si grande que les séminaristes préposés à la garde de ses restes précieux, pouvaient à peine suffire à satisfaire leur piété.

XXI

Le 8 février eurent lieu ses obsèques. On put juger de l'affection qu'on lui portait et des regrets qu'il laissait, quand on vit sur le parcours du cortége funèbre tous les magasins fermés. Les ouvriers et les pauvres se pressaient nombreux autour de son cercueil, et on les entendait s'écrier tristement : « Nous avons perdu « un bon père et un bienfaiteur ! Il était si bon et si charitable « pour le malheureux ! » Nous empruntons à un journal de la localité le compte-rendu de la cérémonie funèbre :

« Depuis le jour, jour à jamais mémorable, où Mgr Graveran a rendu sa belle âme à Dieu, son corps, comme nous l'avons dit, est resté exposé dans la salle synodale, et les fidèles n'ont cessé de faire pieuse garde autour de son lit funéraire. Toutes les classes de la société, les classes ouvrières surtout, qui avaient été l'objet particulier de sa sollicitude, se pressaient dans le palais épiscopal, en donnant les marques les plus touchantes de respect et d'attachement. Chaque famille y apportait quelques-uns de ses *souvenirs* les plus intimes et les plus chers, pour être approchés des lèvres et de l'anneau pastoral du saint évêque.

« La profonde vénération dont Mgr Graveran avait été entouré pendant sa vie, les regrets universels que sa mort a fait naître, se sont manifestés, d'une manière éclatante, à ses obsèques qui ont eu lieu hier avec une pompe et une solennité dignes du rang de l'illustre défunt.

« La vaste cathédrale était toute tendue de noir. Un magnifique catafalque, décoré des armes du prélat, et devant lequel brûlaient plusieurs cassolettes, s'élevait au milieu du chœur. Des écussons[1], suspendus de distance en distance, rappelaient les principaux actes de la vie, si bien remplie, de Mgr Graveran. De larges banderoles noires, semées de larmes d'argent, flottaient sur

[1] Voici, avec leur traduction en français, les inscriptions latines qu'on lisait sur ces écussons :

J.-M. Graveran, natus 16 *m. martii* 1793, *Crozon.* — Joseph-Marie Graveran, né à Crozon, le 16 du mois de mars 1793.

Sacerdotio initiatus, 1817. — Ordonné prêtre en 1817.

Sacræ theologiæ professor 1817. — Professeur de théologie en 1817.

Brestensis ecclesiæ parochus 1826. — Curé de Brest en 1826.

Episcopus Crisopitensis consecratus 1840. — Sacré évêque de Quimper, en 1840.

Ad comitia nationalia delegatus 1848. — Député à l'Assemblée nationale, en 1848.

Concilio Rhedonensi interfuit 1849. — Il assista au concile de Rennes, en 1849.

Diœcesanam synodum habuit, statuta nova confecit 1851. — Il convoqua un synode diocésain, rédigea et publia de nouveaux statuts en 1851.

Diœcesim SS. Cordi Jesu dedicavit 1852. — Il consacra son diocèse au Sacré Cœur de Jésus, en 1852.

Turrium coronam inchoavit 1854. — Il entreprit l'achèvement des flèches de la cathédrale, en 1854.

Promulgato de Immaculata B. M. V. Conceptione decreto, gaudens e sæculo migravit 1855. — Après avoir promulgué le décret touchant de l'Immaculée Conception de la Bienheureuse Vierge Marie, il quitta avec joie le lieu de son pèlerinage, en 1855.

Obiit, die 1 *februarii* 1855. — Il mourut le 1er février 1855.

le sommet des tours de la cathédrale, comme pour porter au loin le deuil de l'Eglise.

« Mgr Le Mée, évêque de Saint-Brieuc, présidait à la triste cérémonie. A dix heures, Monseigneur, assisté de plus de trois cents ecclésiastiques, venus de tous les points du département et des diocèses voisins, a procédé à la levée du corps, et le cortége s'est mis en marche sous l'escorte de notre compagnie de sapeurs-pompiers, de la gendarmerie et de la douane. Les cordons du poêle étaient tenus par MM. le préfet du Finistère, le président de la Cour d'assises, le premier adjoint, en l'absence du maire empêché, et le chef d'escadron, commandant la gendarmerie départementale.

« La famille et les serviteurs du défunt, les autorités, les corps constitués, les fonctionnaires publics en grand costume, une nombreuse affluence d'habitants et d'étrangers accourus de bien loin pour rendre les derniers devoirs au pasteur bien-aimé, suivaient le funèbre convoi. Parmi les membres du barreau, on remarquait l'honorable M. Waldeck-Rousseau, collègue du prélat à la Constituante, appelé à Quimper pour porter la parole dans une grave affaire.

« La ville tout entière avait pris le deuil; dans les ateliers, comme dans les administrations publiques, les travaux étaient suspendus. Tous les magasins étaient fermés sur le passage du cortége.

« Le cercueil découvert a traversé les principales rues de la ville, au milieu de flots de populations silencieuses et recueillies. Partout les fronts s'inclinaient, les genoux ployaient devant les restes vénérés du bon Pasteur et de l'homme de bien. Tous les cœurs étaient gros de tristesse; tous les yeux étaient mouillés de larmes.

« Une messe solennelle a été chantée à la cathédrale, à peine suffisante pour contenir tous les fidèles qui s'y pressaient, et après l'*absoute*, le cercueil a été dirigé vers le caveau où doit reposer la dépouille mortelle de Mgr Graveran. C'est un humble recoin de l'église, qui va recevoir de cette destination une sorte de consécration nouvelle.

« On raconte à ce sujet qu'un jour Mgr Graveran, agenouillé près d'un des plus modestes autels de sa cathédrale, se serait écrié : « Comme un évêque dormirait bien sous cette pierre ! » Cette parole, échappée à son cœur, a été religieusement recueillie, et l'on a pu donner au pieux prélat l'humble place qu'il avait lui-même désignée.

« Un incident touchant a terminé la funèbre cérémonie : des couronnes de cyprès avaient été posées sur le corps du pontife. Avant de se séparer de celui qu'ils ne devaient plus revoir, les fidèles se sont partagé les branches de ces couronnes et les ont précieusement emportées chez eux comme de saintes reliques. Devant un pareil fait, les réflexions doivent se taire. Quant à nous, nous ne connaissons pas d'oraison funèbre qui vaille cette simple manifestation de vénération, d'attachement et de regrets.

« CH. RABOT. »

XXII

Chacune des localités qui, dans un temps plus ou moins éloigné, avait eu l'honneur de posséder Mgr Graveran, à un titre quelconque, se disputa ses restes précieux. Son corps fut inhumé dans une des chapelles de sa cathédrale, celle de Saint-Pierre. La ville de Brest revendiqua l'honneur d'avoir le cœur de son ancien curé. Il est déposé dans l'église de Saint-Louis, derrière le chœur, vis à vis du monument du brave commandant de la *Surveillante*, Du Couëdic. Une plaque en marbre blanc indique le lieu où il se trouve[1].

[1] On y lit cette inscription :

Hic ad suos redux quiescit amans cor
Illustriss. Reverendiss. Domini Joseph Mariæ Graveran
Corisopitensis et Leonensis episcopi.
Hanc pie pastor bonus annis XIV *rexit ecclesiam.*
In finem dilexit redumantes in finem.
Congenito Crozone genitus Parochus erexit.

Ses entrailles furent transportées à Crozon, lieu de sa naissance. Elles sont déposées dans l'église paroissiale, du côté de l'Épître, entre la porte de la sacristie et l'autel des Martyrs [1].

Un monument, en pierre blanche de Poitiers, dû au ciseau de M. Ménard, de Nantes, orne son tombeau : il consiste en un sarcophage qui supporte la statue à demi-couchée du pontife levant les yeux au ciel, pressant sur son cœur sa croix épiscopale, et ayant à ses côtés le modèle des flèches de sa cathédrale. Le vitrail de la chapelle funéraire représente d'un côté le saint évêque offrant, à genoux, ces mêmes flèches à la très-sainte Vierge et à saint Corentin; de l'autre, saint Joseph, son glorieux patron, qui semble l'encourager et le protéger [2].

L'oraison funèbre fut prononcée, dans l'église cathédrale, le 1er mars 1855, par M. l'abbé de Léséleuc, chanoine honoraire de Saint-Brieuc, recteur de Plougouven, et ancien directeur au grand séminaire de Quimper. Le chapitre de Saint-Corentin ne pouvait, à coup sûr, désigner pour cette honorable mission aucun prêtre qui, par sa capacité personnelle, son affection pour l'illustre défunt et ses vieilles relations avec lui, fût plus apte à bien remplir le mandat qu'on lui confiait. Aussi l'orateur fut-il à la hauteur de son sujet! On voit, en lisant son œuvre, qu'il connaissait le prélat dont il fait l'éloge, qu'il l'avait apprécié, qu'il le vénérait et l'aimait, comme il en avait été apprécié et aimé lui-même!

[1] Une plaque en marbre blanc, surmontée des armes du prélat défunt, indique la place où se trouvent ces restes précieux. On y lit l'inscription suivante : *Hic includuntur viscera DD. Josephi Mariæ Graveran Corisopitensis Leonensisque episcopi qui Crozone natus die 16 mensis martii anno 1793, Corisopiti obiit, die 1a februarii, anno 1855, cujus laus in ore omnium memoriaque nunquam in oblivione erit.*

[2] Le monument élevé à la mémoire de Mgr Graveran et le vitrail de la chapelle de Saint-Pierre ont été payés des dons volontaires des fidèles.

XXIII

Pendant plusieurs jours après la mort de Mgr Graveran, les journaux du département se faisant les échos de la douleur publique et les interprètes des sentiments de regret et de gratitude de la population tout entière, célébrèrent dans leurs colonnes son savoir, sa charité, sa douceur et ses autres vertus civiles et épiscopales. Nous citerons, comme résumant bien tous les autres, l'article suivant que publia, dans le *Quimpérois*, M. Ch. Rabot, chef de division à la préfecture.

« Le diocèse vient de perdre son premier et digne pasteur, l'Église, un de ses plus éminents prélats. Mgr Graveran, évêque de Quimper et Léon, a succombé hier, après une longue et douloureuse maladie.

« Bien que, depuis quelques mois déjà, ce fatal dénoûment ne fût que trop prévu, la mort de notre évêque vénéré n'en a pas moins causé ici et n'en causera pas moins dans le reste du département, une émotion générale et profonde.

« Sorti, comme les premiers apôtres, des plus humbles rangs de la société, Mgr Graveran n'avait dû son élévation au siége épiscopal qu'à ses lumières et à ses vertus. Pénétré des grands devoirs que sa modestie n'avait pas recherchés, mais que sa pieuse soumission avait dû accepter, sa haute raison et son noble cœur n'ont jamais failli dans leur accomplissement.

« Ce n'est pas à nous qu'il appartient de parler de son incessante sollicitude pour le nombreux troupeau confié à sa direction pastorale. Guide infaillible et sûr, juge bienveillant et bon, *tempérant*, pour nous servir de son beau langage, *la rigueur par l'indulgence et contenant l'indulgence par la fermeté*, Mgr Graveran était à la fois le père, l'ami et le confident des membres de son clergé. Ses arrêts, toujours dictés par la plus sévère impartialité, étaient toujours reçus, moins avec la soumission qu'on devait à l'autorité de l'évêque, qu'avec la déférence et le respect filial qu'on avait pour le chef vénéré de la grande famille.

« Que dirons-nous de ses rapports avec les populations ? Nous l'avons vu accessible pour tous, à toute heure du jour, accueillant avec une touchante affabilité les petits et les grands, secourant les uns, soutenant les autres, donnant à tous de bonnes et consolantes paroles. Jamais son généreux appui n'a été sollicité en vain ; son cœur et sa bourse étaient ouverts à tous. Et, encore, que de bienfaits, prodigués par son ardente charité, dont il emporte le secret dans la tombe !

« Appréciant combien il importe à la paix et au bien des populations, que l'autorité religieuse et l'autorité temporelle marchent toujours d'accord et se prêtent l'appui mutuel de leur influence, Mgr Graveran avait fait à son estimable clergé un devoir étroit de conserver dans son cœur et de montrer dans sa conduite un respect véritable pour les hommes revêtus de l'autorité publique. Dans un petit livre, publié en 1852, où il a déposé tout son esprit et tout son cœur (*les Statuts du diocèse*), le sage prélat disait, avec l'autorité de sa parole, que jamais il ne fut plus nécessaire de rappeler aux populations le respect du pouvoir et de ses dépositaires. Et Monseigneur, sans rien perdre de sa haute indépendance, prêchait par son exemple, non moins que par ses paroles. Ses fréquents rapports avec les représentants de l'autorité ont toujours été marqués au coin de la plus parfaite harmonie, de la plus cordiale entente. En le nommant, il y a quelques jours à peine, officier de la Légion-d'Honneur, le gouvernement de l'empereur a montré en quelle estime il tenait son noble caractère et ses éminents services.

« Appelé, dans des temps difficiles, au redoutable honneur de siéger sur les bancs de la Constituante, Mgr Graveran a apporté dans cette Assemblée l'esprit de charité et de modération qui ne l'abandonnait jamais. Aussi s'était-il concilié le respect et les sympathies de tous. La considération dont il jouissait était telle qu'après la mort de Mgr Affre, le nom du prélat breton fut agité dans les conseils du gouvernement, quand il fut question de remplacer le saint martyr de nos discordes civiles.

« Dans une pensée, que le sentiment de l'artiste et la piété du chrétien ont accueillie avec une égale faveur, Mgr Graveran avait entrepris l'achèvement des tours de notre magnifique cathédrale. Déjà, les premières assises sont posées et les flèches légères ne tarderont pas à s'élancer vers le ciel. Malheureusement, il ne devait pas être donné au prélat de jouir de la vue de son œuvre, et il a dû léguer, en mourant, à son fidèle troupeau, le pieux devoir de la mener à bonne fin. Mais l'honneur de cette grande pensée ne lui en reviendra pas moins tout entier, et le nom de Mgr Graveran, comme celui de Mgr de Rosmadec, restera attaché au monument que nous admirons.

« . . . .
. . . . La vie de Mgr Graveran a été dominée, dirigée et sanctifiée par l'amour de Dieu et des hommes; sa mort, qu'il a vue s'approcher avec une douce et sereine résignation que les plus cruelles souffrances n'ont pu altérer, a été celle du juste. Mais l'homme de bien ne meurt pas tout entier : il laisse sur cette terre, où ses jours ne se comptent que par des bienfaits, un nom cher et vénéré, et, ce qui vaut mieux encore, un pieux héritage de nobles exemples à suivre, de saintes vertus à imiter ! »

Non content d'avoir exprimé, dans les deux articles que nous venons de citer, ses sentiments et ceux du pays pour l'évêque défunt, M. Ch. Rabot voulut encore lui dédier les stances suivantes qui furent vendues au profit de l'œuvre des tours de la cathédrale :

A MONSEIGNEUR GRAVERAN.

Elle a sonné pour vous cette heure, heure suprême,
Monseigneur ! où du monde expirent les échos...
Où le juste, lassé, trouve au sein de Dieu même
Pour prix de ses labeurs le céleste repos !

De vos longues vertus la moisson était prête,
Et le Maître divin, exact à tout payer,
De l'auréole d'or brillant sur votre tête,
A marqué pour le ciel son illustre ouvrier.

Au coin le plus obscur de votre cathédrale,
L'œil d'un rayon d'en haut saintement éclairci,
Vous disiez, contemplant une humble et simple dalle :
Qu'un évêque, ô mon Dieu ! dormirait bien ici !...

Vos vœux sont accomplis !... Votre tombe scellée
Au lieu par vous choisi se transforme en autel,
Où de vos fils en deuil la foule inconsolée
Burine avec ses pleurs votre nom immortel.

Brest, dont il bénissait les hautes destinées,
Brest, à son lit de mort rappelé si souvent...
A toi son noble cœur que pendant quinze années
Tes pauvres, tes marins ont possédé vivant !

Toi, son humble berceau, reçois pour héritage
De sa sainte dépouille un reste précieux,
Vieux Crozon ! ici-bas s'il n'eut rien en partage,
Sa noble pauvreté l'a fait bien riche aux cieux !

Pour vous, pour nous déjà sa tâche recommence...
Et son bras, plus puissant, ne fera pas défaut
A qui péniblement dans son sillon s'avance...
Car la route est bien rude et le ciel est bien haut !

De Quimper et Léon illustre basilique,
Veuve de ton pasteur, pleure sur son cercueil !...
De tes clochers tronqués au pavé du portique
Fais flotter à longs plis tes étendards de deuil !...

Jusqu'au jour, jour de gloire !... où par lui commencées
Tes tours achèveront leur élan solennel !
Sur nos remparts chrétiens vedettes élancées.....
De la foi des Bretons monument éternel !

Plusieurs personnes exprimèrent, dans de touchantes élégies, les mêmes sentiments de regret, d'affection, de respect et de reconnaissance... Le lecteur sera heureux de trouver ici la pièce de vers que composa, dans la circonstance, le patriarche de la ville de Quimper, le marquis de Plœuc, petit-neveu de Mgr Hyacinthe de Plœuc, évêque de Quimper.

Ce vénérable vieillard, âgé de quatre-vingt-huit ans, n'hésita pas, malgré son grand âge, à remonter les cordes de sa lyre, depuis longtemps muette, pour chanter les vertus du pontife défunt :

Le juste vit toujours, son âme vole aux cieux
Pour recevoir le prix de ses actes pieux ;
Mais quel est donc ce juste, et quelle fut sa vie ?
O muse ! dis-le moi, réponds, je t'en supplie.
C'est un homme occupé du bien-être d'autrui,
Et qui jamais ne pense à s'occuper de lui ;
C'est un sage, un chrétien, dont l'âme évangélique,
En son exil aspire au séjour angélique.
Ajoutons au portrait l'esprit d'humanité,
L'esprit conciliant, l'esprit de charité.
Que dirai-je de plus dans mon style éphémère
Pour retracer les traits d'un si beau caractère?

Mais qui donc m'inspira d'essayer mon pinceau,
Pour esquisser les traits d'un si brillant tableau ?
C'est toi, pieux prélat, que tout chrétien regrette,
Et dont chacun de nous pleure aujourd'hui la perte.
C'est toi, dont la parole et l'aimable entretien
Pour tous étaient plaisir, pour tous étaient un bien.
Et puis de ton clergé qui dira la tristesse ?
Qui redira pour lui ton amour, ta tendresse ?
Qui ne reconnaîtrait dans ton cœur généreux
Le désir empressé de faire des heureux ?

Et, si de ton esprit essayant la peinture
J'en pouvais d'un seul trait indiquer la nature,

Je le peindrais brillant, et doux et sérieux,
Affable, insinuant, sensible, ingénieux,
Enfin tout ce qu'il faut, même au prélat sévère,
Cet art si peu commun, cet heureux art de plaire.
Et toi, saint Corentin, son grand prédécesseur,
N'as-tu point applaudi l'élan de son grand cœur,
Quand, du ciel contemplant ta belle cathédrale,
Tu vis que chaque tour porterait sa spirale?
Et quel heureux moyen n'a-t-il point inventé,
Pour donner au lieu saint son lustre mérité!
Vous, qui succéderez à ce prélat auguste,
Vous le continuerez cet ouvrage du juste,
Vous aurez son esprit et son généreux cœur,
Et de son cher troupeau vous ferez le bonheur.

Mais avant d'accomplir mon œuvre funéraire,
D'un hommage bien doux je me sens tributaire.
L'usage le consacre, et, s'il n'existait pas,
Il faudrait l'inventer pour de pareils prélats.
Nous tous la connaissons, la salle synodale,
Qui contient des défunts la liste épiscopale.
C'est là, que rapprochés dans leurs humbles tableaux,
Se retrouvent les traits des prélats, tes égaux;
Non loin de mon grand oncle, où ta place est marquée
Des traits de ressemblance à tous l'ont indiquée.
Mon oncle à ton palais voulut contribuer,
Et pour notre hôpital ajouter son denier.
Et toi, prenant plaisir à suivre ton modèle,
En couronnant nos tours, manifestas ton zèle.
Ainsi, puisque tous deux, ardents dans vos travaux,
Méritâtes le nom de deux prélats égaux,
Vas donc prendre ta place auprès de ton confrère,
Tes vertus, ton mérite ont fait de toi son frère.
Adieu, noble prélat, adieu, repose en paix;
Ton fidèle troupeau ne t'oubliera jamais.
Accorde à nos regrets tes ferventes prières,
Nous sommes tes amis, tes enfants et tes frères.

XXIV

Mais les sentiments de vénération du public pour Mgr Graveran, ainsi manifestés par les journaux du diocèse, ne s'arrêtèrent pas là, ne vinrent pas expirer au pied de sa tombe, comme ces chagrins passagers qui, n'ayant pas de base solide, affectent la partie extérieure de notre être, sans toucher le fond de notre âme.

La chapelle où se trouvent ses restes devint un lieu de pèlerinage où tous accouraient, riches et pauvres, gens de la ville et de la campagne. Plusieurs sans doute y venaient prier pour le prélat défunt ; mais le grand nombre venait lui recommander ses besoins spirituels et temporels. Les fidèles avaient une si haute idée de sa sainteté, ils étaient si bien convaincus qu'il jouissait déjà de la vision béatifique qu'ils lui rendaient un vrai culte. Ils allumaient des cierges, ils suspendaient des couronnes et des *ex voto* devant sa statue... Ils l'honoraient, comme on honore les saints placés sur les autels.

L'autorité ecclésiastique dut s'en émouvoir et défendre, du haut de la chaire, ces manifestations d'une affection et d'une estime vraies sans doute, mais d'une piété mal éclairée.

Quoi qu'il en soit, aujourd'hui encore, à quinze ans de distance, les fidèles vont s'agenouiller devant l'enfeu de leur *saint* évêque, pour lui demander de les bénir, du haut du ciel, comme il les bénissait sur la terre.

Il n'est pas un jour où l'on ne voie des personnes en prières auprès de son tombeau. Les jours de foire et de marché, à Quimper, c'est un *va et vient* continuel de villageois qui s'y succèdent. Les mères y conduisent leurs petits enfants, leur parlent des vertus du pontife qui repose sous cette pierre et leur disent de l'invoquer comme un saint. Que de fois nous y avons vu des malades venir lui demander la santé ! des pauvres, qu'il avait secourus pendant sa vie, venir le supplier de ne pas les délaisser ! Que de neuvaines s'y font en son honneur, pour obtenir des grâces spéciales ! Que de messes on recommande, à la condition expresse qu'elles soient dites à l'autel de sa chapelle !

Voilà comment le peuple aimait et estimait son premier pasteur; voilà comment il vénérait le bon évêque qui passa au milieu de nous, comme son divin Maître, en faisant du bien à tous : *pertransiit benefaciendo.*

TROISIÈME PARTIE

VIE PRIVÉE DE MONSEIGNEUR GRAVERAN

I

SON AMOUR POUR SON PAYS.

Mgr Graveran aimait beaucoup son pays natal. Il se plaisait à visiter ses grèves et ses rochers. Enfant, on le voyait passer des heures entières sur la grève de Morgat ; il s'y amusait soit à ramasser des coquillages, soit à dessiner sur le sable des navires et des églises, soit à faire de petites opérations d'arithmétique, science pour laquelle il avait dès lors une grande aptitude. Devenu prêtre et directeur au séminaire, il mettait son bonheur à parcourir, pendant les vacances, les lieux témoins des jeux et des impressions de sa première enfance. Étant curé de Brest, il venait chaque année visiter sa famille de Crozon et de Camaret, et il ne manquait jamais d'aller faire une longue promenade sur les bords de la mer. Évêque de Quimper, il semblait qu'il aimât encore davantage son cher pays ; parce que, sans doute, ses occupations l'empêchaient de le voir aussi souvent qu'autrefois. Quand il s'y trouvait alors, il prenait une gaîté d'enfant. Il témoignait à chaque instant sa joie, en revoyant une grève, une grotte, un rocher, un vieux fort en ruines.

Il connaissait mieux que les habitants du pays toutes les curiosités de l'immense presqu'île de Crozon. Il savait le nom de toutes les pointes, des anses, des rochers qui ornent ces côtes. Il savait même les noms variés de tous les écueils qui parsèment la mer, depuis la pointe du Raz jusqu'à celle de Saint-Mathieu. Il racontait les épisodes de naufrages qui se rattachent à un grand nombre d'entre eux et l'origine de leur dénomination, avec une mémoire qui étonnait et charmait ceux qui l'accompagnaient.

Aussi les marins disaient-ils que leur évêque était celui qui connaissait le mieux les côtes de son pays, que c'était le meilleur guide que l'on pût trouver pour les visiter.

Son amour pour les beautés de ses grèves le rendait parfois très-hardi. Il voulait tout voir, tout explorer, même les endroits les plus difficiles à atteindre.

Quand on lui disait qu'il s'exposait ainsi, il répondait : « Je ne « suis pas téméraire, je ne suis que hardi. Avant de me décider à « descendre dans une grotte, avant de prendre un sentier, je vois « si je puis tenter l'entreprise sans danger. Ce qui serait de la té- « mérité pour un autre, ne l'est pas pour moi qui suis enfant de « la côte, pour moi qui suis habitué, dès mon plus jeune âge, à « gravir les rochers. »

Étant allé un jour, avec deux de ses cousins, visiter le château de Dinan, immense rocher qui se trouve entre la pointe de Rostudel et la pointe aux Pois, il voulut descendre dans une grotte très-curieuse, mais d'un accès difficile. Il y descendit en effet avec un de ses compagnons. L'autre, moins hardi, était resté au milieu du sentier qui conduit à la grotte.

Lorsqu'il l'eut visitée à loisir, il voulut remonter, mais inutilement. La mer envahissait déjà la grotte : il n'y avait pas de temps à perdre. Il appelle son parent resté sur le rocher et lui dit de se bien accrocher à une pierre solide et de lui tendre le pied, afin qu'il puisse franchir par ce moyen le pas qu'il ne pouvait faire et qui était le seul possible. Ce qui fut dit fut fait, et il remonta ainsi avec son compagnon le sentier par lequel il était descendu. Il aimait à raconter cette aventure qu'il appelait gaiement l'*épisode du château de Dinan*.

Un de ses grands bonheurs, lorsqu'il se trouvait dans une grotte profonde, était d'y chanter les prières de l'Église.

Un jour visitant les belles grottes du Toulinguet, il s'arrêta dans la principale, qui ressemble à une immense cathédrale, et déployant sa voix sonore, il se mit à chanter la Préface, le ***Pater*** et quelques psaumes, avec une vraie joie d'enfant.

Il avait une prédilection toute particulière pour la pointe aux Pois en Camaret. De cette pointe, l'une des plus pittoresques du pays, l'œil embrasse un horizon immense, depuis le Raz de Seins jusqu'à l'Iroise. Il demeurait souvent un temps considérable, en contemplation devant le magnifique spectacle qui s'y déroule à huit ou dix lieues au large.

Afin de jouir, de ce lieu, du coucher du soleil, il y attendait le moment opportun dans un petit endroit couvert de gazon, situé entre deux rochers en forme de cellule. On l'appelle dans le pays le *Cabinet de l'évêque*. Il y disait son office, il y lisait...

Cette grande âme avait senti naître et croître sa vocation au sacerdoce, à la vue de la mer qui lui rappelait la grandeur de Dieu; à la vue des marins qui lui parlaient du dévouement et du sacrifice. Aussi recherchait-elle le beau spectacle de l'Océan qui semblait l'agrandir. Quand il contemplait les flots tranquilles, il disait : « Voilà l'image de ma vie d'évêque, lorsque tout va bien, et les hommes et les choses. Mais que ces moments sont rares et courts! » Quand il regardait au contraire les flots agités par la tempête, il s'écriait tristement : « Voilà cependant l'image habituelle de ma vie épiscopale. Toujours des soucis, toujours des inquiétudes, souvent des luttes et des attaques. »

II

SON AMOUR POUR SA FAMILLE.

Mgr Graveran aimait sa famille. Devenu curé de Brest, il voulut avoir près de lui sa mère. Promu à l'évêché de Quimper, il emmena dans son palais épiscopal l'humble et pieuse femme qui l'avait si chrétiennement élevé et dont il était justement fier.

Tout le monde sait le respect et les délicates attentions qu'il avait pour elle.

On raconte que, le jour de sa première entrée dans le diocèse, sa mère humblement perdue dans la foule voulut s'avancer à travers la haie des soldats, pour jouir de plus près du triomphe de son fils. Comme on voulait l'écarter, quelqu'un s'écria : « Mais laissez donc passer madame : c'est la mère de l'évêque. » Quand Monseigneur passa devant elle, entouré de tout son brillant cortége, il lui dit : « A tout à l'heure, maman; bientôt je serai à vous. »

Pendant sa dernière maladie qui fut très-longue, afin de lui faire plaisir et de la distraire, Monseigneur fit venir près d'elle sa belle-sœur, Mme Graveran de Camaret qui était à peu près de son âge. En la lui conduisant, il lui dit : « Eh bien, maman, vous serez contente de moi; je vous amène ma tante qui restera avec vous tout le temps que vous voudrez. Vous parlerez ensemble du pays et vous serez guérie. »

Cependant Mme Graveran mourut quelques semaines après. On vit alors le bon évêque suivre à pied et en grand deuil le cercueil de sa mère et l'accompagner jusqu'à Crozon, lieu de sa sépulture, donnant ainsi à ses diocésains l'exemple de la piété filiale la plus tendre et la plus respectueuse.

Mais s'il aimait sa mère, il avait aussi de l'affection pour les autres membres de sa famille. Il s'intéressait à leur position, à leurs affaires, leur donnait des conseils, leur faisait du bien, mais il ne chercha jamais à les enrichir. Quand il venait dans son pays, il visitait ses parents même les plus éloignés et les plus humbles; et s'il lui arrivait d'en avoir oublié quelqu'un, il se hâtait de réparer son oubli, afin de ne faire de peine à personne. Il préférait la modeste hospitalité qu'il recevait dans sa famille à la somptueuse réception qu'on lui faisait chez des personnes plus riches.

L'année qui précéda sa mort, il vint passer plusieurs jours à Crozon. Il y officia pour la Saint-Pierre, fête patronale de la paroisse. Le soir, après vêpres, il aposta une de ses nièces à la porte de la maison qu'il occupait, en lui faisant cette recommandation : « Tu vas prendre garde à tous les braves gens qui porteront de grands habits à l'ancienne mode. Ils sont presque tous de nos parents. Tu les feras entrer et tu m'avertiras, car je veux les voir. Souvent, ma fille, il y a plus de bon sens sous ces habits à grandes poches que sous des habits plus fins. »

III

SA SIMPLICITÉ ET SON AFFABILITÉ.

Il était très-simple et très-affable à l'égard de tout le monde, spécialement vis-à-vis des pauvres et des petits. A l'exemple de son divin Maître, il laissait approcher de lui les enfants et se plaisait à les bénir et à s'entretenir avec eux.

Dans ses tournées pastorales, il montait les côtes à pied, et quand il trouvait des enfants sur le chemin, il les faisait réciter leurs prières, il les interrogeait sur le catéchisme et il leur donnait une médaille ou une pièce de monnaie s'ils répondaient bien.

Il s'arrêtait aussi sur les routes pour causer avec les cantonniers, les interrogeait sur leurs moyens d'existence, les exhortait à supporter avec résignation leur pénible métier, et ne les quittait jamais sans leur laisser quelque secours.

Un jour qu'il avait visité la paroisse de Pleyben, une femme très-âgée témoigna le désir de voir Monseigneur chez elle. N'osant pas inviter elle-même Sa Grandeur à venir dans sa maison très-éloignée du bourg, elle pria le domestique du bon évêque de lui transmettre l'invitation. « Puisque ma visite peut lui faire plaisir, dit-il à son serviteur, annoncez à cette brave femme que j'irai chez elle et que j'y prendrai une tasse de lait. »

En effet, il se détourna de sa route pour aller la voir. Puis, en sortant, à la vue du bonheur de cette femme, il dit à M. Kéraudy, son vicaire général : « C'eût été vraiment un péché de ne pas lui procurer ce plaisir. Vous avez vu comme elle est heureuse. Elle pleure de joie. Elle parlera longtemps de la visite de son évêque. »

Une autre fois, se trouvant à Plounévez-Lochrist, on lui dit qu'il y avait dans la paroisse une vénérable femme qui était plus que centenaire. « Eh bien, s'écria-t-il, je veux aller la voir et causer avec elle. » On lui fit observer qu'elle demeurait très-loin du bourg et que cette visite lui prendrait un temps considérable. — Sur cette observation, il renonça à son désir d'aller lui-même jusqu'au village de la centenaire, mais il la fit prendre en voiture et amener au presbytère.

Quand cette femme arriva, il alla au-devant d'elle, la conduisit dans ses appartements, et se mit à causer en breton avec elle. Il l'entretint sur la grande révolution dans notre pays, sur les prêtres émigrés..., la laissant ivre de bonheur. « Maintenant, disait-elle, comme le vieillard Siméon je mourrai contente, puisque j'ai eu l'honneur de visiter Mgr l'Évêque et de causer avec lui. Comme il est bon et aimable ! »

IV

SES AUMÔNES. — SON ESPRIT DE PAUVRETÉ. — SON HOSPITALITÉ.

Formé de bonne heure par sa pieuse mère à l'amour du pauvre, appelé dans notre touchant langage breton, *le cher pauvre*, *ar porkèz*, il était heureux de donner à celui qui n'a pas, et rien ne lui était plus pénible que d'être obligé, faute d'argent, de refuser ce qu'on lui demandait.

Curé de Brest, il dépensait annuellement tout son revenu en aumônes et en bonnes œuvres, se réservant à peine le nécessaire. Aussi quand il fut nommé à l'évêché de Quimper était-il sans ressources ; il n'avait que 300 fr. devant lui.

Les pauvres disaient à son départ de Brest : Nous perdons

notre meilleur ami. Nous perdons notre bon père. Il nous donnait toujours avec joie, et si par hasard il n'avait rien à nous donner, il nous le disait avec tristesse et en s'excusant.

Ah ! c'est qu'il savait que Dieu aime celui qui donne gaiement et de bon cœur : *Hilarem datorem diligit Deus.*

Convaincu que l'évêque surtout doit être le père et la providence du pauvre, il donnait sans cesse et ne voulait pas qu'on renvoyât de son palais les personnes qui venaient solliciter un secours, quelque mauvaise apparence qu'elles eussent d'ailleurs.

Un jour qu'il venait de faire une visite, il trouva à la porte de son palais un pauvre qui lui demanda l'aumône, en lui disant qu'il frappait depuis une demi-heure et qu'on ne lui ouvrait pas. Mécontent de ce qu'on eût laissé attendre si longtemps à la porte de sa maison un homme qui disait avoir faim, le charitable prélat entre brusquement dans la cuisine, fait des reproches à ses serviteurs, prend le pain sur la table et, sans vouloir user de leurs services, il le coupe lui-même en deux parties et en porte une au pauvre qui attendait.

Un malheureux instituteur, que son inconduite avait plongé dans la misère, se présenta un jour, à l'évêché, pour demander de l'argent. Le concierge, qui le connaissait, crut bien faire en l'éconduisant poliment, lui disant que Monseigneur n'était pas à la maison. Informé le soir de ce qui s'était passé, le bon prélat appelle son serviteur et lui fait des reproches de ce qu'il ne lui a pas amené le malheureux instituteur. — « Mais, Monseigneur, se permit de dire le domestique, cet homme-là se conduit mal. — *Cela ne fait rien, mon garçon*, reprit l'évêque, vous auriez dû me le présenter ; j'aurais vu comment agir avec lui. En tout cas, je lui aurais donné des avis. Peut-être l'aurais-je porté à se mieux comporter à l'avenir. »

Cette charité qu'il avait pour les pauvres de son diocèse, il l'exerçait aussi à l'égard des étrangers. Il voulait qu'on reçût et qu'on lui présentât également les voyageurs des autres pays qui avaient besoin de secours.

Deux petites filles des environs de Toulouse étaient venues à Quimper avec leur père, marchand colporteur. Ces enfants ayant témoigné le désir de recevoir le sacrement de confirmation, Monseigneur y consentit avec empressement. Il les confirma donc, et après la cérémonie il leur offrit dans son palais un petit repas auquel il assista lui-même, pendant quelques instants, pour voir, disait-il, si on traitait bien ses petites filles et jouir de leur bonheur.

Le père de ces enfants étant venu à mourir à Quimper, peu de temps après, il les plaça, à ses frais, chez les sœurs de la Providence, afin qu'elles y fussent élevées jusqu'à l'âge de vingt ans.

Pour arriver à faire plus d'aumônes, il vivait lui-même très-simplement. Sa maison était proprement, mais pauvrement tenue. Le nécessaire lui suffisait toujours.

M. le préfet du Finistère, le visitant pendant sa maladie, fut tellement frappé de la pauvreté de son cabinet et de sa chambre à coucher, qu'il donna l'ordre d'y dépenser immédiatement une somme de 4 à 5,000 francs. Monseigneur, après avoir résisté longtemps, finit par consentir à ce qu'on remplaçât seulement les rideaux de ses fenêtres et de son lit qui n'avaient pas été changés depuis quinze ans et tombaient littéralement en lambeaux.

Vêtu toujours proprement, il portait cependant des soutanes usées jusqu'à la corde. Quand il ne pouvait plus les porter sur le bon côté, il les faisait retourner et les portait ainsi.

Souvent il en fit teindre en noir pour les donner à des séminaristes pauvres. Puis lorsqu'il voyait ces messieurs, il leur disait avec une touchante simplicité : « Je vous ai adressé des soutanes violettes teintes en noir ; elles ne sont pas malpropres ; elles vous serviront à ménager vos soutanes neuves. »

On raconte que saint Vincent de Paul étant allé un jour à la cour de Louis XIII, le roi fut tellement frappé du brillant de sa ceinture qu'il lui en fit compliment. Puis il lui passa la main entre la soutane et la ceinture. Au même instant, cette dernière se déchira en deux, à la grande surprise du monarque qui avait pris pour du neuf ce qui n'était que du vieux.

Mgr Graveran, qui imitait saint Vincent de Paul dans son amour des pauvres, l'imitait aussi en portant comme lui des ceintures brillantes de propreté, mais tombant de vétusté. Que de fois ses ceintures sont-elles restées déchirées entre les mains du dégraisseur qui essayait d'en enlever les taches !

Portant en tout cet esprit d'ordre et d'économie, il réglait lui-même les dépenses de sa maison. Il marquait tout ce qu'il donnait.

C'est ainsi qu'il trouvait le moyen de payer pour des pauvres un grand nombre de loyers, de soutenir plusieurs familles tombées d'une position aisée dans le besoin. Lui seul connaissait ces familles ! lui seul avait le secret de ces aumônes cachées !

Quelques jours avant sa mort, il fit brûler par son secrétaire la liste des personnes qu'il secourait ainsi et plusieurs billets d'obligations pour des sommes prêtées à des gens nécessiteux.

Il ne faut pas s'étonner après cela si le bon prélat est mort pauvre et s'il a fallu pour payer ses dettes vendre sa bibliothèque qu'il eût désiré cependant léguer, en grande partie, à son plus proche neveu, alors jeune séminariste, en laissant aux autres quelques ouvrages, comme souvenir de lui.

Il avait dit un jour à ses prêtres réunis en retraite pastorale : « Il serait à désirer que les prêtres mourussent tous *sans rien laisser et sans rien devoir.* » Il donna à son clergé ce bon exemple, en quittant la vie sans rien laisser et sans rien devoir à personne.

Mais l'esprit qui le faisait économiser afin de pouvoir donner davantage ne l'empêchait point de pratiquer l'hospitalité bienveillante recommandée aux évêques par l'apôtre saint Paul.

Il admettait à sa table tous les prêtres étrangers à sa ville épiscopale qui venaient le visiter. Il les recevait toujours convenablement et largement, sachant ce qu'il devait à ses hôtes et à sa dignité. S'il ne voulait pas que sa table fût trop bien servie ; s'il se gardait bien d'imiter le mauvais riche qui faisait festin chaque jour, *epulabatur quotidie splendide,* il se gardait aussi de la mesquinerie et de ce qui avait l'apparence de l'épargne mal placée. Sur ce point encore, il était l'exemple de son clergé : la table de l'évêque était ce que devait être la table des prêtres.

V

SA CHARITÉ. — SA BONTÉ.

Que dire de sa charité à l'égard de son prochain? On raconte que saint Augustin avait fait écrire au-dessus de la porte de sa salle à manger les deux vers suivants :

Quisquis amat dictis absentum rodere vitam
Hanc mensam vetitam noverit esse sibi.

Que celui qui aime à attaquer par ses paroles la réputation des absents sache qu'il lui est défendu de s'asseoir à cette table.

Mgr Graveran aurait pu aussi écrire ces vers au-dessus de la porte de sa maison, car il ne pouvait souffrir qu'on parlât mal des absents devant lui. S'il arrivait qu'à sa table quelqu'un médît de son prochain, il tâchait d'abord de détourner adroitement la conversation, puis, s'il n'y réussissait pas, il ne se gênait point pour montrer carrément son mécontentement.

Il avait l'habitude de défendre toujours ceux qu'on décriait devant lui ; si bien qu'un de ses anciens vicaires de Brest disait : Il suffit, pour être l'ami de M. le Curé, d'être en butte aux coups de langue, car il affecte toujours de prendre le parti des personnes dont on médit en sa présence.

Quand on accusait avec trop d'acharnement un individu d'être *philosophe*, *communiste ou libre penseur*, il ne manquait pas de dire : « Messieurs, n'accusons pas trop fort ces pauvres gens. Serions-nous meilleurs, si nous avions été élevés dans le même milieu qu'eux, si nous avions eu les mêmes professeurs? Ah! plaignons-les plutôt, et remercions Dieu de nous avoir fait naître de parents chrétiens et de nous avoir donné des maîtres qui nous ont enseigné la vraie doctrine. »

C'est par cet esprit de douce charité qu'il se faisait aimer de tout le monde et qu'il a ramené à Dieu une foule d'hommes égarés qui, apprenant la manière dont il les défendait, venaient tout d'abord le remercier, entraient ensuite en relation avec lui et finissaient par se rendre à la vérité.

Saint François de Sales avait coutume de répéter qu'on attrape plus de mouches avec une cuillerée de miel qu'avec un baril de vinaigre, c'est-à-dire que la charité ramène plus de pécheurs que la sévérité. — Notre charitable prélat le répétait souvent aussi aux jeunes prêtres, pour leur enseigner comment ils devaient se conduire vis-à-vis des personnes du monde qui ne pratiquent point leur religion.

« Croyez-moi, Messieurs, leur disait-il, ménagez ces hommes autant que possible. En agissant ainsi, vous sèmerez dans leur cœur un germe d'affection pour le prêtre et dans leur esprit un germe de retour vers Dieu. »

Mais si Mgr Graveran était plein de charité et de bonté pour tout le monde, il l'était surtout pour ses prêtres.

Curé de Brest, il aimait ses vicaires comme ses enfants ; devenu évêque, il n'oublia jamais qu'ils avaient été ses auxiliaires et ses collaborateurs, et il les traita toujours avec une affection toute particulière. S'il protégeait les simples fidèles qu'on attaquait devant lui, il prenait plus vivement encore la défense de son clergé quand on en médisait en sa présence. — Si ce qu'on reprochait à un prêtre était vrai, il l'excusait, il atténuait autant qu'il le pouvait les fautes dont il était coupable. — Mais il ne mollissait jamais, lorsqu'il s'agissait de défendre les droits d'un de ses prêtres qui avait raison, ou sa réputation, lorsqu'il le croyait innocent.

Quand on lui portait une accusation quelconque, contre un des membres de son clergé, il avait coutume de lui adresser copie de la lettre d'accusation, afin que l'inculpé pût mieux se défendre. Il se gardait avant tout de croire à la culpabilité d'un prêtre, parce qu'il était accusé, et de le condamner sans l'avoir entendu, se rappelant la recommandation de saint Isidore de Séville aux évêques : *Nullum damnare, nisi comprobatum, nullum excommunicare nisi discussum* [1].

Un jour le secrétaire général de la préfecture étant venu se plaindre d'un recteur qui semblait avoir tort vis-à-vis de son maire, Monseigneur détourna adroitement la conversation à plusieurs reprises. — Le secrétaire général ne pouvant arriver à ce qu'il demandait, reprit : « Mais enfin, Monseigneur, vous êtes en définitive le juge de vos prêtres. — C'est vrai, répondit le prélat, mais vous oubliez que je suis aussi leur père. »

Il était vraiment le père de ses prêtres et surtout de ceux qui avaient eu le malheur de manquer à leurs devoirs.

S'il est recommandé aux pasteurs des âmes d'être bons pour les pécheurs, *de ne pas éteindre la mèche encore fumante, de ne pas achever le roseau à demi brisé*, combien cette recommandation doit-elle être prise en considération par les évêques, lorsqu'il s'agit de prêtres qui ont fait des chutes !

On lui a quelquefois adressé le reproche d'avoir été trop bon, pourquoi ne pas dire le mot? d'avoir été trop faible à l'égard de ces pauvres prêtres. Il répondait à cela qu'il préférait être condamné par excès de miséricorde que par excès de sévérité ; — qu'il avait lu dans l'Évangile que son divin Maître avait dit qu'il fallait pardonner *non pas sept fois, mais septante fois sept fois.*

Au reste, il savait être ferme quand il le fallait ; et lorsqu'il avait épuisé tous les moyens de douce correction, il sévissait avec une autorité d'autant plus grande qu'elle avait été plus patiente et plus mesurée.

Dans la Commission chargée d'étudier les matières qui devaient être traitées au concile de Rennes, dit M. le docteur Maupied dans sa *Vie de Mgr Graveran*, p. 173, il fut question de la conduite à tenir à l'égard des prêtres qui se mettraient par leurs fautes dans l'impossibilité de remplir leurs fonctions.

« Plusieurs de mes collègues dans l'épiscopat, dit Monseigneur, se croient dégagés de toute obligation à l'égard de ces prêtres ; je

[1] S. Isidor., *ex lib. II Officiorum ad S. Fulgentium. C. S.*

vous avoue que je ne saurais embrasser leur sentiment : lorsque j'ouvre l'Évangile, je vois que Notre-Seigneur nous recommande, à chaque page, la charité, et je crois que c'est à nous à donner l'exemple de cette vertu. On me dira : Mais ce sont des prêtres ! Raison de plus pour être charitable à leur égard. Ils sont mes frères dans le sacerdoce ; mais ils sont tombés peut-être bien bas : il faut donc leur tendre la main pour les relever, n'oubliant jamais que je puis tomber plus bas encore moi-même. »

Qui n'admirerait cette humble charité qui, suivant saint Isidore de Séville encore, « doit briller dans un évêque au-dessus de tous les autres dons, et sans laquelle toute vertu n'est rien [1] ? »

VI

SON AMOUR DU TRAVAIL, SA VIE D'ÉTUDE, SA RÉGULARITÉ.

Ami du travail depuis son collége, Mgr Graveran qui, au milieu de son ministère absorbant de Brest, trouvait du temps pour étudier, sut malgré ses occupations d'évêque d'un diocèse de plus de 600,000 habitants, trouver encore, chaque jour, plusieurs heures pour se livrer à l'étude. C'est du reste le propre des hommes d'ordre : malgré de nombreuses affaires, ils règlent si bien leur vie qu'il leur reste beaucoup de loisirs.

Ses journées étaient réglées comme celles d'un religieux. Il se levait toujours à la même heure, à cinq heures en été et vers six heures en hiver. Il célébrait le saint sacrifice de la messe vers sept heures un quart, de manière à pouvoir déjeuner à huit heures.

Quand il avait pris sa tasse de café au lait, il entrait dans son cabinet de travail, donnait à son vicaire général et à son secré-

[1] *Tenebit quoque illam supereminentem donis omnibus charitatem, sine quâ omnis virtus nihil est.* (*Ex lib. II Officiorum, ut suprà.*)

taire les correspondances qui leur revenaient, puis il se mettait immédiatement à l'ouvrage. Depuis ce moment jusqu'à midi, il s'occupait des affaires de son diocèse et des lettres qu'il pouvait recevoir d'ailleurs.

Il répondait lui-même à tout. Il s'occupait lui-même de toutes les parties de son administration. Il mettait par écrit l'abrégé des réponses, souvent même les réponses entières qu'il fallait faire à telle ou telle demande. Il motivait de sa main les avis qu'il fallait donner dans les questions de fabrique plus difficiles, de sorte que son secrétaire n'avait guère qu'à les transcrire. C'était un excellent moyen de bien posséder toutes les affaires et de former à l'administration ceux qui travaillaient auprès de lui.

Les cartons et les archives du secrétariat de l'évêché sont remplis des traces de la part active et constante qu'il prenait aux diverses affaires de son vaste diocèse.

Comme il avait le travail très-facile, il faisait, chaque jour, beaucoup de besogne. Au coup de midi, son domestique prenait toutes les lettres qu'il avait écrites dans la matinée, tous les paquets de service, et les portait à la poste. Il était rare qu'il eût à écrire une lettre dans l'après-midi.

Il dînait à une heure, puis il prenait sa récréation jusqu'à trois heures. Tout le reste de la journée lui appartenait donc, soit pour recevoir des visites, soit pour se livrer à l'étude.

Tout en faisant de la science sacrée l'objet principal de ses études pendant ces heures libres, il tenait aussi à se mettre au courant de tous les ouvrages importants qui paraissaient sur d'autres matières.

Étranger à aucune science, il aimait surtout les livres qui lui apprenaient de nouvelles choses ou disaient d'une manière neuve et originale ce qu'il savait déjà. Il se plaignait souvent de la multitude de brochures qui pleut, à notre époque, pour redire d'une façon vulgaire ce qu'ont dit des auteurs plus anciens.

Lisant un jour un livre de M. le docteur Maupied sur les sciences dans leurs rapports avec la théologie, il dit d'un ton de vraie satisfaction à un ami de l'auteur qui entrait chez lui : — « Ah!

c'est vous, mon cher Monsieur; je lisais le dernier ouvrage de M. Maupied. Dites-lui que je le lis tous les jours et que je le lirai jusqu'au bout, parce qu'il m'intéresse vivement; au moins je puis le lire; il m'apprend des choses, tandis que les autres écrivains m'ennuient, parce qu'ils ne m'apprennent rien; il a envisagé les matières qu'il traite sous un point de vue tout nouveau. Vous le remercierez de ma part. »

Avide lui-même d'apprendre toujours quelque chose quand il lisait, il s'efforçait aussi d'instruire lorsqu'il écrivait ou parlait en public.

Pour arriver à ce but, il soignait tout ce qui sortait de sa plume ou tombait de ses lèvres. Ses mandements et ses sermons, d'un style correct et cultivé, traitent toujours de sujets instructifs, sont nourris de pensées qui élèvent, et remplis d'images et de comparaisons qui charment et entraînent.

Il n'y a pas jusqu'à ses moindres allocutions de distributions de prix ou de réunions d'ouvriers qu'il n'écrivît sinon en entier, du moins en substance. Il ne manquait jamais de faire le canevas de tous ces petits discours, afin de pouvoir être plus intéressant et plus neuf. Il avait toujours peur, faute de préparation suffisante, de dire ou d'écrire des choses banales et communes!

Son amour pour l'étude et le travail lui donnait le temps et le moyen de tout bien méditer et de tout bien préparer, avant de parler ou d'écrire.

On comprend combien cette vie d'étude dut développer son intelligence si grande, cultiver son esprit si fin et si délié, agrandir ses connaissances déjà si vastes et en faire un homme vraiment complet. Aussi était-il à tous égards le premier de ses prêtres! aussi était-il supérieur partout où il se trouvait!

Un jour qu'il avait prêché dans l'église de Saint-Étienne-du-Mont, à Paris, devant l'élite du clergé de cette ville, plusieurs des curés présents vinrent, après le sermon, faire compliment au secrétaire de Monseigneur, en lui disant : « Monsieur l'abbé, vous devez être fier de votre évêque. Il parle en maître et en homme supérieur. C'est peut-être le premier évêque de France pour la trempe et la vigueur d'esprit. »

VII

SA PIÉTÉ.

Sa piété était vraie et solide. Qu'est-ce, en effet, que la vraie piété? C'est l'amour filial de Dieu considéré comme père [1]. C'est de plus l'amour de tous les hommes considérés comme nos frères [2]. — La piété a donc un double objet : Dieu et le prochain. Dieu père, voilà la première loi de la piété. Dieu *notre* père, voilà la seconde; voilà, dit Mgr de Ségur, l'amour fraternel que saint Denis appelle ce qui vient en premier lieu après la loi première [3].

Étant donnée cette définition de la piété, j'entends tous ceux qui ont connu notre évêque ou lu sa vie, s'écrier : « Oui! il était vraiment et solidement pieux! Il aimait Dieu comme un fils aime son père. Il aimait son prochain, comme un frère aime son frère. »

Si l'amour filial se montre dans l'obéissance aux volontés du père, dans l'accomplissement de tous les devoirs de fils..., ne peut-on pas dire qu'il a eu pour Dieu cet amour filial qui le fit, durant tout le cours de sa vie, obéir aux préceptes divins en le rendant partout et toujours *l'homme du devoir?*

Si l'amour du prochain consiste à être bon et miséricordieux pour son frère, à cacher ses défauts, à ne le juger jamais en mal, à lui faire toujours du bien : qui mieux que lui aima son prochain, qui plus que lui fut parmi nous le représentant du Dieu qui pardonne, l'image de Notre-Seigneur Jésus-Christ qui passa sur la terre « en faisant le bien? »

[1] *Pietas est habitualis dispositio animæ ad habendam filialem affectum ad Deum, ut ad patrem.* (*Sum. Theol.*, 22æ. *Quæst.* CXXI.)

[2] *Ministrate.... in pietate amorem fraternitatis.* (*II Petr.*, 1.)

[3] *Caritatem fraternitatis primum post primum.*

Reposant sur ce fondement de l'amour filial de Dieu et de l'amour fraternel du prochain, sa piété était forte et simple, comme son caractère, sans avoir rien d'affecté, bien différente de cette piété d'imagination que l'on rencontre fréquemment dans le monde. On se croit pieux parce qu'on pratique beaucoup d'actes extérieurs de religion; parce qu'on s'attendrit d'une manière sensible au récit des souffrances des martyrs et qu'on verse des larmes sur les douleurs de l'Église. Mais vous demanderez en vain à ces personnes, d'ailleurs si faciles à émouvoir, le renoncement à elles-mêmes et l'union avec Dieu, base de toute vraie piété.

Il avait une grande dévotion à Marie. On se rappelle la touchante prière qu'il lui adressa dans sa première lettre pastorale, pour lui recommander sa personne et son troupeau. Ses lettres sur l'Immaculée Conception, la joie avec laquelle il accueillit la définition solennelle de ce dogme, l'empressement qu'il mit à demander au Saint Père l'insertion de sa formule dans la préface et les litanies de la sainte Vierge, montrent quelle tendre piété il avait pour cette bonne Mère.

Au reste, cette dévotion envers Marie, il l'avait sucée, on peut le dire, avec le lait. Sa pieuse mère l'avait voué, avant sa naissance, à Notre-Dame de Rumengol, dans un pèlerinage qu'elle fit à ce sanctuaire vénéré des Bretons[1]. Aussi eut-il toute sa vie un vrai culte pour l'église de Rumengol! Étant curé de Brest, il y venait souvent en pèlerinage. Que de fois il y a réconcilié avec Dieu de grands pécheurs! que de fois il y a ramené à la pratique de la religion de hauts dignitaires de la marine qui l'avaient complétement négligée!

La dernière année de sa vie, il fit une dernière fois ce pèlerinage, à pied. Un de ses diocésains, qui s'en retournait en voiture, lui proposa de le conduire à Rumengol. Il était accompagné de MM. les curés de Crozon et du Faon et suivi de deux marins sur le bateau desquels il était venu de Crozon au Faon. Le bon évêque remercia l'obligeant voyageur, en lui disant : « Je tiens à faire

[1] Elle ne voulut pas entrer dans l'église pour prier, parce qu'un prêtre intrus y célébrait les saints mystères.

« ma visite à Notre-Dame de Rumengol à pied, comme les autres « pèlerins. »

Il est encore une chapelle dédiée à l'Étoile de la Mer, qu'il aima dès sa plus tendre enfance : c'est la chapelle de Notre-Dame de Roc-Amadour, située à l'entrée du petit port de Camaret, près de Crozon. Devenu prêtre et curé de Saint-Louis, il se plaisait à visiter ce sanctuaire aimé des marins, devant lequel le matelot se découvre toujours, quand il prend le large, soit pour jeter ses filets, soit pour affronter les périls d'une longue navigation.

APPENDICE

NOTICE

SUR

M. L'ABBÉ ALAIN DUMOULIN

PRÊTRE DU DIOCÈSE DE QUIMPER

Émigré en Bohême en 1793, oncle maternel de Mgr Graveran, et décédé vicaire général et curé de la cathédrale de Quimper.

Alain Dumoulin naquit le 8 novembre 1748, à Lanvéoc, trève de la commune de Crozon, récemment érigée en paroisse. Au sortir du grand séminaire, il fut nommé professeur au collége de Plouguernével, qui faisait alors partie de l'ancien diocèse de Cornouaille et appartient aujourd'hui au diocèse de Saint-Brieuc.

Après y avoir professé pendant quelques années, il devint recteur de la paroisse d'Ergué-Gabéric, à deux lieues de Quimper. C'est là que la Révolution le prit et l'obligea à émigrer. Il se retira d'abord à Liége en Belgique, puis à Prague en Bohême, où il passa la plus grande partie de son exil et où il obtint une place de précepteur dans une famille princière du pays.

M. Dumoulin était excellent humaniste et parlait très-bien le latin[1]. Dans les moments de loisir que lui laissait son emploi de précepteur, il cultivait ses classiques et visitait les prêtres les plus distingués de la savante ville. Il en était très-recherché, sans doute en sa qualité d'émigré (car on s'intéresse toujours au mal-

[1] Il était aussi bon théologien. Il était président des conférences théologiques du diocèse, avant son départ pour l'émigration. Dans les argumentations publiques qui avaient lieu au grand séminaire, c'était l'interrogateur le plus assidu et le plus renommé. Il s'y faisait remarquer par le rare talent de poser clairement et nettement les questions et par une connaissance profonde des matières ecclésiastiques qui s'y traitaient. On reconnaissait, en l'entendant, l'homme exercé à l'argumentation scholastique.

heur), mais aussi à cause de son commerce agréable, de son esprit cultivé et de sa facilité à parler la langue latine. On lui en faisait souvent compliment. — C'est étonnant, lui disait-on, que vous vous exprimiez si bien et si aisément en latin, vous qui êtes Français, parce que chez vous le latin se parle peu.

Il y avait à Prague une académie littéraire, qui donnait au concours, chaque année, divers sujets de composition latine. M. l'abbé Dumoulin y obtint une fois le premier prix (une médaille d'or); une fois le premier accessit, et deux fois le second prix, qui consistait en une médaille d'argent. Le sujet de la première composition était l'éloge de la Bohême : *Encomium regni Bohemiæ*. Mgr Graveran racontait qu'étant tout jeune chez son oncle, M. Dumoulin, il a vu et tenu entre ses mains la médaille d'or, prix de l'Eloge de la Bohême.

A la prière de plusieurs de ses amis de Prague, et spécialement sur les instances d'un ecclésiastique aussi éminent par sa science que par sa vertu, auquel il devait de la reconnaissance, M. Dumoulin composa, pendant son exil, une grammaire latino-celtique qui a pour titre : *Grammatica latino celtica, doctis ac scientiarum appetentibus viris composita, ab Alano Dumoulin, presbytero, encomii regni Bohemiæ authore. — Pragæ Bohemorum*, 1800, in-8° [1].

A son retour de l'émigration, tôt après le concordat, il revint dans son ancienne paroisse d'Ergué-Gabéric, où il ne resta que peu de temps par suite de sa nomination à la cure de Crozon. Il devint successivement chanoine honoraire, curé de la cathédrale de Quimper, et vicaire général de Mgr Dombideau de Crouseilhes. M. Dumoulin, outre les ouvrages que nous avons cités, a écrit, en breton, un petit livre intitulé : *Hent ar Barados*, ou *le Chemin du paradis*, suivi d'un abrégé de la vie de plusieurs saints de Bretagne, *Buez emeus cant Soent eus a Vreiz.*

Mgr de Crouseilhes avait pour lui une affection toute particulière et une vénération profonde. Il aimait en lui le prêtre pieux et fidèle, le confesseur de la foi ; il aimait l'émigré de la Belgique et de la Bohême, il aimait l'homme instruit, le vieillard

[1] Nous avons pu nous procurer en Allemagne deux exemplaires de cette grammaire.

gracieux et vénérable dont la personne inspirait le respect. Sa figure et ses cheveux blancs faisaient dire à son évêque qu'il avait la *figure la plus pastorale de son clergé*.

M. Dumoulin n'avait pas seulement la figure *pastorale*, il avait encore toutes les qualités d'un bon pasteur : science ecclésiastique, talent d'exposer clairement et brièvement la doctrine chrétienne, bonté, douceur et simplicité. Les personnes âgées de Quimper, qui ont suivi ses catéchismes, se rappellent encore avec émotion sa tendresse et sa douceur pour les enfants. Il tenait à faire lui-même le petit catéchisme préparatoire à la première communion, chargeant ses vicaires des enfants plus âgés et plus avancés. C'était pour lui la partie la plus chère et non la moins grande de ses fonctions curiales !

Qu'il était beau et touchant de voir ce vénérable vieillard, couvert de cheveux blanchis dans l'exil, enseigner les éléments de la religion aux petits enfants ! Toujours souriant et plein d'affabilité au milieu de son jeune troupeau, il était bien alors l'image de Notre-Seigneur Jésus-Christ bénissant les enfants de la Galilée et disant : *Laissez, laissez-les donc venir à moi, car le royaume des cieux est à eux.*

Sa bonté se montrait surtout dans ses visites à ses paroissiens éprouvés par le malheur ou affligés par la perte de quelque parent. Il trouvait alors dans son cœur de pasteur des paroles qui consolaient et restaient profondément gravées dans l'âme.

Un jour, il visitait un père de famille qui était dans le chagrin. Il essaie de le consoler en lui disant que Dieu est bon, même lorsqu'il nous frappe. C'est vrai, dit le père égaré par la douleur ; mais quelquefois il frappe bien dur et bien fort. — Mon enfant, reprit le bon curé, croyez-le bien, Dien est bon, même quand il nous éprouve : cet excellent père ne frappe jamais ses enfants *des deux mains*.

Aussi était-il chéri de ses paroissiens. Quand il mourut, ce fut un deuil universel dans la ville. On jugea de l'estime et de l'affection dont il jouissait, au nombre considérable de personnes de toutes les classes qui assistèrent à ses funérailles.

M. Dumoulin, mourant curé de la cathédrale de Quimper, aimé, vénéré de tous, ne songeait sans doute pas que 45 ans plus tard son neveu, alors séminariste, mourrait aussi pasteur de cette cathédrale, à un titre supérieur, aimé, vénéré et regretté de tous.

Honneur, gloire et merci à vous, prêtre pieux et éclairé qui, en élevant dans votre presbytère le jeune Joseph Graveran, lui donnâtes l'exemple de toutes les vertus qui étaient en vous et firent de lui, comme de vous, l'homme du devoir, le prêtre selon le cœur de Dieu !

M. Dumoulin a laissé un petit livret écrit tout entier de sa main intitulé : *Mon Enchiridion* ou *Mon Veni mecum*. C'est un recueil de prières, en partie tirées de divers auteurs ascétiques, en partie composées par lui-même. Ce sont tantôt des formules de prières relatives à différentes confréries auxquelles le saint prêtre était affilié ; tantôt des invocations ardentes à son ange gardien, à saint Alain, son patron ; à saint Corentin, patron de son diocèse ; à saint Guinal, patron de sa paroisse... Ici il prie pour ses parents, ses amis, ses paroissiens vivants ; plus loin, il prie pour son père, pour sa mère et ses parents défunts... On est ému jusqu'aux larmes, en parcourant cet *Enchiridion*, quand on se rappelle que c'était le *Veni mecum* du pauvre émigré. Toute l'âme du prêtre breton s'y montre. On voit quelle forte et douce piété il avait ; quelle simplicité, quelle naïveté il alliait à l'héroïsme du devoir et à l'abnégation quotidienne de soi-même. On sent que l'exil lui est souvent pénible, que l'amour du sol natal le fait souvent soupirer et gémir. La nature l'incline parfois à se plaindre de ceux qui le condamnent à vivre loin de sa Bretagne, de sa paroisse... Le murmure semble vouloir, à certains jours, sortir de ses lèvres... Mais la grâce est plus forte que la nature... Le saint prêtre, au lieu de maudire, bénit ;... au lieu de murmurer, il se résigne...

Quoi de plus touchant que cet acte de résignation :

ACTE DE RÉSIGNATION.

« S'il est arrêté dans les immuables décrets de votre Providence, ô mon Dieu, que la France ne se relèvera pas de ses ruines, et que je sois condamné à ne plus revoir ma malheureuse patrie, je me soumets sans plainte et avec résignation à cet arrêt de votre justice ; les biens et les maux ne sont-ils pas également des présents de votre main ? La pauvreté n'a rien qui m'effraye ; mon cœur n'était point attaché aux richesses : heureux échange ! Vous nous retirez nos biens, vous nous donnez des vertus ; les soins de votre Providence ne m'abandonneront pas ; j'en ai pour garants vos infaillibles promesses ; j'en ai pour exemple la vigilante magnificence de votre bonté paternelle qui s'étend jusqu'au plus petit des oiseaux. Qu'aurait donc pour moi de si accablant la perspective d'un exil éternel ? Ai-je jamais regardé cette terre, que comme un lieu de passage ? Que m'importe dans quel lieu doit s'écouler le rapide torrent de mes jours ? Que m'importe sous quel ciel, dans quel climat doit se faner et périr cette fleur fragile et passagère ! Que je trouve un temple où je puisse vous adorer et là sera ma patrie ; et si la rigueur de ma destinée me jetait jusque dans les contrées barbares où votre nom n'est pas connu, le ciel n'est-il pas ouvert à mes adorations ? l'univers ne déploie-t-il pas à mes regards un temple assez majestueux ? Oh ! dans mon dénûment de tout, vous me resterez, livre admirable et sublime, consolant évangile ! Vous me resterez, et vous m'apprendrez à souffrir et à souffrir encore ; vous m'adoucirez l'amertume de mes humiliations ; que dis-je ! vous me les rendrez chères, vous les ennoblirez à mes yeux, vous les élèverez à la hauteur de la croix ; appuyé sur vous je regarderai d'un œil tranquille et désintéressé le monde et ses orages, la fortune et ses vicissitudes, les empires et leurs révolutions ; et quand le trop tardif moment de ma dissolution sera arrivé, c'est sur vous que je laisserai tomber ma tête ; vous descendrez avec moi dans le tombeau, vous fomenterez dans mes cendres inanimées cette étincelle d'immortalité jusqu'à ce qu'elle se développe au jour de la résurrection. Ainsi soit-il. »

Qu'y a-t-il de plus émouvant que la prière suivante !

PRIÈRE POUR OBTENIR DE DIEU L'OUBLI DES INJURES QU'ON NOUS A FAITES.

« Grand Dieu ! vous seul pouvez fermer les plaies qu'une orgueilleuse sensibilité a faites à mon cœur, en y nourrissant des sentiments injustes ! Faites, Seigneur, que j'oublie des offenses légères, afin que vous puissiez oublier le crime de toute ma vie. Est-ce à moi, ô mon Dieu, à être si sensible et si inexorable aux plus petits outrages, moi qui ai tant de besoin que vous usiez à mon égard d'indulgence et de miséricorde ? Les mépris et les injures dont je me plains, égalent-ils ceux dont j'ai mille fois déshonoré votre grandeur suprême ? Faut-il que le ver de terre s'irrite tandis que votre Majesté souveraine souffre depuis si longtemps et avec tant de bonté, toutes mes révoltes, toutes mes offenses, tous mes outrages ! Qui suis-je, pour être si touché de ma gloire, moi qui ne devrais oser lever les yeux vers vous, moi qui ai mille ignominies secrètes à me reprocher, moi qui mériterais d'être le rebut de tous les hommes, moi qui me suis rendu digne des outrages les plus piquants et les plus sanglants, moi enfin qui n'ai plus de salut à espérer, si vous n'avez pitié de ma misère ? Mais, ô mon Dieu, puisque vous mettez votre gloire à pardonner aux pécheurs, je veux mettre la mienne à pardonner à mes semblables ; acceptez, Seigneur, ce sacrifice que je vous fais de mes ressentiments ; ne jugez pas de son prix par les offenses légères que je veux oublier par amour pour vous, mais jugez-en par l'orgueil qui les avait grossies et me les avait rendues si sensibles ; et puisque vous avez promis de remettre nos fautes dès que nous les remettrons à nos frères, accomplissez, Seigneur, vos promesses ; c'sst dans cette espérance que je pardonne à mes ennemis, pardonnez-moi aussi, ô mon Dieu ! C'est en oubliant les petites injures qu'on m'a faites, que j'ose compter sur vos miséricordes éternelles. Ainsi soit-il ! »

M. l'abbé Dumoulin mourut à Quimper, en l'année 1811, et fut enterré dans le cimetière de Saint-Loüis. Plein de vénération pour la mémoire du saint prêtre et de reconnaissance pour l'oncle qui avait pris soin de son éducation, Mgr Graveran fit, en 1852, l'exhumation de ses restes qui furent déposés dans le chœur de la chapelle dudit cimetière, du côté de l'Évangile[1]. On y lit, sur une

[1] En même temps il fit recueillir les ossements de tous les prêtres enterrés

plaque en marbre noir, cette inscription composée par Monseigneur lui-même :

SIT IN MEMORIA ÆTERNA † ET AB AUDITIONE MALA NON TIMEAT

ALANUS DUMOULIN CROZONENSIS
HIC A SCHOLARIBUS CURIS AD REGIMEN
VOCATUS ECCLESIÆ ERGUÉ-CABÉRIC
MOX PROCELLOSA AVULSUS IMPIETATE
ET AD MOLDAVÆ RIPAS EJECTUS
RELLIGIONE, DOCTRINA, SCRIPTIS, CORONIS
EXILIUM HONESTAVIT.
PACE RESTITUTA, NATALI ECCLESIÆ
CUM ALIQUAMDIU PRÆFUISSET
CATHEDRAL. S. CORENTINI PAROCHIAM
SAPIENTI CURA GUBERNAVIT.
PLEBI ACCEPTUS PARITER ET CLERO
AUCTUS ETIAM A RR. DD. PRÆSULE
DOMBIDAU DE CROUSEILHES
GENERALIS VICARIATUS HONORE.
UT COMMENDABILIS VIRI
HONOS NOMEN QUE MANEAT
COLLECTIS OSSIBUS TITULUM EREXIT
JOS. MAR. GRAVERAN EPISC. CORISOP.
IPSIUS A SORORE PRO-NEPOS
NON IMMEMOR BENEFICIORUM
1748 — 1811 — 1852.

dans ce cimetière et les plaça dans la même chapelle du côté de l'épître, avec cette inscription sur une plaque également en marbre noir :

HANC DEO SACRAM
ET A S. LUDOV. NUNCUPATAM ÆDICULAM
CUM RELIGIOSI FIDELES
COLLATIS DONIS ET CURIS RESTITUISSENT
VENERABILIUM OSSA SACERDOTUM
PIE RECOLLECTA HIC AB ALTARIS LATERE
DEPOSITA FUERUNT
QUORUM NOMINA VIVANT
IN SÆCULUM SÆCULI.

ÉLOGE DE LA BOHÊME

Nous sommes heureux de pouvoir mettre sous les yeux du public le petit poème de M. l'abbé Dumoulin, intitulé : *Eloge de la Bohême.* Ses compatriotes liront avec bonheur ces vers dans lesquels on ne sait ce qu'il faut le plus admirer, ou les nobles sentiments de gratitude du prêtre émigré envers la nation qui le recueillit ; ou l'excellente latinité, l'élégance et la poésie du style de l'écrivain.

Nous avions cru ce livre introuvable, après l'avoir fait rechercher en vain par plusieurs journaux de librairie d'Allemagne, notamment par ceux de Leipzik. Voulant tenter un dernier moyen, nous nous étions adressé, comme en désespoir de cause, au doyen du chapitre de Prague. Après deux mois d'attente, au moment où nous n'y pensions plus, nous avons reçu de la manière la plus gracieuse et la plus aimable, l'opuscule que nous cherchions. Mgr Kregey, évêque d'Orope *in partibus*, coadjuteur ou suffragant de l'archevêque de Prague, avait, malgré son grand âge et ses nombreuses occupations, pris la peine de rechercher lui-même le petit poème, puis de le faire copier par la main d'un calligraphe dont les plus habiles envieraient la plume.

Qu'il nous soit permis d'exprimer ici les sentiments de profond respect, de vénération et de reconnaissance, dont nous sommes pénétré pour cet illustre prélat, dont toute l'Allemagne admire le savoir et les vertus ; pour ce saint évêque auquel le souverain pontife, Pie IX, donnait naguère une marque toute particulière de son estime et de son affection, en lui accordant le privilége spécial et la faveur insigne de célébrer sa messe de cinquantaine de sacerdoce, à Saint-Pierre de Rome, à l'autel majeur de la confession qui est réservé au pape !

En nous adressant l'opuscule de M. Dumoulin, le bienveillant évêque nous écrivait l'obligeante lettre qui suit [1] :

« La commission qui m'a été donnée était vraiment bien difficile ! L'opuscule que vous désiriez : *Eloge de la Bohême, etc.*, a été cherché avec le plus grand soin dans toutes les bibliothèques, mais il n'a été trouvé nulle part ; aussi étais-je sur le point de vous adresser une réponse négative, lorsqu'à l'heure même on m'a apporté un livre intitulé : *Catalogue de musique.* Or, dans ce livre, entr'autres petits ouvrages, se trouve l'opuscule que vous cherchez. J'ai pris soin de le faire immédiatement transcrire tel qu'il est imprimé ; c'est donc, comme par un effet du hasard, que ce livre a été remarqué.

« Très-heureux de vous adresser cet opuscule, je suis avec une parfaite estime, etc...

« Dr PIERRE-FRANÇOIS KREGEY,

« *Evêque d'Orope, suffragant.*

« Prague, le 27 juillet 1869. »

Le mérite de l'*Eloge de la Bohême* sera surtout apprécié par les personnes qui connaissent la langue latine. Plusieurs de ceux qui liront la vie de l'écrivain ne sachant pas le latin, nous avons pensé

1 *Reverendissime Domine !*

Pensum mihi commissum vere arduum fuit ! Opusculum desideratum : Encomium, etc. solertissime in omnibus bibliothecis quæsitum, nullibi repertum est : quapropter jamjam in eo eram, responsum Dominationi Tuæ negativum dare. Ast ecce in hora ipsissima allatus est mihi liber cui inscriptio est : Catalogue de musique, *in quo inter alia minutissima opuscula continetur et hoc opusculum quæsitum, id quod, ut indilate describeretur ea forma, vel typo quo impressum est, curavi. Librum hunc inspectum fuisse, fortuito profecto factum est.*

Gaudio non mediocri opusculum descriptum *submittens cum omni æstimatione sum*

Reverendissimæ Dominationis ad servitium paratissimus.

Dor PETRUS FRANC. KREGEY,

Epps Oropens. Suffragan.

Pragæ, die 27 julii 1869.

qu'il leur serait agréable de suivre toute la trame de ce poème, et c'est pour cela que nous avons cru devoir le traduire en français. Tout en espérant que l'on n'appliquera pas rigoureusement à notre traduction le proverbe italien : *traduttore, traditore!* nous ne nous dissimulons point que l'œuvre que nous avons entreprise est bien délicate et bien difficile. Le lecteur se gardera donc de juger absolument le livre d'après la traduction. Que si, après avoir lu cette dernière, il trouve l'œuvre de M. Dumoulin pâle et sans vie, qu'il attribue cette pâleur et ce manque de vie, non à l'auteur, mais bien au traducteur.

ENCOMIUM

REGNI

BOHEMIÆ

GENTI BOHEMICÆ

DEDICATUM

SUB AUSPICIIS

CELEBERRIMORUM

NEC NON

NOBILISSIMORUM

REGNI

STATUUM

PRAGÆ 1797
Litteris Hœredum Hrabianorum

AD

NOBILISSIMOS

NEC NON

CELEBERRIMOS

STATUUM BOHEMORUM

PATRATOS

O me ter felicem! Inclyti Patriæ Patres si pro studio ac demissa veneratione, qua erga Nobilitatem Vestram totus, quantus sum, accendor, eæ forent memoris mei animi vires, cum nihil antiquius beatiusque mihi contingere queat quam benevolo intuitu vestro in versiculorum meorum compositione corroborari : ita enim est, Inclyti Patriæ Patres, quoad vixero, nihil mihi prius erit quam varias mirasque admodum queis Nobilitas Vestra, totaque Bohemia nitescit, collaudare et revereri posse dotes, quæ fama ubique volante et æqua lance pensante, celebrantur, quasque frustra recensere tentarem : omnibus quippe notas, Inclyti Patriæ Patres, cunctis exhibetis, licet inviti, memorandas virtutes ; enim vero quid in Nobilitate Vestra, nisi scientiæ fanum, sapientiæ delubrum, laboris exemplum, benignitatis domicilium, justitiæ et pietatis sacrarium, virtutum omnium aram intuear ac venerer? quid proinde plura, aut cur longo ordine omnes illas quæ in Nobilitate Vestra refulgent, virtutes enumerem? Ah! ne viribus fortasse meis gravius onus assumere videar, liceat saltem eximias illas animi dotes mirari, nunquam oblivisci : sique mea demum pertenuis dicendi facultas cesset loqui, corde tamen et animo Nobilitati Vestræ addictissimo, venerabundus adimpleam. Interim ignoscat, oro et obtestor, Nobilitas Vestra, Inclyti Patriæ Patres, si hosce meos vobis versiculos consecrare non dubitem : Bohemiæ terræ nutricis meæ, ex animi gratitudine, laudes canere tentavi : ipsius fidelitatem et animi magnitudinem, ipsius imprimis recentissimam mensis Augusti proxime elapsi, historiam decantavi : hinc quasi via quadam naturali, non potui non loqui de Celeberrimis ac Nobilissimis Regni Bohemi Statibus, de Augustissimo Imperatore Nostro, de insignibus tum civili, tum militari guberniis, de Immortali archiduce Carolo, et tandem de pluribus præstantissimis ac necessariis Bohemiæ Individuis.

Indignum quidem ac debile, non autem ex sese, sed ex mente æstimandum, observantis nec non memoris animi, voveo monumentum; quod si vestra, qua præstatis incredibili, exceperit benignitas, tunc me, ad præclaras Nobilitatis Vestræ celebrandas virtutes, ineptum, aptiorem quondam, magis ac magis impellet ac stimulabit.

Interea Deus Optimus Maximus Nobilitatem Vestram, Inclyti Patriæ Patres, Bohemiæ diu servet incolumem; quod ut ex voto fiat, non deerit, qui de suis ad vestros annos addere sincere cupiat; talis est Nobilitatis Vestræ, Inclyti Patriæ Patres,

Famulorum obsequentissimus subditorumque humillimus

ALANUS DUMOULIN.

Presbyter ecclesiasticus Gallus, parochus in Grand-Ergué, diœcesis Corisopitentis (gallice Quimper) in Britannia minori, Seminarii Episcop. ex-director, et collationum Theologicarum Præses olim, nunc vero Religionis causa exul.

Pragæ Bohemorum, die decima novembris, anno salutis reparatæ 1796.

LAUS BOHEMIÆ

Hispanos alii, Turcas, Græcos ve vel Indos
Laudibus exaltent, et eos ad sydera tollant;
Quid tibi, Musa? sile : ducit sua quemque voluntas :
An variis variæ dotes non gentibus insunt?
Thura sua, ast meritis, dantem laudoque, proboque.
Istis, Musa, tace populis; tu justa labores.
Laudaturus ego gentem pro viribus insto.
Hoc Themis, hoc Helicon, hoc totus præcipit æther.
Expulsum patria, miserum me sumpsit in ulnas
Gens generosa... Dei nutritque fovetque ministrum.
Terra Bohema!... meæ, genitrix, narratio laudis!
Sed procul hinc vesana, procul laudatio mendax;
Mos est cuique probo scriptori, vera fateri.
Incipe, Musa; mihi fer opem, succurat Apollo.
Sit mea vena, precor, facunda; sit aurea lingua,
Ut te digna canam, ut scribam dignissima Phœbo.
Multaviæ ad ripas urbs triplex nomine Praga,
Surgit et antiqui est Regni Regina caputque.
Candidus in signum, gemino Leo verbere caudæ :
Salve, Praga, mihi Bona, nobilis, alma, venusta,
Urbs pia... stes, donec fluctus formica marinos
Ebibat, et totum testudo perambulet orbem.
Hæc caput est regni cui Slavo-Bohemia nomen,
Religionis amans, ac ipsi firmiter hærens :
Ipsius in Christum multis tentata periclis
Pura fides remanet, solum illud numen adorat
Hæc pia gens... pia tu dilecta, Bohemia, Christo.
Fertilis hæc tellus, posset benedicta vocari;
Herbæ, frumentum, fructusque, legumina, flores,
Pampinus et lignum et pisces nascuntur in illa;

Stamina, vestitus, carnes et cætera donat.
Nobilis hæc fama, multis celebratur in oris :
Quæ plaga, quæ regio scythicæ sub frigore zonæ,
Non armis tentata suis, non victa remansit?
Victi quot populi Czechis solvere tributum?
Dicite, vicinæ solæ, vos dicite, gentes :
Prussia cum Lechis, Gottmania, Dania, Sueci,
An non terrorem vobis movere Bohemi?
Et ne hostes fierent, quoties, fecistis amicos?
Itala gens, quoties, dic, de te Czechia victrix?
Dic nobis, quoties pavitans, veniente Bohemo,
Clausisti timidos intra tua mœnia Cives?
Urbs quædam meminit, non hausit pocula Lethes [1].
Certa fides : nullis, Czechis nisi, vincitur armis
Czechus : et in patria Czechum gens nulla subegit.
Testis erit turbæ fax et dux Ziska rebellis.
Nostra viros genuit, docuitque Bohemia multos,
Artibus instructos, rerum fandique peritos;
Pluribus ipsa dedit magnis heroibus ortum.
Id patet Hesperiæ volventi facta vetustæ;
Id docet antiquis memorans narratio fastis.
Omne retro sæculum loquitur de gente Deoque
Et regni firma, belloque et pace fideli;
Sæpius in regno duplex hæc causa tumultus
Obstitit obsequiis; at Czechia casta revixit.
Auguror hæc : Regis semper mandata sequetur.
Hæc mea mens : veris nunquam valedicit amicis :
Hoc spero : verum semper zelabit honorem;
Hoc credo : a vera nunquam separabitur ara.
Susceptus Pragæ gremio, mea Musa Bohema est;
Regi devinctus, mea sacro carmina Regi;
Incipe nunc cantus, soror o pragena, Bohemos.
Desine, vana, tuos, Hellas, attollere reges;
Et tu, Troja, tuos : nobis est Hector et Ajax :

[1] *Urbs Mediolanum.*

Est etiam Aenas, simul ac invictus Achilles.
Deliciæ, Titus Rex, Rexque paterque suorum;
Quilibet imperii est, illo regnante, beatus.
Jussa suis, sed amantibus atque volentibus, offert
Imperiis : sapiens florentia regna tuetur.
Vivat io, Cæsar! memorique hoc carmine regnet!
Te, Francisce, loquor; parce, ah! parce, inclyte Princeps.
Carmine ne lædam, Regem laudare cavebo.
Hoc tamen, et te invito, meque tacente, patebit,
Est amor, est studium Czechi; Regisque duo unum;
Tu nos totus amas, a nobis totus amaris.
Est tibi nunc quidam, latitans ænigma, Minister,
Quem nullus novit, nec definire valebit,
Aspicit hunc Gallus, nec Gallus percipit illum;
Hunc legit et Prussus, sed non cognoscere compar;
Turca hunc scrutatur, sed nondum Turcia noscit;
Hispanus frustra penetrare arcana laborat.
Europe meditatur eum, frustata laborem;
Ergo virum merito debent ænigma vocare.
Vos regni Statuum, præstantia membra Bohemi;
Vos, Patriæ Patres, clarissima lumina regni;
Vos tandem, patriæ sanctissima jura tuentes,
Alloquor : optarem vobis dare munere laudum
Debita : quanta seges vobis debetur honoris!
Candida Musa pios vestros laudare labores
Nititur impatiens... iterum succurat Apollo.
An licet in magnis, exemplis grandibus uti?
Ergo status dabitur merito assimilare Bohemos
Multaviæ fluvio : nullo discrimine distant.
Moldava perpetuo currit, nec deserit urbem :
Pertransit Pragam, Pragæque affixus inhæret :
Continuo per rura fluit, nec rura relinquit;
Rure fluat vel in urbe, tamen rus ditat et urbem.
Utilis est igitur gradiens, et Moldava fixus.
Non aliud videas Statuum patrare Patratos :
Quolibet huc veniunt, abeunt hinc quolibet anno :

Collecti aut sparsi, tamen usque morantur in urbe;
Vivit concilium, Statuum immortalis imago.
Moldava ni flueret, misera esset Praga necesse est;
Regno deme Status, it pessum patria tota;
Quidquid agant, patriæ prosunt, et munera donant;
Nobile propterea regni tutamen habentur.
Vobis semper honos, queis est collata potestas :
Vobis semper honos, quorum stat fœdere regnum;
Vobis semper honos, nostri estis gloria regni;
Vobis semper honos, pœnarum est dulce levamen :
Talis honos vestri merces est justa laboris.
Semper honos patriæ, nullo delebilis ævo,
Semper honos patriæ, nomen celebratur in orbe;
Usque salus patriæ; generosis fausta Bohemis :
Nomen in æternis Czechi indelebile fastis;
Pectoris est memoris votorum summa, caputque.
Vivit in urbe Comes [1] legum Servator et æqui,
Burgravius, Themiris proles, dilectio nostri;
Regia perfecte jamdudum munera complet.
Ah! utinam referat Francisco hæc verba Secundo!
Quisquis respirat Pragæ, te, Cæsar, adorat;
Omne tibi hoc regno vegetans respirat amorem.
Doctorum [2] hic cœtum sapientia sede locavit.
Hanc tria nobilitant; ponuntque in laude per orbem.
Pluribus ante actis multo est antiquior ævis.
Conspicuos numero et fama formavit alumnos;
Pura est, pura fuit doctrina, et pura manebit.
Prisca igitur, celebris, casta est academia Pragæ.
Eloquar an sileam? Latet : hoc incumbit agendum.
Elogium faciam, sed nil de Præsule dicam;
Namque silere jubet; sed eum laudabo silendo.
Maxima laus laudanda viri! sed laudibus obstat.
At nomen pandam! Salm-Salm est : omnia dixi :

[1] *D. Exc. Comes de Stampach.*
[2] *Universistas Pragæ.*

Inclyte Præsul, habes in te compendia laudis.
Historiam [1], Clio, nobis deprome recentem.
Audi, posteritas; hujus non fabula mater.
Nunc mihi, Calliope, vocem concede sonoram,
Ut valeam regnum digne cantare Bohemum,
Ipsius et famam et laudes celebrare per orbem.
Præsentis laudator ego, non temporis acti.
Nuper abhinc meriti ducebant fausta Bohemi
Tempora : et officio propensus quisque studebat;
Cum subito furibundus adest in finibus hostis.
Gens tremit... at quid ego! gens tota stat, infremit, horret;
Corda furunt tacito, cupiuntque capere jussa,
Quæ jus fasque darent tutari arasque focosque;
Non ardor gentem, non spes generosa fefellit.
Quis fuit ille hostis? quid nostra a gente petebat?
Hostis erat Gallus, prædo vesanus et atrox :
Gallus anhelabat, solio detrudere Regem.
O Galle insipiens! quæ te dementia cepit?
Pone modum brevibus furiis : hæc certa furoris
Argumenta tui, aut vacuæ deliria mentis,
Aut sunt signa animi æterna caligine septi.
Si nutent Aquillæ, vel nostri signa Leonis,
Omnis in arma ruet gens docta subire pericla;
Moldava cum Rheno, remeatque et turbidus Ister.
Ut Rex insultus patriæ et minitantia vidit,
Arma... meos, dixit, gladio succingite Czechos;
Spes mea, Czechiadæ, patriam defendite ferro.
Macti animis : tactique loci natalis amore,
Surgite : vestra fides facta est spes nostra, Bohemi :
In Belli veteres animos consurgite vestros :
Sit nova nunc vobis virtus; sit digna Bohemis;
Gallia non noscit vestras in prælia vires;
Eia, agite, Heroes, et sitis Cæsare digni!
Galli non poterunt armis obsistere vestris,

[1] *Historia Bohemiæ recentissima.*

Nec regni aerios ferro conscendere montes.
Gallorum innumeræ veniunt ad fata catervæ :
Currite quo patriæ, quo vos oracula Regis
Et quo facta vocant; animum victoria fortem
Certa manet; patrios nunc custodite penates :
Albus ubique Leo vigeat, nomenque Bohemum.
Vestræ est, Czechiadæ, prima hæc victoria palmæ.
Surgite, currite, vincite, cœdite, pellite Gallum;
Monstrum infame, horrens, totum cui lumen ademptum :
Ad prædas præceps, mature ad funera velox.
Iste novo jugulum Regis mucrone resolvit :
Proh scelus! o dignas flammis plumbique liquentis
Rore manus! sol... huic nunquam des lumina genti!
Talia Rex dixit, juvenesque ad bella vocavit.
O Regis vocem! o patriæ miracula vocis!
O sacra vox patriæ! vox laudis, vox que salutis!
Sponte sua mentes hominum, non fraude reguntur.
Regi dicta refert Czechus... tua sarcina Cæsar,
Et levis et grata, et leges tractabile pondus!
Quisque Bohemorum ad pugnam promptissimus ibit.
Major Alexandro es, Francisce, et Cæsare major.
Franciscus totum sub leges mitteret orbem.
Vivat, io, Cæsar, felicia tempora ducat!
O Cæsar! quantum te laudet ametque Bohemus,
Esse, velim, memorem! tu nostræ gaudia vitæ.
Illico festinans, gaudens ardensque juventus;
Illico nobilitas generosa impleverat urbem.
Credat posteritas : juvenum inflammata caterva
Major erat : pluresque ad agros remeare jubentur.
Certa fides : puerosque pater, famulosque colonus
Excitat ad bellum, genitor natum induit armis.
I nunc, fili, ait, i : vexilla sequare Leonis :
I celer, i rapidus; te dignum ostende parente :
Nonne vides Carolum? qui non hunc aspicit, errat;
Dux ævi viridis, germen virtutis avitæ;
Dux ruet in medias flammas; sit in igne Bohemus.

Sublevat hic socios et semper laude coronat.
Quæ clades metuenda tibi, dum pugnat Olympus
Pro Patria? ille probo semper dat habere salutem :
An latet ad fines Gallum quæ causa vocarit?
En, ait, æquales vobis fortuna coronas
Præparat... at regni et Romæ monumenta vetustæ
Evertet; tolletque sacræ mysteria Romæ;
Auferet hinc Jesum, scelerisque insignia ponet;
I, fili, i; valeas : vincas, purissime sanguis
Et nostri fortuna ævi; sis noster Achilles;
Incendens animum flagret mavortius ardor;
I, pete Parisios, pollutam cædibus urbem,
Natantem multo natorum sanguine sedem.
Jamque excita locis glomeratur ad arma juventus;
Obvius huic volitans civis, sua brachia pandit :
Lætus fraterno dat circum brachia collo.
Huic patet hospitium, danturque viatica vitæ;
Aptantur gratis vestes et bellica signa.
Hic labor est civis; crebrescunt agmina fœtu
Multiplicata suo... qui miles cingitur armis.
Ipse pater civis... quis? Steiner... amabile nomen!
Hic decus urbis, amant hunc toto pectore cives!
Incitat ipse animos pretiis et munera ponit.
Audi posteritas, quid præsens fecerit ætas!
Quid video?... Comitem venerando munere clarum [1]
Cui cura est punire malum et defendere justum.
Quid facit?... in patriam puro correptus amore,
Cantibus et ludis animos hilarare laborat;
Inflectit juvenum blanda dulcedine mentem,
Et sic terrificas valuit conjungere turmas;
Ardentes hilaris comitatur ubique catervas,
Queis, duce Terpsichore, callem monstravit honoris;
Sic fuit hic patriæ, rebus solamen in arctis.
Illico multivolæ properant ad arma catervæ.

[1] *D. Comes Jos. de Wratislaw urbis capitaneus.*

Et viduas matres, fratresque, laresque relinquunt.
Arma juventa rapit : mavortia signa moventur :
Primus honos Aquilæ, primusque deinde Leoni ;
Agmina densantur juvenum : gradus omnibus idem :
Et si terra viam negat, illico in æthera surgent ;
Pennas namque Bohemus habet... mox pergit ad hostem :
Et levis et rabida it, curritque volatque juventus,
Per riguos saltus, per præcipitantia saxa,
Per montes, per aquas, saltu vel forte volatu ;
Audax, intrepidus procul olfacit arma Bohemus...
Fama volat, Gallique modo pervenit ad aures ;
Hoc stupet audito Gallus, metuitque tremitque...
Obstupuit patria et cessavit bella timere ;
Fabula quod quondam, quod mendax finxit aruspex,
Est minus ante oculos, quam quod gessere Bohemi.
Interea populus gemebundus templa frequentat ;
Atque crucem, genibus flexis, tremefactus adorat ;
Quisque pio, famulante Deo, ferit æthera cantu ;
Hinc illinc plateæ lacrymis precibusque resultant.
Vera loquor : lacrymæ et cantus miscentur in unum.
Hæc ait illacrymans populus, gemitusque ciendo :
Alme Parens, tu sola salus ! miserere tuorum,
Quos fera terribili conterrent arma tumultu ;
Afflictis liceat per te, sperare salutem.
Digneris rabidum a nobis avertere Gallum.
O Deus omnipotens, fidentibus annue votis !
Respice placatus patriam ; miserere, precamur !
Parce tuis : fer opem et promptus succurre timori ;
Si tu pro nobis, quis contra obstare valebit ?
Quisque cupit motus sacra pietate Bohemus
Regna tibi soli : pro te moriemur at ulti...
Galla lues, tu cede Deo, tu cede Bohemis !
Regia progenies atavæ pietatis amatrix
Vivit in urbe, Deo dilecta et cara Bohemis :
Ipsa suos pietas cui larga infudit honores.

Hæc, virtusque Comes [1], Gallo graviora minante,
Multa supervolens, Judith pomæria linquit.
Vota facit : cervix Holophernis victima voti ;
Illa sacri, ut Moyses, conscendens culmina montis.
Sic ait : O Deus omnipotens, rogo, parce Bohemis !
Est tuus, estque meus populus, mihi namque dedisti.
An patiere meam maculari sanguine terram ?
Aut populo parcas, aut vivam me exue vita...
Hæc ait, atque domum confisa et læta revertit,
Omnibus ingeminans... : victus modo Gallus abibit.
Dux animi præstans, annis spectandus et armis,
Lauris conspicuus, fama super æthera notus,
Heros magnanimus, nostris in mœnibus adstat ;
Denique Bender adest, quid, eo præsente, timetis ?
Vivite nunc placidi, dempto terrore, Bohemi ;
Sollicite vigilat vestræ Marianna saluti ;
Ista suis precibus cœlestes temperat iras,
Iratumque Deum vobis effecit amicum.
O cœli, Marianna, favor ! tua vita tonanti ;
Et tua norma placet, mores, pietasque, pudorque !
Interea Carolus campum petit : agmine facto,
Excitat armiferos, primusque accingitur armis :
Aggreditur properans, pellit, ferit, immolat hostem ;
Sic vaga syderei festinant lumina mundi :
Sic quoque terrificum præceps ruit ære fulmen.
Ut lepus ad Rhenum, pavidus præcepsque recedit
Gallus, et ad stygias cunctator mittitur undas...
Hæc sunt certa Dei, Dux inclyte, signa favoris.
Sydera te divi comitantur quinque Johannis ;
Te Winceslai cœlestia scuta tuentur,
Et tibi ter geminus dux-custos Angelus adstat.
Posteritas nomen cunctis memorabile terris
Sera canet merito, sicque immortale manebit.

[1] *D. Excel. Comes de Boland. suprema Magistra.*

Gallia Carl-magnum, Carolum Germania quintum
Te vocat; at noster Carolus fis compar utrique.
Heros tu Heroum! talem non fabula finxit,
Non anni, qui quinque tibi quinquennia nec sunt;
Noster Achilles eris, prudens Franciscus Ulisses;
Francisco Caroloque simul sociata potestas;
Archiducesque duo centrum commune tuentur;
Hic amor, ille timor, fratres miscentur in unum.
Ibunt ad seros, o Praga, hæc facta nepotes!
Atque hanc historiam ventura docebitur ætas :
Credet posteritas fieri miracula posse
Imperio patrata tuo... dicenda supersunt
Plura mihi : dabitur sermonis gratior hora,
Cum vos, o Juvenes, conspersos pulvere belli
Patria suscipiet : tunc rursus Musa loquetur.
Persolvi meritas præsenti Carmine, grates;
His si versiculis (absit) suffragia desint;
Hic tamen, hic vera ex vero sum corde locutus :
Non laudator ego vitiorum sordidus unquam :
Nunquam Musa malos canere aut sufferre valebit.
Non nisi promeritis veniam dans thuris honores.

A. D. P. G.

ÉLOGE

DU ROYAUME

DE BOHÊME

DÉDIÉ

A LA NATION BOHÉMIENNE

sous les auspices

DES TRÈS-ILLUSTRES

et

TRÈS-NOBLES SEIGNEURS

DES ÉTATS

du Royaume.

PRAGUE 1797

Imprimerie des héritiers Hrabian.

AUX

TRÈS-NOBLES

ET

TRÈS-ILLUSTRES

PÈRES

DES ÉTATS DE BOHÊME.

O que je serais heureux, illustres Pères de la patrie, si le dévouement et la profonde vénération dont je suis plein pour vos nobles personnes, donnaient à mon esprit assez de vigueur et de force pour exprimer toute la reconnaissance que je vous dois !

Aussi bien, n'ai-je rien de plus à cœur, rien ne pourrait m'arriver de plus heureux que de mériter votre bienveillante approbation dans la composition des vers que je vous consacre. J'aime à le dire, illustres Pères de la patrie, tant que je vivrai, rien ne me sera plus cher que de pouvoir louer et révérer les diverses et admirables qualités qui brillent en vos nobles personnes et en toute la nation bohémienne ; portées par la renommée à la connaissance de tous les peuples, ces qualités sont à juste titre célébrées partout ; et c'est en vain que j'essaierais de les retracer. Vous faites en effet connaître à tous, bien que malgré vous, illustres Pères de la patrie, toutes les remarquables vertus qui vous distinguent. Comment donc louer vos nobles personnes, à moins de vous considérer et de vous vénérer comme le temple de la science et de la sagesse, l'exemple du travail, l'asile de la bienveillance, le sanctuaire de la justice et de la piété, l'autel de toutes les vertus ?

Que dirai-je donc de plus ou qu'ai-je besoin d'énumérer plus longuement toutes ces vertus qui rehaussent vos nobles personnes ? Ah ! pour que je ne paraisse pas assumer sur moi un fardeau trop lourd pour ma faiblesse, qu'il me soit permis au moins d'admirer ces excellentes qualités de l'âme et de ne les jamais oublier ; et si jamais mon impuissante parole cessait d'exprimer mes sentiments, puissé-je remplir toujours ce devoir d'une manière respectueuse, avec un cœur et un esprit qui vous sont tout dévoués.

Cependant, illustres Pères de la patrie, je vous prie et supplie, pardonnez-moi si j'ose vous consacrer ces vers.

J'ai entrepris, par un sentiment de gratitude, de chanter les louanges de la terre de Bohême, ma nourrice ; j'ai chanté sa fidélité, sa grandeur d'âme et surtout sa très-récente histoire du mois d'août dernier. De là, comme par une pente naturelle, j'ai été entraîné à parler des très-célèbres et très-nobles États du royaume de Bohême, de notre très-auguste empereur, des deux illustres gouvernements, tant civils que militaires, de l'immortel archiduc Charles, et enfin de plusieurs personnages très-éminents et très-influents de la Bohême.

Il est indigne, sans doute, et bien petit le monument que je vous dédie ; mais il ne faut pas l'estimer en lui-même ; appréciez-le plutôt d'après le sentiment de vive gratitude qui l'inspire. Que si, dans votre extrême bienveillance, vous daignez l'accepter, alors, tout inhabile que je suis pour célébrer vos belles vertus, je me sentirai non-seulement plus apte, mais de plus en plus encouragé et stimulé.

Maintenant, que le Dieu très-bon et très-grand conserve longtemps vos nobles personnes, illustres Pères de la patrie ; et, pour que ce vœu fût exaucé, il est quelqu'un qui désirerait sincèrement ajouter à vos années en prenant sur les siennes ; c'est, illustres Pères de la patrie,

De vos nobles personnes,

Le plus obéissant serviteur
et le plus humble sujet,

ALAIN DUMOULIN.

Ecclésiastique, prêtre français, recteur du Grand-Ergué, au diocèse de Quimper, dans la Basse-Bretagne ; jadis directeur du Séminaire Épiscopal, ancien président des conférences théologiques et aujourd'hui exilé, à cause de la Religion.

A Prague de Bohême, le dixième jour de novembre, en l'an de grâce 1796.

ÉLOGE DE LA BOHÊME

Que d'autres exaltent par leurs louanges et portent jusqu'aux nues les Espagnols, les Turcs, les Grecs, les Indiens ; que t'importe, ô Muse ! Garde le silence ; chacun suit sa volonté. Est-ce que les diverses nations n'ont pas des qualités différentes ! Je loue et j'approuve celui qui offre son encens au mérite. Passe, ô Muse, ces peuples sous silence, tu as un acte de justice à accomplir.

Je vais louer, suivant mes forces, une autre nation. Thémis, Hélicon, le ciel tout entier me le commandent.

J'étais expulsé de ma patrie : malheureux, cette généreuse nation m'a pris dans ses bras... Le terre de Bohême nourrit et entretient le ministre de Dieu !... O toi qui es ma mère, c'est toi que je veux louer ! Mais loin d'ici la louange basse et mensongère : l'écrivain honnête ne célèbre que la vérité.

Commence, Muse ; donne-moi ton aide, qu'Apollon me secoure ! Que ma veine soit féconde, que ma langue soit d'or, afin que mes chants soient dignes de toi, et ma poésie surtout digne de Phébus.

Sur les bords de la Moldau s'élève une triple cité [1] appelée Prague, capitale et reine d'un antique royaume. Elle a pour armes un lion d'argent dont la queue se bifurque et retombe en sautoir. Salut, Prague, cité si bonne pour moi, ville illustre, vénérée, agréable et pieuse... Demeure jusqu'à ce que la fourmi ait bu les flots de la mer, jusqu'à ce que la tortue ait fait le tour de l'univers.

Capitale du royaume Slave-Bohême, cette ville aime la religion qu'elle conserve avec ardeur. Malgré beaucoup d'attaques, sa foi

[1] La ville est partagée en trois : la vieille ville, la ville neuve et la petite. (*Note de l'éditeur.*)

en Jésus-Christ est restée pure : le peuple, en sa ferveur, n'adore aucun autre Dieu... Ta piété, ô Bohême, te rend chère au Christ.

Cette terre fertile pourrait être appelée une terre bénie; l'herbe, le blé, les fruits, les légumes, les fleurs, la vigne, le bois, les poissons y naissent ; elle donne du fil, des étoffes, du bétail et toutes les autres productions. Sa glorieuse réputation est célébrée sur beaucoup de rivages. Quelle est la plage, quelle est la région de la froide Scythie qui n'ait subi le choc de ses armes et n'ait été vaincue par elle? Que de peuples subjugués ont payé le tribut aux Tchèkhes [1]. Dites-le, vous seules, nations voisines : Prusse, peuples des bords du Lech, pays des Goths, Danemark, et Suèves, est-ce que les Bohémiens ne vous ont pas inspiré de la terreur? Que de fois, afin de ne point les avoir pour ennemis, vous avez fait amitié avec eux! Nation italienne, dis-le, que de fois tu as été vaincue par les Tchèkhes? Dis-le-nous, que de fois tremblante à l'arrivée du Bohémien, tu as renfermé dans les murs de tes villes tes citoyens timides? Une de ces villes [2] s'en souvient surtout, car elle n'a pas bu aux eaux du Léthé [3].

Oui, il est vrai de le dire : le Tchèkhe n'est jamais vaincu, à moins que ce ne soit par les armes du Tchèkhe lui-même; et dans sa patrie, jamais aucune nation n'a pu le subjuguer. Témoins les vains efforts d'une troupe de factieux conduits par le rebelle Ziska [4].

Notre Bohême a produit plusieurs hommes versés dans les arts et doués du talent de bien dire; elle a donné le jour à plusieurs illustres héros. On le voit, en parcourant l'histoire de l'antique Hespérie; on l'apprend, au récit de ses beaux faits d'armes.

Tout le siècle passé parle de cette forte nation fidèle à Dieu et à son roi, en temps de guerre comme en temps de paix : double cause qui, dans le royaume, a opposé un rempart aux tentatives

[1] *Tchèkhes*, *Zechs* ou *Slaves*. (*Note de l'éditeur.*)

[2] La ville de Milan.

[3] Fleuve des enfers dont les eaux avaient la vertu de faire oublier le passé. (*Note de l'éditeur.*)

[4] Chef de la révolte, qui voulut fomenter la guerre civile dans le royaume. Apôtre des idées de Jean Huss et de Jérôme de Prague. (*Note de l'éditeur.*)

de la révolution, toujours impuissante devant l'admirable fidélité du pays tchèkhe. Je le sens, il obéira toujours aux ordres du roi : j'en suis assuré, il ne dit jamais adieu à ses vrais amis : je l'espère, il recherchera toujours le véritable honneur : j'en ai la confiance, jamais il ne se séparera de l'autel de la vérité.

Recueilli dans le sein de Prague, ma Muse est Bohémienne. Dévoué et attaché au roi, mes vers appartiennent à sa personne sacrée. Maintenant commence tes chants bohémiens, ô ma sœur de Prague. Cessez de vanter inutilement vos rois, ô Hellade et Troie ; nous avons un Hector et un Ajax ; nous avons aussi un Enée et un invincible Achille. Nouveau Titus, notre roi fait les délices de son peuple dont il est le père ; chacun est heureux sous son règne. Il propose ses lois aux états de son empire qui les aiment et les acceptent très-volontiers. Vivez, ô César ! régnez dans ce chant reconnaissant ! C'est de vous, François, que je parle ; pardon, ô pardon, illustre prince ! De crainte de l'offenser par mes vers, je me garderai de louer le roi. Il est cependant une chose qui, malgré vous et malgré mon silence, se manifestera ; c'est l'amour dévoué que vous porte le Tchèkhe : c'est le spectacle d'un roi ne faisant qu'un avec son peuple ; oui, vous nous aimez de tout votre cœur ; nous vous portons un pareil amour.

Vous avez maintenant un ministre qui est pour tout le monde une énigme cachée, que personne ne connaît, que personne ne pourra définir : le français le regarde et ne le comprend pas ; le prussien le lit sans pouvoir l'expliquer ; le turc le scrute, mais la Turquie ne le connaît pas encore ; en vain l'espagnol essaie-t-il de pénétrer ses secrets. L'Europe l'étudie et le sonde, mais inutilement ; c'est donc avec raison qu'on doit appeler cet homme une énigme.

Maintenant c'est à vous que je m'adresse, illustres membres des États du royaume de Bohême ; Pères de la patrie, brillantes lumières du royaume ; vous enfin qui défendez les droits sacrés de la patrie ; je voudrais vous payer le tribut de louanges que vous méritez : quelle moisson d'honneur et de gloire vous est due ! Ma Muse ingénue est impatiente de louer vos travaux..... Qu'Apollon lui vienne de nouveau en aide !

N'est-il pas permis pour représenter les grandes choses de se servir de grands exemples ? Qu'on me permette donc de comparer (et cela avec raison,) les états de Bohême au fleuve de la Moldau ; il n'y a entre eux aucune différence. La Moldau coule toujours, sans abandonner la ville ; elle traverse Prague, et elle reste attachée à Prague ; elle parcourt sans cesse les campagnes, sans les délaisser jamais ; soit qu'elle baigne la campagne ou la ville, elle enrichit cependant l'une et l'autre. La Moldau est donc utile, soit qu'elle coule, soit qu'elle reste attachée à ses rives. Ainsi font les Pères de nos États. Chaque année, ils viennent ici ; chaque année ils s'en retournent ; réunis ou séparés, ils demeurent cependant toujours dans la ville. Cette assemblée toujours vivante est la représentation perpétuelle des États.

Si la Moldau interrompait son cours, Prague serait malheureuse ; qu'on prive le royaume des États, et la patrie tout entière en souffrira ; tout ce qu'ils font profite à la patrie et lui apporte du bien-être : aussi sont-ils regardés comme le noble soutien du royaume.

Honneur toujours à vous qui êtes revêtus du pouvoir ; honneur toujours à vous qui, par votre union, soutenez le royaume ; honneur toujours à vous qui êtes la gloire de notre pays ; honneur toujours à vous : oui, car cet honneur qui vous est rendu est un doux soulagement à vos peines, une juste récompense de vos travaux. Honneur toujours à la patrie que les siècles ne pourront jamais anéantir ; honneur toujours à la patrie dont le nom est célébré dans l'univers entier. Salut toujours à la patrie ; bonheur aux généreux enfants de la Bohême ; que le nom du Tchèkhe soit écrit en caractères ineffaçables dans les fastes de l'histoire ; tel est le résumé des vœux que forme pour lui mon cœur reconnaissant.

Il est dans la ville un comte [1], observateur des lois et de l'équité, burgrave, descendant de Thémire, notre bien-aimé ; il remplit parfaitement depuis longtemps déjà les fonctions royales. Ah ! puisse-t-il rapporter ces paroles à François II ! Tous les habi-

[1] D. Exc. Comte de Stampach.

tants de Prague vous vénèrent, ô César; tout ce qui a vie dans ce royaume respire votre amour.

La sagesse a placé ici une assemblée de docteurs [1] que trois choses ennoblissent et rendent glorieuse dans l'univers entier. Ancienne déjà, sa fondation remonte à plusieurs siècles. Elle a formé une multitude d'élèves qui se sont acquis un grand nom. Sa doctrine est pure, elle l'a toujours été, elle le sera toujours. Elle est donc vierge, l'antique et célèbre Académie de Prague. Dois-je parler ou me taire? Je n'en sais rien : mais j'ai ma tâche à remplir. Je louerai, mais je ne dirai rien du recteur de l'Université, car il m'ordonne de garder le silence; mais je ferai son éloge en me taisant. Il y aurait cependant une riche matière à louer cet homme qui s'oppose aux louanges. Mais je dévoilerai son nom! C'est Salm-Salm : j'ai tout dit; glorieux recteur, on trouve en vous le thême le plus fécond de la louange!

Fais-nous, Clio, le récit de l'histoire récente [2]. Écoute, postérité, la fable n'a pas engendré cette histoire. Maintenant, Calliope, accorde-moi une voix sonore, afin que je puisse chanter dignement le royaume de Bohême et célébrer dans le monde sa renommée et sa gloire. Je loue le temps présent et non le temps passé.

Naguère les Bohémiens vivaient justement heureux et tranquilles, et chacun vaquait de bon cœur à son devoir, lorsque tout à coup l'ennemi se présente furieux aux frontières. La nation tremble... Que dis-je? la nation tout entière se lève, frémit et frissonne; les cœurs s'émeuvent en silence, tous sont impatients de prendre les ordres qui leur donneront le droit de voler à la défense de leurs autels et de leurs foyers. Le pays ne fut trompé ni dans son ardeur ni dans ses généreuses espérances.

Quel fut cet ennemi? Que demandait-il à notre nation? L'ennemi, c'était le Français, ravisseur impitoyable et cruel. Le Français brûlait de détruire le culte du Christ; le Français brûlait de détrôner le roi.

[1] L'Université de Prague. Elle était si fréquentée au XVe siècle, et les écoliers étaient si nombreux, qu'on sonnait une cloche, un quart d'heure avant la sortie des classes, pour avertir les habitants de laisser les rues libres. (*Note de l'éditeur.*)

[2] Histoire très-récente de la Bohême.

O Français insensé ! quelle est ta démence ! Mets un terme à ta rage passagère ; ces preuves certaines de ta fureur sont ou l'indice d'un cerveau en délire, ou le signe d'un esprit enveloppé déjà des ténèbres éternelles. Si les aigles ou les enseignes de notre lion chancellent, toute une nation, habile à affronter le danger, prendra les armes ; il en sera ainsi : autrement, la Moldau, le Rhin et l'Ister limoneux remonteraient plutôt leur cours.

A la vue de cette insulte faite à la patrie et des armes menaçantes de l'ennemi, le roi s'écria : Ceignez, ô mes Tchèkhes, ceignez vos épées ; vous qui êtes mon espérance, Tchèkhes, défendez la patrie par le fer. Ayez bon courage et poussés par l'amour du pays natal, levez-vous ; votre fidélité fait notre espoir, ô Bohémiens ; reprenez pour le combat votre ancienne humeur guerrière : que votre vaillance soit nouvelle en ce moment ; qu'elle soit digne des Bohémiens ; la France ne connaît pas vos forces dans les batailles. Allons, en avant, héros, et soyez dignes de César ! Les Français ne pourront pas résister à vos armes : ils ne pourront point, par le glaive, se frayer un passage pour gravir nos montagnes aériennes. D'innombrables bataillons de Français viennent tenter le sort des combats : courez là où vous appellent la voix de la patrie, celle du roi, et le destin ; une victoire certaine attend votre noble courage, gardez vos foyers, gardez votre patrie. Que le lion blanc, que le nom bohémien triomphe partout. En remportant cette victoire, ô Tchèkhes, vous remporterez la plus belle de vos palmes. Levez-vous, courez, vainquez, frappez, chassez le Français, ce fléau redoutable, horrible, privé de la lumière de la saine raison, ardent au pillage, prompt à semer partout le trépas. Il vient, par un nouveau forfait, de donner la mort à son roi. O crime épouvantable ! O mains dignes du feu et du plomb fondu ! Soleil... n'éclaire jamais cette nation ! Il dit, et le roi appelle les jeunes gens au combat. O voix royale ! O prodigieux effet de la voix de la patrie ! O voix sacrée de la patrie ! voix de la gloire, voix du salut ! Tous obéissent spontanément à l'appel du roi ; on n'a pas besoin pour les entraîner de recourir à la fraude. Le Tchèkhe répond aux paroles de son prince... : le devoir que vous nous imposez, César, est doux et agréable ; l'ordre que vous nous donnez est un fardeau facile à porter ! Tous les Bohémiens iront promptement au combat. Vous êtes plus grand qu'Alexandre, ô François ; vous êtes plus grand que César ! François soumettrait l'univers entier à ses lois. Qu'il vive César, qu'il coule d'heureux jours ! O César, je voudrais que ma reconnaissance pour vous fût égale à l'estime et à l'affection que vous porte le Bohémien ! Vous faites le bonheur de notre vie.

En un instant, la jeunesse pleine d'empressement, de joie et d'ardeur ; en un instant, la noblesse généreuse avait rempli la ville. Que la postérité le croie : la troupe ardente des jeunes gens qui se présentaient était trop considérable, si bien que beaucoup d'entre eux reçurent l'ordre de retourner à leurs champs. Je dis vrai : le père excite ses enfants à la guerre, le colon ses serviteurs, le père revêt lui-même son enfant de ses armes. Va maintenant, dit-il, va mon fils : suis l'étendard du Lion ; va vite, va rapidement ; montre-toi digne de ton père : ne vois-tu pas Charles ? celui qui n'a pas le regard fixé sur lui s'égare ; chef de la jeunesse guerrière, héritier de la valeur de ses aïeux, il se précipitera au milieu du feu de l'ennemi ; que le Bohémien l'y suive. Il soutient ses compagnons d'armes et il les couronne toujours de gloire. Quelle défaite peux-tu redouter, puisque le ciel combat pour la patrie ? Il donne toujours le salut à celui qui a le bon droit de son côté : ne sait-on pas quelle cause a conduit le Français à nos frontières ? Voici, dit-il, que la fortune vous prépare d'égales couronnes... Mais notre ennemi renversera les monuments de Rome ancienne ; il enlèvera à Rome chrétienne ses mystères sacrés ; il en retirera l'image de Jésus pour lui substituer l'image du crime. Va, mon fils, va, porte-toi bien : sois victorieux, ô toi qui es le plus pur de notre sang, toi qui es notre fortune et l'espoir de notre vie ; sois notre Achille ; que l'ardeur guerrière anime ton courage et t'enflamme. Va, marche sur Paris, cette ville souillée de crimes, cette place qui nage dans le sang d'un grand nombre de ses enfants.

Recrutée de tous côtés, déjà la jeunesse prend en masse les armes ; les citoyens courent au-devant d'elle et lui ouvrant les bras, ils lui donnent avec effusion le baiser fraternel. On lui offre l'hospitalité et des vivres ; on lui fournit gratuitement les vêtements et les drapeaux guerriers. Telle est la part active que prend le citoyen à ce mouvement : les troupes multipliées s'augmentent d'elles-mêmes... chacun devient soldat, chacun prend les armes. Quel est ce père, quel est ce citoyen...? C'est Steiner... Nom aimable ! Cet homme est la gloire de la ville ; les citoyens l'aiment de tout leur cœur ! Il excite les esprits en offrant des récompenses et des présents. Ecoute, postérité, le récit de ce que firent nos contemporains ! Que vois-je ?... un comte remarquable par une charge qui impose à tous le respect [1] ; un homme à qui incombe le soin de punir le méchant et de défendre le juste : que fait-il?... Epris du pur amour de la patrie, il travaille à égayer les esprits par des chants et des jeux ; il s'empare de l'esprit des jeunes gens par son aimable douceur, et de cette manière, il parvient à réunir plusieurs bataillons de troupes redoutables. Le visage joyeux, il suit partout ces troupes ardentes, auxquelles, sous la conduite de Terpsichore, il montre le chemin de l'honneur. C'est ainsi que, dans ces circonstances difficiles, il soulagea la patrie.

Sur-le-champ, de nombreux essaims de citoyens courent aux armes, abandonnant l'un sa mère, l'autre sa veuve, des frères, tous leurs maisons. La jeunesse prend les armes ; les enseignes militaires s'avancent : en tête se montre l'aigle, puis vient le Lion. Formant un épais bataillon, ces jeunes guerriers marchent tous d'un pas égal ; et si la terre leur refusait le passage, ils s'élèveraient immédiatement dans les airs, car le Bohémien a des ailes... Bientôt, s'avançant vers l'ennemi, agiles et pleins d'ardeur, ils courent et s'élancent à travers les prairies humides, les rochers escarpés, les montagnes, les torrents qu'ils passent en faisant des bonds vigoureux et rapides comme le vol de l'oiseau ; audacieux et intrépide, le Bohémien n'aspire qu'après le moment d'en venir aux armes...

Le bruit de son arrivée se répand et parvient aux oreilles du Français ; à cette nouvelle, celui-ci demeure stupéfait, il craint et

[1] D. Comte Jos. De Wratislaw, capitaine de la ville.

il tremble... Etonnée de cette attitude de l'ennemi, la patrie cessa de redouter la guerre; les faits attribués jadis à leurs héros par la fable ou les aruspices ne sauraient représenter à nos yeux ce que firent alors les Bohémiens.

Pendant ce temps, le peuple gémissant remplit les églises et, saisi de frayeur, il adore la croix à deux genoux. Tous, sous le regard de Dieu, font retentir l'air de chants pieux; sur toutes les places publiques, on entend des sanglots et des prières. Je dis la vérité : les larmes et les chants se mêlent ensemble. Pleurant et gémissant, le peuple s'écrie : O Dieu Père, vous seul pouvez nous sauver! Ayez pitié de vos serviteurs que les armes d'ennemis cruels jettent dans un affreux tumulte; permettez aux affligés d'espérer leur salut par vous. Daignez écarter de nous le Français en délire. O Dieu tout-puissant, exaucez les vœux que nous vous adressons avec confiance! Regardez notre patrie d'un œil bienveillant; ayez pitié d'elle, nous vous en supplions. Epargnez vos enfants; secourez-nous et venez promptement en aide à notre crainte. Si vous êtes pour nous, qui pourra nous résister? Tous les Bohémiens, animés d'une sainte piété, ne désirent voir régner que vous seul : nous mourrons pour vous, mais nous mourrons vengés... Fléau que nous apporte le Français, cède à Dieu, cède aux Bohémiens.

Il est dans la ville une femme de sang royal, qui aime la piété de ses pères, aimée de Dieu et chérie des Bohémiens; elle doit à cette piété même les grands honneurs dont elle est entourée. A la vue des dangers dont les Français menacent son pays, cette princesse [1], la vertu même, prend une grande résolution : nouvelle Judith, elle sort de l'enceinte de la ville; elle adresse à Dieu des prières dont l'objet est d'obtenir la tête d'un autre Holopherne; montant, comme Moïse, au sommet d'une montagne désormais sacrée, elle s'écrie : O Dieu tout-puissant, je vous prie, épargnez les Bohémiens. Ce peuple est le vôtre, il est aussi le mien, car vous me l'avez donné; souffrirez-vous que mon pays soit souillé de sang? Ou épargnez mon peuple, ou enlevez-moi de cette

[1] D. Excel. Comtesse de Boland, souveraine maîtresse.

vie... Elle dit et, pleine de confiance, elle s'en retourna joyeuse dans son palais, répétant à tout le monde : *Bientôt le Français s'en ira vaincu.*

Un général plein de courage, vénéré pour son grand âge, non moins que pour ses exploits, couvert de lauriers, renommé jusqu'au delà du ciel, un héros magnanime, se tient dans nos murs : Bender, en un mot, est présent : que craignez-vous avec lui? Vivez maintenant tranquilles, ô Bohémiens, puisque vous êtes désormais sans terreur; Marie-Anne veille avec sollicitude à votre salut; par ses prières elle arrête la colère du ciel et nous rend l'amitié de Dieu irrité. O Marie-Anne, don précieux du ciel! votre vie, votre conduite, vos mœurs, votre piété, votre pureté plaisent au Dieu qui fait gronder la foudre!

Pendant ce temps, Charles a gagné la campagne : après avoir réuni ses troupes, il anime les soldats, prend le premier les armes, puis, attaquant immédiatement l'ennemi, il le repousse, le frappe et le taille en pièces. Ainsi l'on voit les étoiles précipiter leur course dans le ciel; telle on voit la foudre sillonner rapidement la nue et tomber. Comme le lièvre effrayé, ainsi le Français fuit tout tremblant vers le Rhin, et le fuyard attardé est précipité dans les eaux du Styx... Ce sont là, illustre général, des signes certains de la protection de Dieu. Les cinq étoiles de saint Jean [1] vous accompagnent, le bouclier céleste de Winceslas vous protége, les six anges gardiens du royaume sont avec vous et vous dirigent. La postérité la plus reculée célébrera partout votre nom justement glorieux et devenu à jamais immortel. La France vous appelle Charlemagne, l'Allemagne vous appelle Charles-Quint; mais vous êtes notre Charles, égal à tous les deux. Vous êtes le héros des héros! La fable n'en a pas imaginé de pareil; la valeur chez vous n'a pas attendu les années, puisque vous ne comptez pas encore vingt-cinq ans; vous serez notre Achille et le prudent François notre Ulysse.

Le pouvoir est partagé entre François et Charles; deux archiducs défendent le sceptre commun; l'un représente l'amour,

[1] Saint Jean Népomucène. (*Note de l'éditeur.*)

l'autre la crainte : c'est ainsi que deux frères sont unis ensemble pour le bien général. Ces faits, ô Prague, seront connus de vos arrière-neveux, et l'âge à venir apprendra cette histoire; la postérité croira que l'on a pu, sous votre empire, opérer de telles merveilles. Il me reste à dire beaucoup d'autres choses : j'aurai, ô jeunes guerriers, une plus belle occasion de parler, lorsque, couverts de la poussière des combats, vous retournerez dans votre patrie : alors ma muse parlera de nouveau.

J'ai payé, par ce chant, une dette de reconnaissance; si (ce qu'à Dieu ne plaise!) mes vers ne trouvaient pas de suffrages, je me consolerais cependant, parce que j'ai dit la vérité et que je l'ai dite avec un cœur vrai et sincère. Je ne m'abaisserai jamais à louer le vice : jamais ma muse ne pourra chanter ou supporter les méchants : jamais on ne me verra donner mon encens à ceux qui en sont indignes.

A. D. P. C.

DERNIERS MOMENTS

DE

M. L'ABBÉ RAGUÉNEZ

PRÊTRE DE CROZON

Mort pour la foi sur l'échafaud, à Quimper, le 12 avril 1794.

M. Raguénez, originaire de Crozon, fut arrêté sur cette paroisse même. Il était déguisé en paysan du pays; il fut trahi, dit-on, par la femme du ci-devant entreposeur de Crozon ou par l'entreposeur lui-même, et conduit à Quimper.

Il pouvait avoir alors trente et quelques années.

Dans le trajet de la prison à l'hôpital Sainte-Catherine où se tenaient les séances du tribunal, il marcha d'un pas ferme; il était escorté par la force armée; il avait un air modeste et content. Un peuple immense était répandu sur son passage : c'était le samedi des Rameaux, 12 avril 1794. Tant en allant au tribunal qu'en retournant en prison, il avait toujours la vue baissée. Au tribunal, son juge, des enfants duquel il avait été le précepteur, voulant le sauver, l'engagea à déclarer qu'il n'avait pas été fonctionnaire public, parce qu'il n'y avait de peine de mort que contre les fonctionnaires publics, mais ce fut inutilement. Il répondit qu'il l'avait été. Après qu'on eut entendu le témoignage de deux citoyens qui déclaraient reconnaître le prévenu pour être M. Raguénez, prêtre, il fut condamné à être guillotiné dans les vingt-quatre heures.

Le lendemain matin le juge criminel vint le voir en prison, causa quelque temps avec lui et le pria de lui pardonner sa mort. M. Raguénez lui saute au cou, l'embrasse et lui dit : « Oui, monsieur, je vous pardonne ma mort, et je souhaite que Dieu vous « la pardonne aussi. »

Il déjeuna bien tranquillement avec sa mère qui l'avait suivi à Quimper. Celle-ci voulait que son fils lui permît d'être présente à sa mort. M. Raguénez s'y refuse. Sa mère insiste en disant que la sainte Vierge avait bien été présente à la mort de son Fils. M. Raguénez répond avec un ton respectueux : « Ma mère, vous « ne savez ce que vous dites ; il n'y a nulle comparaison à faire « entre Dieu et la sainte Vierge et de misérables pécheurs comme « nous. En grâce, retirez-vous et donnez-moi le temps de me préparer à la mort. » — Sa mère prend congé de lui et sort aussitôt de la ville, bien contente, disait-elle, d'avoir un fils martyr.

Les gens du pays disent que M. Raguénez aurait ajouté, en embrassant sa mère pour la dernière fois : « Allez, ma mère, « quand vous arriverez au bourg de Crozon, les cloches sonneront « l'Angelus du soir ; elles vous annonceront la mort de votre fils. « Mais ne la pleurez pas ; chantez un *Te Deum* d'actions de grâces, « car j'espère être alors au ciel. »

A neuf heures (il fut exécuté plus tôt qu'on ne l'avait décidé) la force armée arriva à la prison pour le conduire à l'échafaud. Il marcha d'un pas si ferme et si fort qu'il étonna tous les spectateurs, même les plus grands scélérats.

Arrivé sur l'échafaud il se met à genoux, fait une courte prière, se lève avec courage, se dépouille lui-même de sa *veste* et se met sous la guillotine. Le couteau tombe et lui coupe à peu près la moitié du cou. M. Raguénez parle encore. Le bourreau lève le couteau et le laisse tomber une deuxième fois ; la tête n'était pas tout à fait détachée. Un général républicain, le plus grand scélérat peut-être qui ait paru sur le Finistère, était présent à la tête de sa troupe. Il détache tout à fait la tête d'un coup de sabre et dit : « C'est dommage que ce soit là un fanatique ; il n'y a pas de « républicain qui meure avec plus de courage. »

Le corps de M. Raguénez fut enterré dans le cimetière de Loc-Maria à Quimper. Le peuple qui connaissait et estimait ce saint prêtre avant de le vénérer comme martyr, a gardé de lui le plus pieux souvenir, si bien que les vieillards de Quimper parlent encore à leurs enfants de sa mort précieuse devant Dieu et devant les hommes.

N. B. — Ce récit a été fait d'après des notes laissées par M. l'abbé de Mauduit, curé de Crozon, en 1805.

NOTES

Note A.

Description de la presqu'île de Crozon, extraite de l'Oraison funèbre de Mgr Graveran, par M. de Léséleuc.

« A l'extrémité occidentale de l'ancien monde est une presqu'île abrupte qui, flanquée à distance par les pointes écumeuses du Raz et de Saint-Matthieu, s'avance fièrement au-devant des deux mers qui sapent nos rivages de granit. Des hauteurs qui la dominent, vous apercevez d'un seul coup d'œil, à droite, l'archipel d'Ouessant, avec sa célébrité pleine d'épouvante, et cette terrible ceinture de courants qui ont à peine besoin du secours de la tempête pour tordre et engloutir les navires; à gauche, l'île de Sein, avec ses mystérieux souvenirs de l'époque druidique, et son passage du Raz, que jamais petit ou grand vaisseau n'a franchi sans appeler la miséricorde divine pour le défendre contre cette espèce de toute puissance de la mer; devant vous, la mer immense, toute pleine de sinistres écueils, dont chacun doit son nom à quelque naufrage, et cependant mer que des milliers d'hommes affrontent chaque jour, armés du signe de la Croix et de la confiance en celui qui commande à la mer de servir les fils des hommes et de « bénir le Seigneur; » d'un côté la baie de Douarnenez, avec la ligne si gracieuse de ses beaux rivages et la mouvante industrie de ses infatigables pêcheurs; de l'autre cette rade de Brest, l'un des plus splendides asiles que la main de Dieu ait creusés aux escadres fatiguées de la lutte; sous les pieds de la montagne elle-même, Morgat et ses grottes indescriptibles, où la plus étonnante architecture s'échappait des mains de Dieu au milieu des jeux de la création [1]; enfin, comme pour clore ce

[1] *Ludens in orbe terrarum.* (Prov., VIII, 31.)

magnifique amphithéâtre, ici l'antique abbaye de Landevenec, encore tout illuminée de l'éclat que répandit dans notre ciel la pléiade des vieux saints d'Armorique; là cette autre abbaye de Saint-Matthieu, ruines aujourd'hui, hier encore, glorieux rendez-vous des grandes vertus et de la grande science. Telle est, mes frères, la presqu'île de Crozon, voilà quelque chose du grand spectacle que Dieu voulut placer sous les yeux de notre Pontife, après qu'il eut appris, à genoux aux pieds de sa mère, à dire : Notre Père, qui êtes aux cieux. En fallait-il autant pour développer dans cette âme, d'ailleurs si merveilleusement douée, le germe de cette vigueur et de cette élévation qui, d'un coup, établissent au-dessus du vulgaire les hommes que Dieu destine à gouverner. »

(*Oraison funèbre de Mgr Graveran*, par M. l'abbé De Léséleuc, p. 10 et 11.)

NOTE B.

Notice sur M. l'abbé Mével, par Monseigneur Graveran.

« M. Mével (Jean) naquit à Gouesnon, près Brest, le 23 avril 1790.

« Il fut placé de bonne heure dans le collége établi à Quimperlé par M. l'abbé de Calonne, et après quelques années marquées par de nombreux succès scolaires, il entrait le 1er octobre 1808 au Grand Séminaire de Quimper, pour y faire son cours de philosophie.

« L'intelligent et laborieux séminariste ne démentit pas sa jeune renommée, et se montra tout d'abord un brillant élève du bon abbé Costiou, professeur incomparable pour l'étonnante flexibilité de sa parole, et l'élégance soutenue de sa phrase latine.

« Mgr de Crouseilhes, comprenant tout ce que son diocèse devait attendre de M. Mével, l'envoya en août 1809 à Paris, dans l'établissement de M. l'abbé Liautard, qu'il dut quitter l'année suivante pour le séminaire de Saint-Sulpice, après avoir fait preuve d'une grande sagacité dans les études mathématiques.

« Dans cette maison, si renommée pour son enseignement théologique et sa discipline cléricale, il sut encore se placer aux premiers rangs, et fut chargé des modestes mais honorables fonctions de maître des conférences.

« Dès sa première jeunesse, ses condisciples aussi bien que ses maîtres avaient reconnu qu'à une conception prompte et facile, à un esprit supérieur, M. Mével joignait une gravité de mœurs, une prudence de conduite, une fermeté de caractère qui promettaient au clergé de son pays une lumière et un guide. Il semblait né pour le commandement et la direction.

« Aussi, en 1817, son évêque, suivant tout à la fois sa propre inspiration et l'avis du vénérable M. Duclos, supérieur-général de Saint-Sulpice, le plaçait-il à la tête de son grand séminaire, récemment transféré dans les bâtiments du Calvaire.

« Si l'on put d'abord éprouver quelque surprise en voyant un si lourd fardeau sur de si jeunes épaules, les résultats ne tardèrent pas à prouver que l'illustre prélat avait bien jugé, et que le nouveau chef de son séminaire n'était pas au-dessous de sa tâche.

« Plein de mesure, il gagna sans peine et conserva toujours la confiance, l'estime et l'affection de ses collaborateurs, tous jeunes comme lui. Affectueux lui-même pour les élèves du sanctuaire, mais vigilant et ferme, il sut leur inspirer le respect et la soumission, et maintenir la discipline, en faisant fleurir les études et la piété. Le clergé du diocèse le reconnut promptement, unanimement, et dès lors M. Mével, placé très-haut dans l'estime générale, se trouva en possession d'une influence qu'il a conservée jusqu'à la mort.

« A la fin de l'année 1826, sa santé, qui fut toujours très-mauvaise, le porta, au grand regret de son évêque, Mgr de Poulpiquet, à résigner des fonctions trop pénibles et à se décharger d'une sollicitude qui l'épuisait.

« Il reçut successivement le titre de chanoine de la cathédrale et des lettres de vicaire-général honoraire (sa modestie, alléguant sa santé, refusa itérativement celles de grand-vicaire titulaire).

« En novembre 1849, il fut délégué par le chapitre au concile de la province de Tours, célébré dans la ville de Rennes. Il faisait partie de la congrégation *de fide et doctrinâ*.

« Tel fut M. Mével. Par la sagesse supérieure avec laquelle il gouverna le séminaire, et depuis, par l'influence de ses lumières et de ses conseils, il a contribué, plus que tout autre, à maintenir et à fortifier dans le clergé du diocèse de Quimper l'esprit d'union, l'amour du travail, et une régularité secondaire.

« Sa personne étonnait par un double contraste : une application soutenue au travail avec une constitution tristement délabrée.

« L'air naturel et l'instinct du commandement avec une apparence chétive et grêle.

« M. Mével est mort le 13 août 1850. Son tombeau présente, sur un socle en granit blanchâtre, une suite d'arcades ogivales, relevées à la naissance des courbes par de petits chapiteaux sculptés en kersanton bleu, le tout couronné d'une corniche entablée, également en kersanton, sur laquelle repose, à quelques centimètres en contre-bas, la pierre qui porte l'inscription funéraire. L'intérieur du petit monument est entièrement évidé.

« Voici l'épitaphe :

XIII AVG. M D CCC L

D. O. M.

ET PIÆ MEMORIÆ

JOANNIS **MÉVEL** PRESBITERI

CANONICI

INSIGN. ECCLES. CORISOPIT.

ERAT VVLTVS HVMILIS

ET PRÆSENTIA CORPORIS INFIRMA

AT MIRANDA ANIMI FORTITVDO

ZELUS ARDENS

VT NEMO ADOLESCENTIAM EJVS

CONTEMPSERIT

CVM SACERDOTIO RECENS INITIATVS IPSE

MILITIÆ CLERICALIS INFORMANDÆ

ONVS PORTAVIT IMPOSITVM

IN PARTICIPATIS PRÆSVLVM CONSILIIS

PRVDENTEM

IN PERSOLVENDIS DEI LAVDIBVS

ASSIDVVM

IN ENVCLEANDIS MORVM QVÆSTIONIB.

DOCTVM ET SAGACEM

MORS NON IMPROVISA RAPVIT

INSTANTE VIGILIA IN CŒLOS

ASSVMPTÆ VIRGIN. DEIPARÆ

VIXIT

AN. LX., M. III., D. XXI

—

IN PACE

—

ALVMNI ET AMICI

MAGISTRO CARISSIMO

SACERDOTI BENE MERENTI.

† J.-M. [illegible] DE QUIMPER.

TABLE DES MATIÈRES

VIE DE Mgr GRAVERAN.

PREMIÈRE PARTIE.

DEUXIÈME PARTIE.

SON ÉPISCOPAT.

TROISIÈME PARTIE.

SA VIE PRIVÉE.

APPENDICE.

NOTICE SUR M. L'ABBÉ DUMOULIN.

NOTES.

FIN DE LA TABLE.

ANGERS, IMPRIMERIE P. LACHÈSE, BELLEUVRE ET DOLBEAU.

Angers, imprimerie de P. Lachèse, Belleuvre et Dolbeau.

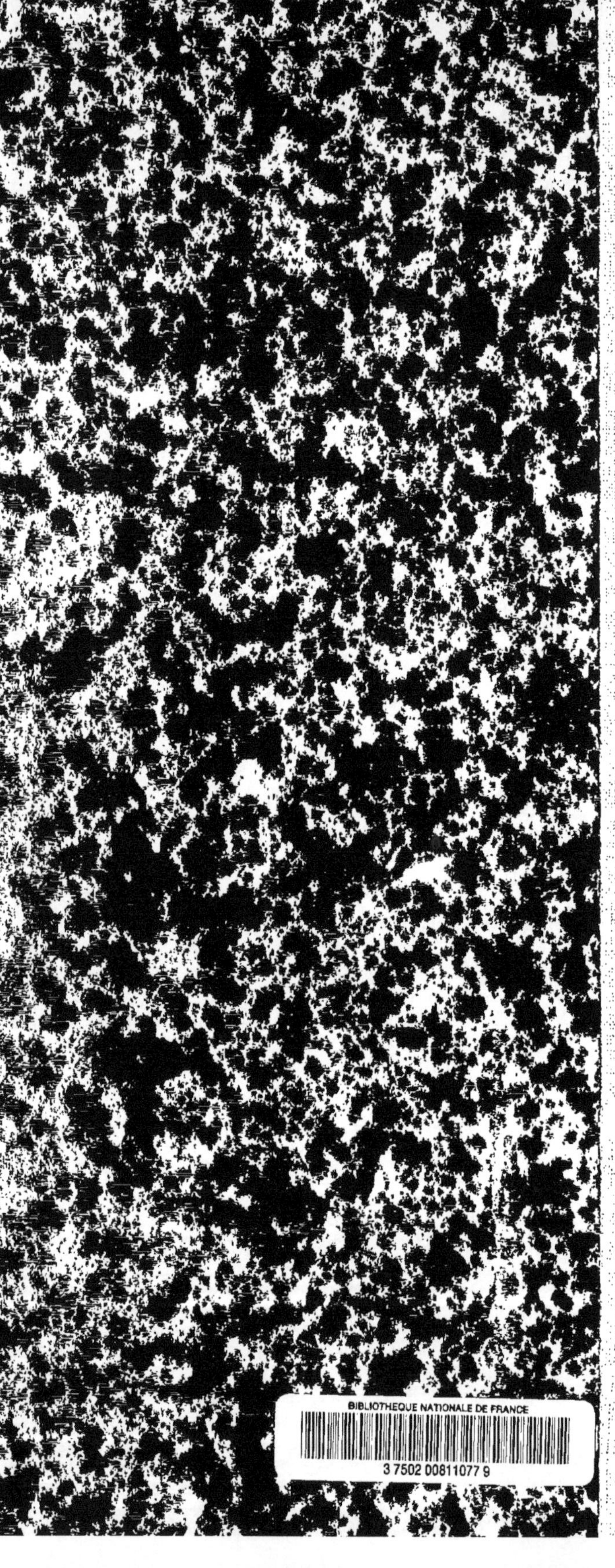

www.ingramcontent.com/pod-product-compliance
Ingram Content Group UK Ltd.
Pitfield, Milton Keynes, MK11 3LW, UK
UKHW020436200726
13857UKWH00002B/451

9 782012 471245